高职高专“十二五”规划教材

现代礼仪及实训教程

XIANDAI LIYI JI SHIXUN JIAOCHENG

曾曼琼　刘家芬　主　编

胡晓锋　王丽娇　刘　娟　副主编

化学工业出版社

·北京·

本书是基于新时期人们的社交需要，按照学生的认知规律而编写。本书在体系上分为现代社交礼仪基础、现代交际礼仪及礼仪知识拓展三大模块。现代社交礼仪基础部分共有三个项目：项目一礼仪概述，介绍了礼仪的内涵、特点及发展史，帮助学生对礼仪有个整体的认识；项目二和项目三从阐述形象美的塑造及其训练方法开始，继而介绍语言沟通等个人基础礼仪。现代交际礼仪部分有针对性地选取素材，全面系统地介绍了现代社交活动中的日常见面、日常交往、餐饮、公共场所等迈向社会所需要的交际礼仪规范和操作要求。礼仪知识拓展部分根据高职高专院校教学的实际需要，介绍了求职就业礼仪及生活中必知的礼仪习俗常识，以拓展学生视野，便于自学。

本书可作为高等职业院校、成人高校、本科院校举办的二级职业技术学院及民办高校的人文素质教育教材，也可供五年制高职、中等职业学校学生及社会从业人员使用。

图书在版编目（CIP）数据

现代礼仪及实训教程/曾曼琼，刘家芬主编.—北京：化学工业出版社，2014.1（2021.3 重印）
高职高专“十二五”规划教材
ISBN 978-7-122-19078-9

Ⅰ.①现…　Ⅱ.①曾…②刘…　Ⅲ.①心理交往－礼仪－教材　Ⅳ.①C912.1

中国版本图书馆 CIP 数据核字（2013）第 278217 号

责任编辑：蔡洪伟　洪　强　　文字编辑：李　曦
责任校对：宋　玮　　装帧设计：刘丽华

出版发行：化学工业出版社（北京市东城区青年湖南街 13 号　邮政编码 100011）
印　　刷：北京京华铭诚工贸有限公司
装　　订：三河市宇新装订厂
787mm×1092mm　1/16　印张 11　字数 255 千字　2021 年 3 月北京第 1 版第 4 次印刷

购书咨询：010-64518888　　售后服务：010-64519661
网　　址：http://www.cip.com.cn
凡购买本书，如有缺损质量问题，本社销售中心负责调换。

定　　价：26.00 元

前言

FOREWORD

当代社会竞争激烈，无论是在职人员，还是将要迈入社会的大学生，都面临着提高自身素质、增强竞争优势的挑战。当代大学生要成功地走向社会并取得事业发展，需要学习的知识、获取的能力和培养的素质多种多样，而得体的礼仪修养和社交能力则是其必备的基础性素养。从某种意义上说，礼仪素养是人生幸福、事业成功之路的通行证。

为了适应我国经济社会发展的需要，满足高等人文素质教育的需求，根据当代高等职业院校学生的特点和现代社会对人们的礼仪要求，我们编写了本书。本书具有以下特色。

第一，体系新颖。本书采用任务驱动模式，在体系上进行了大胆尝试。项目导向式教学的“真实性”学习过程，使学生在“做中学，学中做，边做边学”中能更好地了解和把握社交礼仪规范，有一定的前瞻性和先进性。

第二，案例丰富。本书顺应国内外教材案例化的发展趋势，各项目设有专门的案例分析，将现代社交礼仪学的基本理论与生动有趣的实例结合并加以讲解，努力做到情景交融、形象生动。以此加强学生理论与实践相结合的能力，体现高职教育的特色和高职教材建设的方向。

第三，注重实训。本书在介绍现代社交礼仪基本理论的基础上，在每章的最后加撰了“现代社交礼仪实训教学指导”部分，加强了对学习者实际操作能力的培养，有助于教师的实训教学。

第四，生动明了。本教材各章开篇均设有“学习目标”，“项目架构”、使学生首先明确本章的基本内容、知识点和技能点；通过“工作任务”模块，引发学生思维，吸引学生对本章内容的关注；教材中的“课堂讨论”、“案例分析”、“拓展阅读”、“实

训练习”等点缀其间，使本书新颖别致、生动活泼，具有启迪性、可读性和易操作性。

第五，在作者队伍上，本书选定的参编人员都是各高校专职从事礼仪研究，在该领域有一定影响的一线教师，较好地保证了编写质量。

本书得以出版，是集体共同努力的结果，具体分工如下：湖北三峡职业技术学院曾曼琼负责项目一、项目二的任务一及项目六的任务一、二的编写工作；三峡电力职业学院刘家芬负责项目四、项目七的编写工作；咸宁职业技术学院胡晓锋负责项目五、项目九的编写工作；湖北武汉长江职业学院王丽娇负责项目三、项目八的编写工作；荆州职业技术学院刘娟负责项目二的任务三、四、五及项目六的任务三的编写工作；湖北宜都市职业教育中心的李碧华及湖北三峡职业技术学院的孙玉蓉负责附录的编写及教材的文字校对工作。全书的框架构建、制定书稿体例、统稿、审核及定稿由曾曼琼负责完成。

本教材在编写过程中，参阅了国内外部分文献资料，编者就此向著者表示诚挚的谢意。

限于水平，本书一定有疏漏之处，祈盼各位读者和专家不吝赐教。我们将对您的批评和建议表示由衷的感谢。

编者

2013年10月于宜昌

目录

CONTENTS

第一篇　现代社交礼仪基础

项目一　礼仪概述

项目二　仪表礼仪

项目三　语言沟通礼仪

CONTENTS

第二篇　现代交际礼仪

项目四　日常见面礼仪

项目五　日常交往礼仪

第一篇 现代社交礼仪基础

项目一　礼仪概述

【学习目标】

- 动态掌握礼仪的概念及特点。
- 了解礼仪的产生和发展史，明确中国现代礼仪和古代礼仪的关系。
- 了解礼仪的原则，理解尊重的含义。
- 明确礼仪学习的作用，端正学习态度。

【项目架构】

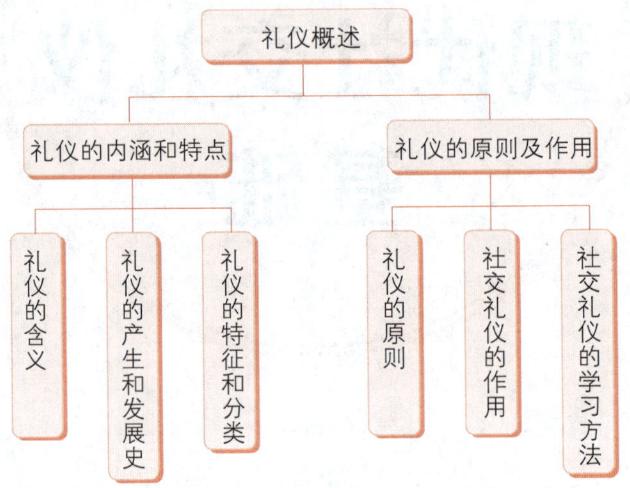

【工作任务】

情景：张玲大学毕业，应聘到某公司从事办公室文员工作。上岗不久，她接到一个接待来华外商的工作任务。为了有一个好的表现，小张工作得很认真。她做了大量工作，将外商在华期间的行程安排得仔仔细细，并全天候陪同；当每天的活动结束后，她会主动地询问外商：今天感觉怎么样？饮食是否习惯？住宿的地方是否舒服？对会谈是否满意？是否准备跟公司签合同？如果外商当天是独自活动的，她会表示关心：今天逛商场了吗？玩得好不好？买了什么东西？准备都带回国吗？等等。可正当张玲工作在兴头上时，外商却向她的老板提出换一位接待员。

任务：1. 请找出张玲工作失误的主要原因。

2. 写一段亲身经历的事例，谈谈你对礼仪的理解及你对礼仪在现实生活中重要性的认识。

点评：人类的一切活动既要受自然规律的影响和制约，也要受社会规律以及由社会规律所决定的各种社会规范的影响和制约。所谓社会规范，除了道德规范和法律规范以外，还有一个很重要的规范，就是礼仪规范。遵守现代礼仪是每个人立足社会、事业成功的必备条件。张玲的工作失误在于对国际交往的礼仪规范了解不够，关心过度，招致外商反感。

任务一　礼仪的内涵和特点

一、礼仪的含义及本质

（一）礼仪含义

礼仪是由“礼”和“仪”两个词组合起来的一个合成词，“礼”和“仪”这两个词虽有联系却有着不同的含义。

1. 礼

孔子云：“礼者，敬人也”。礼指人际交往中人们所应具备的内在道德修养，是对人内在的要求。礼的本质是“诚”，有尊重、友好、谦恭、关心、体贴别人之意，是人际交往的基础。但是，人际交往，仅有礼是不够的，“礼”还需要借助一定的形式表达出来，这就是“仪”。

2. 仪

“仪”是人们在日常生活中，特别是在交际场合恰到好处地向别人表示尊敬、问候、祝颂、慰问以及给予必要的协助与照料的惯用形式、方式、方法，是人际交往中对人外在的要求。

【案　例】

跪拜礼的形成过程

某酒店正在举行婚礼，在司仪的主持下，新郎跪下身向岳父岳母敬茶。一名旁观者小声地说道：“唉，晚辈向长辈行跪拜礼很久不用了，可现在又时兴起来了。”另一人不禁问道：“这是一种什么礼？是什么时候废除的呢？”你能给出这个问题的答案吗？

【分　析】

跪拜礼在中国具有悠久历史，在中国古代曾经是臣民向君主、下级向上级、平民向官员、晚辈向长辈表示顺服和敬意的隆重礼节，它在辛亥革命后被废除。1912 年孙中山就任中华民国临时大总统，成立临时政府，颁布《中华民国临时约法》，约法中明确规定下级对上级政府官员不再行跪拜礼，这反映出以孙中山为首的资产阶级革命派除旧布新、矢志共和的决心和精神。此后，鞠躬礼逐渐取代跪拜礼成为表示敬意的隆重方式。

不过，民间对跪拜礼有所保留，跪拜礼在剔除了自我贬低、奴性服从的意味后，继续存在于某些特殊的场合，比如婚庆时新人以跪拜礼向双方父母表示感激，扫墓时子孙以跪拜礼对先人表示尊敬等。

3. 礼仪

从广义上来说，礼仪是指在人际交往中以约定俗成的程序、方式来表现的律己、敬人的行为规范。从狭义上说，礼仪是指人际交往中将对他人的友好尊敬通过恰当的方式表达出来，以获得良好的人际关系。

人际交往，既要有礼，又要有仪。礼是尊重，仪是表达。既要坚持尊重为本，又要掌握合适的表达方式。

【拓展阅读】

什么叫礼仪

站在不同的角度上，往往还可以对礼仪的概念做出种种殊途同归的界定。

从个人修养的角度来看，礼仪可以说是一个人的内在修养和素质的外在表现。也就是说，礼仪即教养、素质在一个人行为举止中的具体体现。

从道德的角度来看，"道德仁义，非礼不成"。礼仪可以被界定为为人处世的行为规范，或标准做法、行为准则。

从交际的角度来看，礼仪可以说是人际交往中的一种实用艺术，也可以说是一种用以处理人际关系的交际方式或交际方法。

从民俗的角度来看，礼仪既可以说是在人际交往中必须遵行的律己敬人的习惯形式，也可以说是在人际交往中约定俗成的表示尊重、友好的习惯做法。此即所谓"礼出于俗，俗化为礼"。简言之，礼仪是待人接物的一种惯例。

从传播的角度来看，礼仪可以说是一种在人际交往中进行有效沟通的技巧。

从审美的角度来看，礼仪可以说是一种形式美。有道是"礼由心生"，它是人的心灵美的必然的外化。

了解上述各种对礼仪的诠释，可以进一步加深对礼仪的理解，并且更为准确地对礼仪进行把握。

（二）礼仪的本质

1．礼仪是一种既有内在要求又有外在表现形式的行为规范

"德诚于中，礼形于外"礼仪既要有内在美德又要有外在表现形式，两者缺一不可。内在的良好道德品质和文化修养，只有通过一定的外在礼仪形式表现出来，才能被人们体会和接受。

2．礼仪的核心是尊重

"尊敬之心，礼也"，尊重交往对象，为对方着想，是交往成功的前提。"不敬则礼不行"，失去尊重的礼仪，如同没有生命的绢花，徒有美丽的外表，没有鲜活的生命。

（三）相关概念的区分

最常见的与"礼"相关的词有三个：礼仪、礼节、礼貌。在大多数情况下它们是被视为一体，混合使用的。但从内涵上看，它们之间既有区别，又有联系。

礼貌是指与人和谐相处的意念和行为，是人际交往对人内在道德修养的要求。礼节是人们在日常生活中，特别是在交际场合相互表示尊敬、问候、祝颂、慰问以及给予必要的协助与照料的惯用形式，是人际交往中对人外在的要求。礼仪则是礼貌和礼节的结合，层次上要高于礼貌、礼节，其内涵更深广。

礼仪、礼貌、礼节相辅相成，密不可分。礼貌是基础，礼节是礼貌的具体表现，礼仪则通过礼貌、礼节得到体现，它们间的关系用公式表示是：礼仪 = 礼貌 + 礼节。英国哲学家弗兰西斯·培根说："行为举止是心灵的外衣。"真正的礼仪，应是内外一致，形神兼具，是自然的流露而非生硬的表演。

二、礼仪的产生和发展史

自从人类社会形成以来，礼仪便相伴而生。礼仪体现了人类社会不断摆脱愚昧、野蛮、落后，不断走向开化、进步和文明的进程。从历史发展的角度考察中国礼仪的产生和发展，大致可分为以下四个阶段。

（一）起源于原始社会

礼仪起源于原始社会和奴隶社会前期。关于礼仪的起源，一直是人们颇感兴趣的话题，但至今并无定论，主要有以下两种比较流行的观点。

1. 风俗说

认为礼仪是由原始社会的风俗习惯演变而来的。原始人经过长期的共同生活，逐渐形成了共同遵守的习惯，这种习惯经过长期使用并统一规范，就沿袭为礼仪。比如原始社会的人们都赤身裸体，后来为了保暖及遮羞以衣蔽体，人人都这样做，自然便形成了习俗，从此人类也就开始了修饰自己的仪容仪表。即礼的产生经历了这样一个过程：个人行为→共同认可→共同行为→约定俗成→统一规范→礼。

2. 祭祀说

认为礼仪缘于祭祀。原始社会的人类对自身的认识和对自然的把握都很欠缺。一方面，原始人类认为在肉身之外一定存在某样东西，它能使自己在睡眠时做梦，这就是灵魂。推己及其他，不仅人有灵魂，日月星辰、虫鱼鸟兽、花单树木等也皆有灵魂，这便是"万物有灵"的原始观念。另一方面，原始人类对变幻莫测、影响和左右自己命运的自然现象充满敬畏和神秘感，他们力图以某种方式与之沟通，达成和解，并博得佑护，便产生了原始崇拜和原始宗教，而其中的祭祀仪式就称为"礼"。

后来，人类的自然崇拜逐渐扩展到人类自身。首先转移到那些在与自然界斗争中创造了奇迹、做了贡献的"英雄"身上，如传说中造人补天的女娲氏，教民农桑的伏羲氏、教民取火的燧人氏、尝百草的神农氏等。随后，祖先也成为人类崇拜和祭祀的对象。这种仪式在祭祀活动的历史发展中不断得到完善，进而形成一种统一规范，礼仪就这样产生了。

【拓展阅读】

"礼"字的构成奥秘

"礼"的繁体写作"禮"，左边的"示"指神灵，右边的"豊"是一种专门用于祭祀

活动的盛满美食的器皿，所以，“礼”的意思就是端着供品向神灵表示敬意。东汉学者许慎在《说文解字》里写道：“礼，履也，所以事神致福也。”也就是说，“礼”是一种敬神祈福的仪式，是伴随着原始宗教的产生而产生的。

（二）形成于奴隶社会

正式的礼仪，应当形成于奴隶社会。进入奴隶社会以后，礼被打上了阶级的烙印。为了维护奴隶主的统治，奴隶阶级将原始的宗教礼仪发展成为符合奴隶社会政治需要的礼制，并专门制定了一整套礼的形式和制度。商代已有完备的礼制；周代的“五礼”：“吉、凶、宾、军、嘉”，更是将礼制扩充和用于规范整个社会生活，起到一种全面制约人的行为的作用；而被后世称道的“礼学三著作”：《周礼》《礼仪》《礼记》的问世，标志着周礼已达到了系统化的阶段。礼仪的内涵由单纯祭祀天地、鬼神、祖先的形式，跨入了全面制约人们行为的领域。

（三）发展于封建社会

秦国统一“六国”以后，实行中央集权制，奠定了封建体制的基础，在这一时期，中国古代礼仪得到规范和完善，西汉的董仲舒以及宋代的朱熹是其中的代表人物。董仲舒提出“天人感应学说”，使皇权神圣化；董仲舒把儒家礼仪具体概括为“三纲五常”，使封建社会的人伦道德关系更加规范化。董仲舒的学说为皇权采纳后，儒家礼教推行全国，对后世产生了巨大的影响。其后，在漫长的历史演变过程中，“礼”逐渐被统治者所利用，成为妨碍人类个性自由发展、窒息思想自由的桎梏。

（四）扬弃变革于现代社会

从近代直到今天是我国现代礼仪的形成时期。中国传统礼仪具有复杂的动作程式，它与农业时代慢节奏的生活方式相匹配，却与工业时代快节奏的生活方式相背离。辛亥革命后，西方文化大量传入中国，一些西方礼仪开始逐步取代某些不合时宜的古礼，新的礼仪标准开始得到推广和传播，其中的代表人物是孙中山。

现代礼仪和古代礼仪的区别如下。

1. 目标不同

古代礼仪以维护统治秩序为目的，压制民主，扼杀个性，实行强权统治。现代礼仪重在追求人际交往的和谐和顺利。

2. 基础不同

古代礼仪以封建等级制度为基础，按社会地位将人划分为不同的尊卑等级。现代礼仪强调以人为本、人格平等、社会公平。

3. 古代礼仪繁文缛节较多，现代礼仪简单实用

三、礼仪的特征和分类

（一）特征

礼仪是一门社会交际的学问，它具有自身的特征。

1. 普遍性

礼仪是人类历史进程中逐渐形成并积淀下来的一种文化，是人类为维系社会正常秩序要遵循三大社会规范（法律规范、道德规范、礼仪规范）之一，是人们交际行为的一种非强制性规范。它得到了同一社会群体中的各阶层的普遍认可和接受，具有强大的约定俗成的影响力，不随个人意志而转移，在同一社会群体中共同生活的全体成员都必须无条件地遵守。如果一个人不按照社会通行的礼仪规范去做，而“独家”创造自己的“礼仪行为”，轻则会使自己陷入尴尬境地，重则会伤害到其他人的感情。

2. 差异性

礼仪的形式和内容都是由文化决定的，不同的文化背景产生不同的礼仪文化。因民族、地域、群体、时代的不同，礼仪也就具有了差异性。表现为宗教礼俗差异、民族差异、地域差异、时代差异、等级差异等。礼仪的这种差异性要求我们在社交活动中，既要注意各民族、国家、区域文化的共同之处，又要尊重各民族、国家、区域独特的礼俗文化，做到入乡随俗。

3. 多样性

礼仪的多样性特点主要表现在两个方面：① 不同的职业有不同的礼仪规范。如教师是人类灵魂的工程师，教师的礼仪形象应该是端庄文雅，和蔼可亲、充满自信；学生是成长中的青少年，朴素大方、健康向上是对学生最基本的礼仪要求。② 不同的生活领域有不同的礼仪规范：每个人在不同的生活领域扮演着不同的角色。如到商场购物，我们是消费者；到医院就诊，我们是患者。要把我们在不同生活领域中的角色扮演好，就必须遵守不同生活领域的行为规范，否则就会产生角色冲突。如在家庭生活中，在自己的父母面前任性，父母不会计较，但在学校任性，就可能不能处理好和老师、同学的关系。

4. 发展性

礼仪不是一成不变的，而是不断变化发展的。一方面，由于社会的发展、历史的进步而引起社交新问题的出现，要求礼仪有所变化，以适应新形势下新的要求。另一方面，由于各个国家、地区、民族之间的交往，礼仪随之也不断地相互影响，相互渗透，这也使礼仪具有相对的变动性。如中国现代礼仪就是在扬弃中国古代礼仪，吸收国际礼仪基础上形成的，礼仪变革正朝符合国际惯例的方向发展。

【拓展阅读】

中西方礼俗文化差异比较

1. 家族为本与个人至上

中国人讲究修身、齐家、治国、平天下，人品是至关重要的，而这种人品是建立在关心国家，热爱集体，家庭和睦，人际关系和谐的基础之上。如果只考虑个人的利益，你的人品就会大打折扣。而国是家的放大，比如“家天下”，所以，所有的人际关系最终可以归结为家族关系，而又由家族关系衍生出人伦亲情，催生出许多道德伦理规范。比如：忠于国家、孝敬长辈、重视亲情、关爱他人。 西方社会，个人本位的观念占主导地位，他们崇尚个人自由，不愿受到来自政府、教会或其他组织的干涉，喜欢我行我素。

2. 注重人情与讲求务实

中国人一向把情义摆在利益之上。“君子喻于义，小人喻于利”是妇孺皆知、代代相传的道德信条。每逢节日，亲友之间总要走动走动，相互致意问候。如果遇到天灾人祸，亲友之间也常常相互支持和周济。同样，“一人得道，鸡犬升天”也是必然的了。西方人办事、交际都讲究功利和实际效益。个人在法律允许的范围内追求自身的利益，决不认为是不道德的，而对别人侵害自己利益的行为也决不姑息。

3. 重视身份与追求平等

中国的礼仪历来就强调一个“份”字。“贵贱有等，长幼有序，贫富轻重皆有称”是一种理想的社会境界。西方社会的阶级、阶层的对立和差别是客观存在的，不同身份的人有着不同的社交圈子。但是，在日常交际生活中，每个人都很重视自己的尊严，不喜欢打听对方的身份，一些带有浓重等级色彩的礼仪形式已越来越不受人欢迎。相反，像自助餐、鸡尾酒会一些不讲等级身份的交际形式却日益流行起来。西方人追求平等的一个突出表现是，妇女在交际生活中受到了人们的普遍尊重。“女士优先”是西方交际中的原则之一。

4. 谦恭含蓄与情感外露

中国人一向视谦虚为一种美德，“满招损，谦受益”被视为千古不变的规律。“动于心，发于情，止于礼仪”被视为有良好道德修养的表现。多数西方人则与此相反，他们不喜欢过分的谦虚，也不提倡过分客套，不认同自谦、自贬。他们往往有一说一，决不害怕“锋芒外露”，“东方式的谦虚”在他们看来不是虚伪就是无能。同时，他们大都性格豪爽，感情热烈，拥抱礼、亲吻礼、吻手礼这些礼仪形式，都淋漓尽致地表现了他们民族的性格特征和文化心理。

5. 崇尚礼仪与法律至上

在中国历史上，礼仪的政治作用往往被提到了无以复加的高度。儒家的“德主刑辅、先德后刑”的礼治主义，长期受到了统治阶级的青睐。因此，礼仪往往被摆在了法律之上，或者说礼仪已经包含了法的成分，这使得中国成了一个举世公认的“礼仪之邦”。 西方人虽然也重视礼仪的社会功能，但更强调法律的作用。特别是资产阶级在其革命的时期就把建立法制社会作为自己政治活动的重要目标。西方国家，法制观念远较礼仪观念更为深入人心，这是西方文明的一个重要特点。

（二）礼仪的分类

根据礼仪的适用对象、适用范围的不同，礼仪一般分为政务礼仪、商务礼仪、服务礼仪、社交礼仪和国际礼仪。

政务礼仪：又叫公务员礼仪。它指的是国家公务员在行使国家权力和管理职能时所必须遵循的礼仪规范。

商务礼仪：指的是从事经济活动的人士在经济往来中应当遵守的礼仪规范。

服务礼仪：指的是服务业的从业人员应具备的基本素质和应遵守的礼仪规范。

社交礼仪：指社会各界人士在一般的交际应酬中应当遵守的礼仪规范。

涉外礼仪：又叫国际礼仪，指的是人们在国际交往中或与外国人交际时所应遵守的礼仪规范。

上述的五大礼仪分支中，前三大分支是按照行业所划分的，并且是在各自的工作领域中必须要遵守的，所以又可称为行业礼仪或职业礼仪。而后两大分支是按照人们所具体的交往环境划分的，所以又可称为交往礼仪。

任务二　礼仪的原则和作用

一、礼仪的原则

学习、应用礼仪，有必要在宏观上掌握一些具有普遍性、共同性、指导性的人际交往注意事项，这些人际交往注意事项，就是礼仪的原则。礼仪的原则很多，主要有以下四个原则。掌握了这些原则，将有助于大家更好地学习礼仪，运用礼仪。

1. 尊重的原则

尊重是对自己和他人的接受、承认、关心、赏识等。从理论层面上讲，尊重由两部分内容组成。一是自尊，即对和自己息息相关、与生俱来的一切，如自己的家乡、父母、学校、职业、单位、民族、国家等的接受、承认和维护。自尊是尊重的基础。只有自尊的人，才能获得他人的尊重。二是尊重他人。如果说自尊是出发点，尊重他人就是基本要求。与人相处，不管对方的地位是高是低、身份如何、相貌怎样，都要尊重他人的人格，接受对方一切合乎情理的选择，不要把我们的意志强加给对方。

【案　例】

女王敲门

一次，英国维多利亚女王与丈夫吵了架，丈夫独自回到卧室，闭门不出。女王回卧室时，只好敲门。丈夫在里边问："谁？"

维多利亚傲然回答："女王。"

没想到里边既不开门，又无声息。她只好再次敲门。

里边又问："谁？"

"维多利亚。"女王回答。

里边还是没有动静。女王只得再次敲门。

里边再问："谁？"

女王学乖了，柔声回答："你的妻子。"

这一次，门开了。

【分　析】

尊重，是一种修养，一种品格，一种对别人不卑不亢、不仰不俯的平等相待，一种对他人人格与价值的充分肯定。尊重是双向的，你能给人尊重，别人也报以欣赏；你若予人轻视，别人定还以鄙薄。案例中女王最后的自称，虽简简单单，却叫开了房门，这就是尊重的力量。

2. 宽容的原则

宽容的原则是要求人们在交际活动中要严于律己，宽以待人。对不同于己、不同于众，或者侵犯了自己利益的行为，只要无碍大的原则，都要适当地包容，不必要求他人处处与自己完全保持一致，实质上这也是尊重对方的一个重要表现。当然宽容不是纵容，不是放弃原则立场的姑息迁就，也不是做老好人。对于邪恶及居心叵测的不良行为，就不能采取回避或逃避的态度，否则的话就丧失了自己应有的品德和人格。

【案　例】

宽容的最高境界

第二次世界大战期间，两名盟军战士在一次激战中与部队失去了联系。两个人在森林中艰难跋涉，互相鼓励、安慰。

十多天过去了，他们仍未与部队联系上，幸运的是，他们打死了一只鹿，依靠鹿肉又可以艰难度过几日了。这以后他们再也没看到任何动物。仅剩下的一些鹿肉，背在年轻战士的身上。

这一天他们在森林中遇到了敌人，经过再一次激战，两人巧妙地避开了敌人。就在他们自以为已安全时，只听到一声枪响，走在前面的年轻战士中了一枪，幸亏在肩膀上。后面的战友惶恐地跑了过来，把自己的衬衣撕下包扎战友的伤口。

晚上，未受伤的战士一直叨念着母亲，两眼直勾勾的。他们都以为自己的生命即将结束，身边的鹿肉谁也没动。第二天，部队救出了他们。

事隔30年后，那位受伤的战士安德森说："我知道谁开的那一枪，就是我的战友。他去年去世了。在他抱住我时，我碰到他发热的枪管，但当晚我就宽恕了他。我知道他想独吞我身上带的鹿肉活下来，但我也知道他活下来是为了他的母亲。此后几十年，我装着根本不知道此事，也从不提及。战争太残酷了，我没有理由不宽恕他。"

【分　析】

法国大文豪雨果有句名言："世界上最宽阔的是海洋，比海洋更宽阔的是天空，比天空更宽阔的是人的胸怀。"一个人能容忍别人的固执己见、自以为是、傲慢无礼、狂妄无知，却很难容忍对自己的恶意诽谤和致命的伤害。但惟有以德报怨，把伤害留给自己，让世界少一些不幸，回归温馨、仁慈、友善与祥和，才是宽容的至高境界。

3. 平等的原则

平等是礼仪的一个重要原则，我们在运用礼仪时，允许根据不同的交往对象，采取不同的方法。但在尊重交往对象上，必须做到一视同仁。不能因为交往对象在种族、性别、性格、职业、地位、财富等方面的不同，而区别对待，厚此薄彼。什么叫礼仪？孔子说：走路时，两人相遇，遇到当官的，高贵的人，迈着又快又小又轻的步子走过去。遇到盲人、残疾人、穿丧服的人也这样做，避免在他人身边叨扰太久，避免触及这些弱势群体内心的伤痛，这就是礼仪。平等是人与人交往时建立情感的基础，是保持良好的人际关系的诀窍。

【案 例】

我不愿意在礼貌上不如任何人

一天，美国总统林肯与一位来自南方的绅士乘坐马车外出，途遇一老年黑人深深地向他鞠躬。林肯点头微笑并也摘帽还礼。同行的绅士问道："为什么你要向黑人摘帽？"林肯回答说："因为我不愿意在礼貌上不如任何人。"

【分 析】

平等是礼仪的一个重要原则。美国总统林肯就是平等待人的典范。尽管向他致意的是一个不起眼的、甚至是受到种族歧视的老年黑人，他依然能够遵照礼仪的原则礼貌还礼。在当时的美国社会，做到这一点是难能可贵的。林肯的高贵品德也受到美国人民的爱戴。1982年美国举行民意测验，要求人们在美国历届的40位总统中挑选一位"最佳总统"时，名列前茅的就是林肯。

4. 诚信的原则

诚信即真诚守信。真诚是一个人外在行为与内在道德的有机统一。我国古语中有"诚于中而行于外"之说，英国哲学家弗兰西斯·培根也说："行为举止是心灵的外衣"。真正的礼仪文明，应该是"内"、"外"一致，"形"、"神"兼具，而不是人为、刻意的表演。

守信就是要对自己讲的话承担责任和义务，孔子说："与朋友交，言而有信"（《论语·学而》）。对别人的要求应根据自己的能力和实际情况给予答复；对不应办或办不到的事情，不能轻易许诺；一旦许诺，就要努力兑现，切不可妄开"空头支票"。

诚信是完美人格的道德前提，是为人处世的基本要求。一个人能够在社会上立足，与人很好地相处，靠的是诚信。

【案 例】

立木为信与烽火戏诸侯的对比

春秋战国时，秦国的商鞅在秦孝公的支持下主持变法。当时处于战争频繁、人心惶惶之际，为了树立威信，推进改革，商鞅下令在都城南门外立一根三丈长的木头，并当众许下诺言：谁能把这根木头搬到北门，赏10两黄金。围观的人不相信如此轻而易举的事能得到如此高的赏赐，结果没人肯出手一试。于是，商鞅将赏金提高到50两黄金。重赏之下必有勇夫，终于有人站起将木头扛到了北门。商鞅立即赏了他10两黄金。商鞅这一举动，在百姓心中树立起了威信，而商鞅接下来的变法就很快在秦国推广开了。新法使秦国渐渐强盛，最终统一了中国。

而同样在商鞅"立木为信"的地方，在早它400年以前，却曾发生过一场令人啼笑皆非的"烽火戏诸侯"的闹剧。

周幽王有个宠妃叫褒姒，为博取她的一笑，周幽王下令在都城附近20多座烽火台上点起烽火。烽火是边关报警的信号，只有在外敌入侵需召诸侯来救援的时候才能点燃。结果诸侯们见到烽火，率领兵将们匆匆赶到，弄明白这是君王为博妻一笑的花招后又愤然离去。五年后，西夷太戎大举攻周，幽王烽火再燃而诸侯未到。谁也不愿再上第二次当了。结果幽王被逼自刎而褒姒也被俘虏。

【分　析】

诚信是一个人的立身之本，是维系人与人交往的重要德行。本案例中，一个“立木取信”，一诺千金；一个帝王无信，戏玩“狼来了”的游戏。结果前者变法成功，国强势壮；后者自取其辱，身死国亡。可见，“诚信”不仅仅是为人处世的基本要求，对一个国家的兴衰存亡都起着非常重要的作用。

5. 适度的原则

度指分寸。适度的原则是要求在人际交往时，应注意把握分寸，既要热情大方，又不能低三下四；既要彬彬有礼，又不能轻浮谄谀；要老练持重，但又不能圆滑世故。这是因为凡事过犹不及，做事过了头或不到位，都不能取得理想的人际交往效果。

【案　例】

对人太好也是错

一位女士手持离婚证书站在路边对风饮泣，她回想起丈夫对她说的离婚原因：你对我们太好，我们都觉得受不了！对她来说，对人好也是错，这简直是天方夜谭。原来，这位女士是一位母性很强的人，特别喜欢关心照顾他人，甚至到了狂热的程度。每天下班后，就里里外外地开始操劳，一个人包办了所有的家务:买菜、做饭、洗衣、擦地板等，绝不让别人插手。结果，丈夫、公公、婆婆，在家里站也不是坐也不是，像住在别人家里一样。久而久之，全家人终于无法忍受了，提出和她分开。

【分析】

适度原则要求我们在人际交往中要懂得把握好一个度，超过这个度，人际关系有可能走向反面。夫妻之间也是这样。妻子对丈夫太好了，反而会让丈夫忽视妻子的感情。因为人们对于太容易得到的东西都不懂得珍惜。而丈夫的忽视反过来也会引起妻子的怨恨，最后在感情上形成一个恶性循环，严重影响夫妻感情的健康和谐发展。人际交往，我们得学会把握分寸，留有余地，以保持双方感情付出的平衡。

礼仪五大原则中，哪个是最应注意的问题，是基本要求呢？礼仪规范从内容到形式都是尊重他人的具体体现。尊重是一个人立身处世的根本，是礼仪的基本原则。人际交往，尊重当先。

【课堂讨论】

情景回放：公元前 592 年，当时的齐国国君齐顷公在朝堂接见来自晋国、鲁国、卫国和曹国的使臣，各国使臣都带来了墨玉、币帛等贵重礼品献给齐顷公。献礼的时候，齐顷公向下一看，只见晋国的亚卿郁克是个独眼，鲁国的上卿是个秃头，卫国的上卿孙良夫是个跛脚，而曹国的大夫公子首则是个驼背，不禁暗自发笑：怎么四国的使臣都是有毛病的。

当晚，齐顷公见到自己的母亲萧夫人，便把白天看到的四个人当笑话说给萧夫人听。

萧夫人一听便乐了，执意要亲眼见识一下。正好第二天是齐顷公设宴招待各国使臣的日子，于是便答应让萧夫人届时躲在帷帐的后面观看。第二天，当四国使臣的车子一起到达，众人依次入厅时，萧夫人掀开帷帐向外望，一看到四个使臣便忍不住大笑了起来，她的随从也个个笑得前仰后合。笑声惊动了众使者，当他们弄明白原来是齐顷公为了让母亲寻开心，特意做了这样的安排时，个个怒不可遏，不辞而别。四国使臣约定各自回国请兵伐齐，血洗在齐国所受的耻辱。四年后，四国联合起来讨伐齐国，齐国不敌，大败，齐顷公只得讲和，这便是春秋时著名的“鞍之战”。

讨论：1. 齐顷公的行为主要违反了礼仪的哪一个原则？

2. 齐顷公待人接物上的失误为什么会导致如此严重的后果？谈谈你对该原则重要性的认识。

二、社交礼仪的作用

当前，社交礼仪之所以受到社会各界的普遍重视，主要是因为它具有多重重要的作用，主要表现在以下 3 个方面。

1. 内强素质

荀子说：“礼者，养也”。 礼仪即教养，它不仅反映着一个人的交际技巧与应变能力，而且还反映着一个人的气质风度、阅历见识、道德情操、精神风貌。一个人、一个单位、一个国家的礼仪水准如何，往往反映着这个人、这个单位、这个国家的文明水平、整体素质与整体教养。如随地吐痰的行为，表面看是卫生习惯，本质是素质问题。2009 年某报纸上，刊登了一篇记者采访外籍人士对中国人的观感，其中有两点是他们最受不了的，一是中国人开车不守交通规则，二是中国人随地吐痰。在欧美地区，走在马路上绝对看不到一个吐痰的人，地上也看不到一口痰迹，不是他们没痰，而是吐在随身携带的纸巾里，然后再找机会扔到垃圾桶里，这已形成个人的习惯，无需别人监督和规范。古人云：“礼义廉耻，国之四维”。礼仪规范的学习有助于提升个人乃至全社会的精神品位，推动和谐社会的发展。

2. 外塑形象

形象指个人、组织的实际表现在社会公众中获得的总体评价，它是一个综合的、全面的，外表与内在结合的，在流动中留给他人的印象。如你的穿着、言行、举止、修养、生活方式、知识层次、家庭出身、住在哪里、开什么车、和什么人交朋友等，无声而准确地为你下着定义：你是谁、你的社会地位、你如何生活、你是否有发展前途……形象的综合性和它包含的丰富内容，为我们塑造成功的形象提供了很大的回旋空间。

形象很重要，良好的形象意味着良好的人际关系和公众舆论。公关塑造组织形象，礼仪塑造个人形象。社交礼仪的学习，将有益于人们更好地、更规范地设计、维护个人形象，更充分地展示个人的良好教养与优雅的风度。

3. 调节与融洽人际关系

人际关系指人与人间交往的状况和程度，是友善还是敌意，是合作还是对抗，是长期还是短暂？良好人际关系主要有 3 大作用：一是产生合力。“一个好汉三个帮”就是这个道理，特别是现代社会，分工细化，竞争残酷，凡事更需要借助他人的力量。二是沟通情感。人生不如意事常八九，要想坚持到底，必须有情感滋润，而良好人际关系能提

供心灵的支持和慰藉，在成功时得到分享和提醒，挫折时得到倾诉和鼓励，这必将有助于心理的平衡。三是交流信息。现代社会，一条珍贵的信息可以使人功成名就，信息闭塞也可能使人贻误战机，广交朋友是一条十分有效获取信息的途径。而礼仪作为人际交往的艺术，能够帮助人们规范彼此的具体的交际行为，更好地向交往对象表达自己的尊重、敬佩、友好与善意，增进大家彼此之间的了解与信任。从而使人际关系更趋和谐。

三、社交礼仪的学习方法

社交礼仪是一门集理论性、实践性和实用性于一体的行为学科，该学科具有易懂其实内涵深厚，习惯难以养成的特点。在社交礼仪课程的学习中，如能把握好以下 3 点，就能起到事半功倍的效果。

1. 有所为有所不为

社交礼仪规范其实就两个，即应该怎样做，不能做什么。有所为和有所不为相比，有所不为更加重要。

2. 摆正位置

现代礼仪强调人格平等，反对等级差异，但承认身份有别。人际交往中要有角色意识，不能越位。

3. 勇于实践

社交礼仪是门行为学科，"践行"是其实质，光学不练是不行的。在社交礼仪的学习中，课堂上要积极练习，在社会生活中要认真观察、勇于实践，这样，才会有更好的学习效果。

【实训练习】

实训项目：案例阅读与讨论

训练目的：通过训练，使学生对社交礼仪的内涵及作用有更深刻的认识，激发社交礼仪学习的热情

实训设计：① 学生分析案例中提出的问题，拟出案例分析提纲；② 将学生进行分组，8～10 人一组（本课程各模块实训均可以此分组为准），每小组确定一名主持人（组长）；③ 分组讨论，形成小组案例分析报告；④ 各组选派一名代表进行组间交流；⑤ 回答评判组提问（各组派一名代表组成评判组），学生进行比较研究；⑥ 老师点评，实训结束。

实训条件：教室、必要的文具

实训时间：1 课时

案例：轿夫和新鞋的故事

《松窗梦语》一书中，里面记载着一个很有哲理的故事：张翰刚当上御史的时候，就去拜访都台长官王廷相。王廷相为了鼓舞张翰当好官、做好人，给他讲了自己乘轿的故事。王说，有一次他乘轿进城办公务，半路上下起了雨，有个轿夫穿了一双新鞋。开始时，这个轿夫小心翼翼地循着干净无水的地方走，可是后来一不小心踩进了泥水坑。再往前走的时候，这位轿夫就再也不顾及自己的新鞋子了，随便往泥水坑里踩。王廷相感叹地对张翰说："做官、做人、做事的道理，和这位轿夫的新鞋不小心踩进泥水坑里是一样的啊！只要人一不小心犯了错，那你以后就再也不会有所顾忌了。因此，常常约束自己行为，是一个人经常修炼的功课。"张翰听了，深受感触。

讨论：1. 从礼仪的角度谈谈这则故事给你的启示；

2. 如何培养良好的礼仪习惯？

教师主要观测点：1. 观测各小组的合作状态以及成员的参与性；

2. 观测学生的对礼仪内涵的理解和掌握程度；

3. 观测代表的演讲水平和礼仪规范，为后续训练搜集信息。

【复习思考题】

1. 名词解释：礼仪、社交礼仪、尊重。
2. 举例说明礼仪的普遍性、差异性、发展性特点。
3. 中国现代礼仪和古代礼仪的关系是怎样的？
4. “人际交往，尊重当先”，谈谈你对这句话的理解。
5. “没有以崇高道德为基础的礼仪，只能是华丽的装饰。”谈谈你对这句话的理解。

【参考文献】

[1] 金正昆．礼仪金说．西安：陕西师范大学出版社，2006.

[2] 廖超慧．社交礼仪．武汉：华中科技大学出版社，2007.

[3] 谢苏．旅游社交礼仪．武汉：武汉大学出版社，2006.

[4] 张锡东．社交礼仪．北京：清华大学出版社，2008.

项目二 仪表礼仪

【学习目标】

- 理解仪表的内涵及仪表在社交中的重要性。
- 深刻理解服饰修饰原则，并能在不同场合和环境中做到熟练、得体的应用。
- 掌握：仪容修饰原则及站姿、坐姿、行姿要领。
- 了解：化妆要领、头部护养方法。

【项目架构】

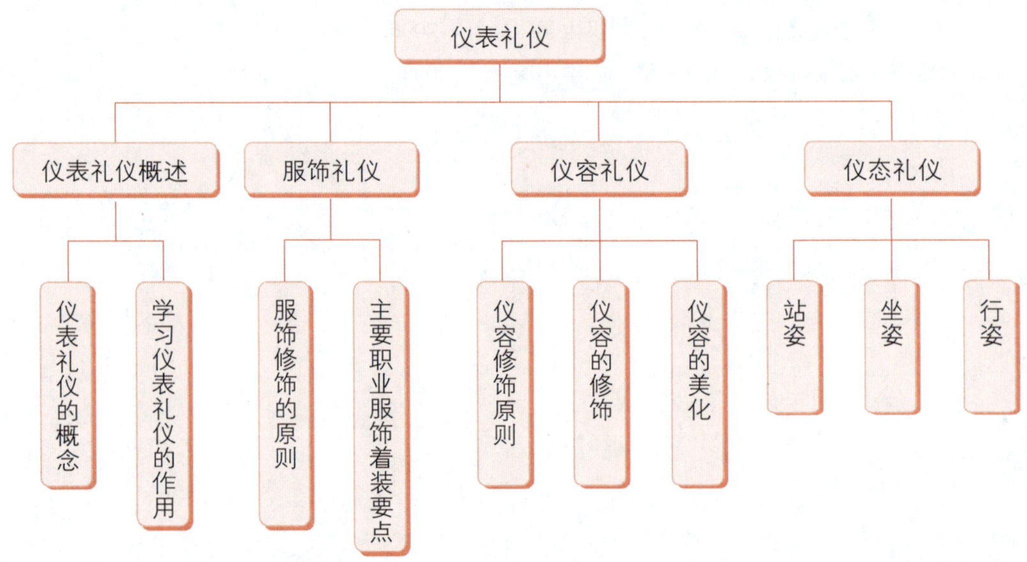

【工作任务】

情境：日本的著名企业家松下幸之助从前不修边幅，企业也不注重形象，企业发展一直比较缓慢。一天松下幸之助理发时，理发师不客气地批评他不注重仪表，说："你是公司的代表，却这样不注重衣冠，别人会怎么想？连人都这样邋遢，他的公司会好吗？"松下幸之助受到警醒，从此一改过去的习惯，开始注意自己在公众面前的形象，生意竟然随之兴旺起来。现在，松下电器的产品享誉天下，与松下幸之助长期率先垂范，要求员工懂礼貌、讲礼节是分不开的。

任务：1. 什么叫仪表？

2. 形象和事业成功有关系吗？为什么？

3. 打造良好的个人形象，应把握的原则主要有哪些？

点评：中国有"文质彬彬，而后君子"的古训，在与人交际的过程中，仪表是一张没有文字却形象生动的名片，是个人涵养的外在表现。整洁的衣冠给人以舒服的感觉，而好的第一印象往往是至关重要的。松下幸之助的成功与他有效的“形象管理”是密不可分的。

任务一　仪表礼仪概述

一、仪表礼仪的概念

仪表即人的外表，由服饰、仪容、仪态三要素组成，是个人总体形象的统称。

仪表礼仪又叫个人礼仪，就是有关个人社交形象的设计、塑造和维护的具体规范，是社交的基础。仪表礼仪是由静态礼仪和动态礼仪构成的。静态礼仪指的是一个人静止状态下所展现的整体外观礼仪（主要包括容貌、衣着和装饰等方面），而动态礼仪指的是一个人的举止和表情礼仪。

二、学习仪表礼仪的作用

【课堂讨论】

情景：美国著名管理学博士蓝斯登说：“一个人给他人的初步影响力几乎永远是视觉上的，在我们真正了解一个人前，在第一眼看到他时，便形成了对他的看法，如果他的样子顺眼，我们就会在他身上寻找其他好的特质，反之，就会倾向于探索不好的特质，以便支持我们的判断。”

讨论：谈谈你对蓝斯登上述话的理解。

（一）良好的仪表能提升个人形象

这样会给交往对象留下良好的第一印象，为后续交往打下良好的社交基础。

个人形象指个人的总体特征和实际外在表现在他人头脑中的印象。形象的内容宽广而丰富，是一个人综合的全面素质，并不是一个简单的穿衣、外表、长相、发型、化妆的组合概念。第一印象，又称首因、首轮效应，是指与初次相识的人接触，所得到的有关对方的最初印象。第一印象有以下 3 个特点。

1. 瞬时性

第一印象的形成时间很短，是在见面后的头一眼，一刹那形成的，一般不会长过刚见面的前 3 秒钟。

2. 直观性

第一印象是由人的感觉器官获得信息，传递给大脑，形成的一种直觉和判断。所以第一印象有较强的主观色彩，往往不一定准确。

3. 稳固性

第一印象一旦形成，他人由此形成的看法和评价，往往很难改变，这种初次获得的印象往往是今后交往的依据。

在社交场合，人们留给初次见面者的第一印象非常重要，而第一印象主要是由个人形象决定的。

（二）社会交往中良好的仪表是自尊自爱的需要，是增强人际交往自信心的有效手段

一个衣冠不整、不修边幅的人会被认为作风拖沓、生活懒散、社会责任感不强，很难得到他人的信任。而端庄大方的仪表能够传递出一种安全感，一种踏实的作风，一种自信、乐观、向上的精神风貌，是素养和品位的体现。一个热爱生活、积极向上的人，是必然注重仪表的。

（三）仪表美是种礼貌，是尊重他人的体现

得到他人的尊重是人们在社交活动中最普遍的心理需要。注重仪表是讲究礼节礼貌的体现，是对他人的一种尊重，在一定程度起到协调人际关系、增进友谊的作用。

不仅如此，职场人员的仪表，除反映了个人的精神面貌外，还体现了企业的管理水平和服务质量，关系到组织的形象和事业的成功。

【案　例】

竞选与仪表

美国人大多性格外向、感情丰富，他们欣赏有英俊的外貌、沉着潇洒、彬彬有礼的绅士风度、以及拥有幽默和机智谈吐的人。1960 年，尼克松败在肯尼迪手下，就是因为在电视辩论中风度与谈吐均不如肯尼迪。里根之所以能当上总统，与他在当电影演员时培养出来的潇洒风度和练就的好口才有很大关系。同样克林顿之所以能当选总统，与他注意给竞争对手人格上的礼貌有很大关系。

从外部形象看，年仅 46 岁，外表高大、英俊的克林顿当然比年纪老迈的布什占有很大的优势。但布什是一个很难对付的对手：他光从丰富的政经验与外交成就显赫这两个方面，克林顿就无法同他相比。故而克林顿在三次电视辩论中都接受专家建议，采用以柔克刚的办法，不咄咄逼人，不进行人身攻击，而在广大听众面前展示出了一个沉着稳重、从容大度的形象。如在 1992 年 10 月 15 日第二次电视辩论中，辩论现场中设一个主持人，候选人前面都没有讲桌，只有张高椅子可坐。克林顿为了表示他对广大电视观众的尊敬，一直没有坐，并且在辩论中减少了对布什的攻击，把重点放在讲述自已任阿肯色州州长 12 年间所取得的政绩上。克林顿的这种以柔克刚、彬彬有礼的做法，赢得了广大观众的好感。最后一次电视辩论中，克林顿英俊潇洒的姿态、敏捷的论辩与幽默机智的谈吐使他大出风头。他在对布什的责难进行了有效的反驳以后，很得体地对广大电视观众说："我既尊敬布什先生在白宫期间的为国操劳，又希望选民能鼓起勇气，敢于更新，接受更佳人选。"话音刚落，掌声雷动。

【分　析】

仪表虽是人的外表，但也是一种无声语言，在一定意义上能反映出一个人的修养、

性格等特征。克林顿抓住电视这个受众面最广的传媒，以有礼有节的讲话策略与布什竞选，在选民面前很好地展示了他的形象、风度、思维能力、表达能力、应变能力等，从而赢得了广大选民的信任和支持。可见，“形象管理”对一个人的成功是多么重要。

任务二　服饰礼仪

服饰就是一个人的着装和佩戴的饰物，是透视个人形象的一个非常重要的窗口。整齐的服饰通常能给人留下干净、利落、干练的形象，容易获得他人的信任。反之，污损、不洁、邋遢的服饰则会让他人感到不舒服，给人留下不好的印象。因此，在社交活动中要重视服饰礼仪。

一、服饰修饰的原则

（一）“TPO”原则

“TPO”原则是日本男装协会 1963 年提出的，又称时间（Time）、地点（Place）、目的（Object）原则。

1. 时间原则

时间原则是服饰要注意在每天的早上、日间、晚上三段时间的变化，也包括每年的春夏秋冬四个季节的更迭以及不同时期的变换。时间原则要求人们着装时要考虑时间的变换，做到随时更衣。

2. 地点原则

地点原则是指服饰要与场所、地点环境相适应。工作生活中，人们面临的场合主要有 3 种：公务场合、社交场合、休闲场合，要养成场合不同着装不同的习惯。在静谧肃穆的办公室里穿着一套随意的休闲装、拖鞋，或者在绿草茵茵的运动场上穿着西装、皮鞋，这些都会因环境与服饰不协调而破坏整体气氛。

3. 目的原则

目的原则是指服饰要考虑此行的目的。目的原则主要从两方面来把握：一是做事的目的。比如去运动，就要穿运动装、运动鞋等；二是根据想要留给别人的印象来选择服装。

（二）和谐原则

着装和谐是指一个人的服饰要与他的年龄、体型、职业和所处的场合相吻合，这样才给人以美感。

1. 服饰与年龄

服饰要与年龄相和谐。如年轻人应穿得鲜艳、活泼、随意一些，这样可以充分体现出青年人的朝气和蓬勃向上的青春之美。而中老年人的着装则要注意庄重、雅致、整洁，体现出年轻人所没有的成熟与稳重。

2. 服饰与体型

人的身材有高有低，体形有胖有瘦，肤色有深有浅，穿着应考虑到这些差异，扬长避短。

一般来讲，身材高的人可以适当加长上衣，配以低圆领或宽大而蓬松的袖子，宽大的裙子、衬衣，衣服颜色最好选择深色、单色或柔和的颜色，这样能给人以“矮”的感觉；身材较矮的人，不宜穿大花图案或宽格条纹的服装，最好选择浅色套装，上衣应稍短一些，使腿比上身突出。服装款式以简单直线为宜，上下颜色应保持一致。体型较胖的人应选择较小花纹、直条纹的衣料，最好是冷色调。在款式上，体型较胖的人要力求简洁，中腰略收，后背扎一中缝为好，以“V”型领为最佳；体型较瘦的人应选择色彩鲜明、大花案以及方格、横格的衣料，给人以宽阔、健壮的视觉效果。在款式上，体型较瘦的人应当选择尺寸宽大、上下分割花纹、有变化的、较复杂的、质地不太软的衣服，切忌穿紧身衣裤，也不要穿深色的衣服。

3. 服饰与职业

不同的职业对服饰有不同的要求。例如，老师、医生、干部一般要穿得庄重一些，不要打扮得过于妖艳，衣着过于时髦给人以轻浮的感觉；学生的穿着应朴实、大方、整洁，不要过于成人化；演员、艺术家则可根据他们的职业特点，穿得时尚一些。

（三）整体性原则

培根说：“美不在部分而在整体。”孤立地看一个事物的各个部分可能不美，但就整体看却可能显得很美。服饰整体美构成要素包括：人的形象和内在气质、服装饰物的款式、色彩、质地、加工技巧乃至出入的场所等。

着装的整体美是由服饰的内在美和外在美构成的。打扮是外在的，若能不断地充实自己的内涵，培养自己优雅的风度及高贵的气质，那么其在着装上一定是成功的。

（四）个性化原则

服饰的个性化原则包括一个人的年龄、身材、气质、爱好、性格和职业等因素在外表上的反映所构成的个人的特点。各式服装都有自己的内涵和风格，理解服装如同理解自身一样，就能找到适合自己穿的衣服。只有个性化的着装才能烘托出个性、展示个性，保持自我以有别于他人。只有当服饰与个性协调时，才能更好地发挥其效应，塑造出自己的最佳形象和礼仪风貌。

二、主要职业服饰着装要点

（一）制服

制服是由某一个企业统一制作，并要求某一个部门，某一个职级的公司员工统一穿着的服装。简言之，制服指的是面料统一、色彩统一、款式统一、穿着统一的组织正式工作服装。由于制服体现着所在企业的形象，反映着企业的规范化程度，穿着制服就必须认真对待，绝对不可以马虎大意。制服穿着最重要的一个禁忌，是不允许随意搭配、制便混穿，也不允许制服穿着时过脏过乱。

（二）西服

西装起源于100多年以前的欧洲，据说是由渔民发明的。它原流行于西方国家，以庄重舒适、挺括美观而风靡于世，现已成为世界各国普遍认同和喜爱的供男性在正式场合穿用的服装。

西服的穿着比较讲究，要真正地穿出品位，主要把握好两点：一是要了解衬衫、领带、鞋袜、公文包等与西服组合搭配的基本常识；二是要把握好“三个三”。即三色原则、三一定律、三大禁忌。

1. 三色原则

三色原则指男士在正式场合穿着西服套装时，全身颜色必须限制在三种之内，否则就会显得不伦不类，失之于庄重和保守。

2. 三一定律

三一定律指男士穿着西服、套装外出时，身上三个部位的色彩必须协调统一。即鞋子、腰带、公文包的色彩要保持一致，最理想的选择是鞋子、腰带、公文包皆为黑色。鞋子、腰带、公文包是白领男士最为引人瞩目的配件，令其颜色统一，有助于提升着装品位。

3. 三大禁忌

穿西装时不能犯以下 3 个错误。

（1）袖口上的商标没有拆　新西装的左边袖子上有一个商标，买了后这个商标是要拆掉的，说明启用了。这个地方不拆商标，有画蛇添足之感。

（2）在非常正式的场合穿着夹克打领带　夹克是休闲装，领带是和西服套装配套的。所以在非常正式的场合，尤其是对外商务交往中，是不允许穿夹克打领带的。如果是行业内部活动，比如说领导到部门视察，穿夹克打领带还是允许的。

（3）袜子与西装不配套　细节决定教养。男士正式场合袜子的穿用有两个讲究：一是不穿尼龙丝袜。它不吸湿、不透气，容易产生异味，妨碍交际；二是注意袜子的颜色。从美学的角度，袜子颜色有两个选择，要么跟皮鞋一个颜色，要么跟裤子一个颜色。重要场合，白色的袜子是不和西装搭配的。

（三）裙服

正式场合女性应着裙装。某些西方国家甚至明文规定：人们出入正式的社交场合时，男士一律穿着深色晚礼服，女士要端庄雅致，以裙装为宜，否则不准入场。对女性经理人来说，迄今为止，没有任何一种女装在塑造职业形象方面，能像套裙一样“一览众山小”。女士着裙装时，下述四大禁忌，不可不知。

1. 穿着黑色皮裙

正式社交场合穿着黑色皮裙，会让人啼笑皆非，因为只有街头女郎才如此装扮。所以在正式社交场合，尤其是出访欧美国家时，穿着黑色皮裙绝对不可以。

2. 裙、鞋、袜不搭配

着裙装时，鞋子最好是高跟或半高跟皮鞋，颜色以黑色最为正统，此外，与套裙色彩一致的皮鞋亦可选择；袜子以单色为宜，有肉色、黑色、浅灰、深棕等几种常规选择。袜子应当完好无损，袜口要没入裙内，不可暴露于外。切勿将健美裤、九分裤等裤装当成长袜来穿。

3. 光脚

着裙装时光脚是不允许的。光脚不仅显得不够正式，而且会使自己的某些瑕疵见笑于人。在国际交往中，穿着裙装，尤其是穿着套裙时不穿袜子，还会被人视为故意卖弄风骚，有展示性感之嫌。

4. 三截腿

三截腿术语叫做“恶性分割”。是指穿半截袜子，袜子和裙子中间露一段腿肚子，结果导致裙子一截，袜子一截，腿肚子一截。这种穿法不仅使腿显得又粗又短，往往还会视为是没有教养的妇女的基本特征。

【拓展阅读】

职业女士着装要点

1. 最理想的办公室着装是西装、套裙和保守式样的连衣裙。颜色以深色、中性色为佳。
2. 办公室着装应讲究质量，剪裁入时，做工精细，饰物应有个性。
3. 与办公室服装相配的包、鞋和首饰应当在风格和比例上与整套服装和谐，体现出穿着者的个性。
4. 力戒办公室着装过分鲜艳、繁杂、暴露、透视、短小、紧身。
5. 严格区分上下班服装。

任务三　仪容礼仪

【课堂讨论】

情景：孙玫奉公司老板的命令到一家外企公司去拜访客户。拜访之前，她对自己的仪容进行了精心修饰：化了彩妆，做了时下最流行的发型。

来到对方公司，孙玫发现回头率比较高，她感到有点得意。这时，孙玫碰见了好朋友李小姐。“你过来有事？”李小姐问道，“是的，我来拜访我们公司的客户。”“拜访客户？你像走T型台的，我还以为这家公司请你来表演呢。”快人快语的李小姐说道。“是吗？”孙玫的心一下子变得不稳定起来，开始的自信也被动摇了。在后来的拜访中，孙玫完全因为这次失败的化妆乱了阵脚，拜访结果也就不言而喻了。

讨论：1. 仪容及构成；

2. 孙玫拜访客户时什么样的仪容是得体的?

仪容是社交形象的基本组成要素之一。仪容主要是由发型、容貌以及体形等内容构成的，其中的重点则是指人的容貌。在人际交往中，每个人的仪容都会引起交往对象的特别关注，并将影响到对方对自己的整体评价。

仪容美包括心灵美、自然美、修饰美。心灵美属于内在美，自然美、修饰美属于外表美。外表美只有和内在美高度统一才能令人敬慕和向往。

一、仪容修饰的原则

1. 美化原则

仪容修饰要美化而非异化、丑化，美化是仪容修饰时要把握的原则之一。要使仪容达到美观的效果，就要掌握仪容修饰的基本知识和修饰技巧，做到扬长避短，使容貌更美观。

2. 自然原则

仪容修饰要自然，妆成有却无是仪容修饰追求的目标。失去自然的修饰，那就是假，假的东西就无生命力，也没有美感。

3. 协调原则

仪容要与个人特点、环境、身份和谐。具体表现在面部和谐、全身和谐、角色和谐、场合和谐。

4. 礼貌原则

容貌修饰应相互愉悦、礼敬于人。主要表现在：① 不要在他人面前修饰容貌；② 不要借用他人的化妆品；③ 不要非议他人的容貌修饰。

5. 健康原则

健康是仪容修饰追求的最高境界。世界卫生组织这样给“健康”下定义：健康是指一个人生理、心理和社会适应都达到一个完好的状态。具体表现在以下 10 个方面。

① 有充沛的精力，能从容不迫地担负日常和繁重的工作，而且不感到过分紧张和疲劳。

② 处事乐观，态度积极，乐于承担责任，事无大小，不挑剔。

③ 善于休息，睡眠良好。

④ 应变能力强，能适应外界环境中的各种变化。

⑤ 能抵制一般性感冒和传染病。

⑥ 体重适当，身材发育匀称，站立时，头、肩、臂的位置协调。

⑦ 眼睛明亮，反应敏捷，眼睛不易发炎。

⑧ 牙齿清洁，无龋齿，不疼痛，牙龈颜色正常，无出血现象。

⑨ 头发有光泽，无头屑。

⑩ 肌肉丰满，皮肤有弹性。

仪容修饰有：护养、美化、整容三个层次。在仪容修饰的三个层次里，护养是关键。

二、仪容的修饰

仪容修饰要把握好 3 个重点部位：面部、发部、手部。

（一）面部

面部修饰的基本要求有 4 点。

1. 干净整洁

时刻保持面部干净清爽是社交礼仪对面部最基本的要求。清洁面部最简单有效的方式就是勤于洗脸。午休、用餐、出汗、劳动或者外出之后，都应即刻洗脸。

2. 不蓄胡须

男士最好不要蓄胡须。男士留着乱七八糟的胡须，一般会被认为是很失礼的，而且显得邋里邋遢。个别女士因内分泌失调而长出类似胡须的汗毛，应及时清除，并予以治疗。

3. 鼻毛不外现

鼻腔要保持干净，要经常修剪长出鼻孔的鼻毛，严禁鼻毛外现，也不要让鼻涕或别

的东西充塞鼻孔。

4. 口无异味

牙齿洁白，口腔无异味，是对口腔的基本要求。为此应坚持每天早、中、晚刷三次牙，尤其是饭后，一定要刷牙，以去除残渣、异味。另外，在重要应酬之前忌食蒜、葱、韭菜、腐乳等让口腔发出刺鼻气味的东西。

（二）发部

修饰仪容要“从头做起”。 健康、秀美、干净、清爽、卫生、整齐是对头发最基本的要求。

1. 注意头发清洁卫生

头发要勤于梳洗。要掌握正确的洗头方法：先把头发浸湿，然后把洗发液挤到手上，搓匀起泡后涂到头发上，再用手指肚顺着头发生长的方向轻揉，不要用指甲挠，那样太伤头发。如果一遍洗不干净，可以冲洗后再少用些洗发液洗一次。不要一次用太多的洗发液，这样不仅不利于清洗，也会伤害头发。最后涂上适量的护发素，但也要清洗干净。

洗发还要主意时间。通常不宜选择临睡前洗头，如果头发没有干就睡觉，不仅影响发型，对身体也不好。选择用吹风机吹干头发会伤害到发质，所以洗头最好提前一些，白天洗发是不错的选择。每天多梳头，有益于头发的健康，但不能在大庭广众之下毫无忌讳地梳头，这是失礼的行为。梳头时，先梳理发梢部分，再梳理中段，最后从发根处轻轻梳下来。

2. 发型的选择

整洁的头发配以大方的发型，往往能给人留下神清气爽的良好印象。发型设计要与以下因素相适应，体现和谐的整体美：

① 发型应与个人脸型相协调；

② 发型应与个人性格、气质相协调；

③ 发型应与体型相协调；

④ 发型应与职业相协调；

⑤ 发型应与年龄相协调；

⑥ 发型与季节相协调。

在设计发型时，除上述内容之外，还应考虑自己的发质及与其相配的服装。

（三）手部

手是肢体中使用最多、动作最多的部位，难免得到众多目光的眷顾。如果手的“形象”不佳，整体形象将大打折扣。对手部的具体要求有以下四点。

1. 清洁

在日常生活中，手是接触他人和物体最多的部位。从清洁、卫生、健康的角度谈，手应当勤洗。餐前便后、外出回来及接触各种东西后，都应及时洗手。

2. 不使用醒目甲彩

适当的使用甲彩，能够增添手部的魅力，给对方留下美好的印象。例如一些与指甲颜色相近的甲彩就能够对指甲起到很好的修饰作用。但是，过于醒目的甲彩，如红色甲彩、紫色甲彩，用在工作场合就不宜。

3. 不蓄长指甲

手上的指甲应定期修剪，最好每周修剪一次，手指甲的长度以不超过手指指尖为宜。长时间不修剪指甲，不仅甲缝容易藏污纳垢，而且行动也不方便。

4. 腋毛不外现

在他人面前，尤其是在外人或异性面前，腋毛是不应为对方所见的，否则视为失礼。

【课堂实训】

检查你的仪容现状，填下表并进行必要的改进。

检查部位	清洁度	健康程度	自我满意度	改进意见
脸部				
眼睛				
眉毛				
鼻子				
胡须				
嘴				
耳朵				
脖子				
胳膊				
手部				
腿部				
脚部				
汗毛				
其他部位				

三、仪容的美化

化妆是人们在政务、商务、事物及社交活动中，以化妆品和艺术描绘手法装扮自己，以达到振奋精神，尊重他人的目的。化妆要做到扬长避短，使自己容貌上的某些缺陷加以弥补，使自己更加光彩照人。

【课堂讨论】

情景：从古至今，女人与装扮之间似乎是可画上等号的。在大英博物馆里，珍藏着一个妇女用的化妆盒，化妆盒里有象牙梳、火山石、用来盛化妆品的小罐、润肤膏等，经考证，这个属于1400年前古埃及的女性。清代李笠翁《闲情偶寄》一书中（修容）卷开篇即说:“妇人惟仙姿国色，无俟修容，稍去天工者，即不能免于人力矣。”“仙姿国色”者毕竟是屈指可数,大多数女人恐怕都要借化妆这种“外力”来实现自己经对美的追求了。爱美之心人皆有之，俗话说“三分人才，七分打扮”。有人认为，装扮自己既是一种自我美丽，也是一种对别人的尊重。但也有人反对这种违背本色，靠化妆品展现出来“假我”的做法。

讨论：女人该不该化妆？真正的美应当是“清水出芙蓉，天然去雕饰”，还是“淡妆浓抹总相宜”呢？

（一）化妆的步骤

进行一次完整而全面的化妆，是有一定的规范和步骤要求的，具体步骤如下。

1. 洁肤、爽肤、润肤

在化妆前与卸妆后都要认真完成“护肤三部曲”，为化妆打下良好的基础，为皮肤的健康作必要的铺垫。

2. 修眉

修眉使面部干净、立体，调整脸型，为画眉打基础。

3. 遮瑕

遮瑕指用化妆品遮盖各种原因引起的皮肤问题，使面部显得干净。

4. 涂粉底

涂粉底可以统一肤色、遮盖瑕疵、改善皮肤质地、保护皮肤。

5. 内外轮廓晕染

内外轮廓晕染是指利用颜色的对比，造成视错觉，使面部显得立体。

6. 定妆

定妆使面部干爽，容易上妆。

7. 眼部化妆

眼部化妆是化妆的重点和难点。主要内容有：涂眼影、画眼线、夹卷睫毛及涂睫毛膏、画眉毛。

8. 涂腮红

涂腮红可以改善肤色，协调妆面色调，矫正脸型等。

9. 唇部化妆

主要内容有描唇线、涂唇膏。涂唇膏能使唇部红润，与整体妆面协调。

10. 再次定妆

此步骤为化妆最后一步，目的在于加强妆面的持久性，冲淡面部过重的色彩，使整个妆面更加柔和。

11. 全面检查

全面检查是指对面部各个部位进行检查，保证妆面的完整、精致。

（二）化妆注意事项

1. 妆面要与场合相适宜

妆面有淡浓之分。社交场合可化浓妆，休闲场合可不化妆，在工作场合，职业妇女化妆，基本上要求是八个字：化妆上岗、淡妆上岗。

2. 避人

化妆是一种个人隐私行为，应在专用的化妆间进行。当众化妆或补妆有卖弄甚至勾引之嫌，惹人反感。

3. 专用

不可随意借用使用他人的化妆品，这不仅是一种礼貌，也是一种教养。

【拓展阅读】

选购香水

（一）香水的类型

香水是一种直接涂抹在人体肌肤上的商品，所以品质的好坏直接影响到身体的健康与否。根据香水中香精的含量与香气持续的时间来划分，香水可分为以下 4 种类型。

1. 浓香型香水

又称香精，香精含量为 18% ~ 25% 左右，香气可持续 5 ~ 7 小时。

2. 清香型香水

香精含量约 12% ~ 18%。香气可持续 5 小时左右。

3. 淡香型香水

香精含量在 5% ~ 12%，香气可持续约为 1 ~ 2 小时。

4. 微香型香水

即古龙水。香精含量在 3% ~ 5%，香气可持续约 1 ~ 2 小时。

香水通常不能乱用，也不能男女不分。在上述 4 种类型的香水里，第一种适合人们在出席宴会和舞会时使用；第二种适用于一般性的交际应酬；第三种适合上班使用；第四种则主要用于浴后或进行健身运动时使用。

（二）选购要点

① 选购香水时，最好避免闻太多的香水，因为嗅觉疲劳后很难分出香水的差异，所以你每次最多只闻 3 种。

② 选购香水时，一般先试的位置距离越远越好，左右手腕和手肘内侧，每处可各试一种香水，并记住涂抹位置，以便过后选择。

③ 试完香水后，至少等 10 分钟，酒精挥发掉才知道香水真实的气味。最好是离开香水柜台一会儿（因为通常那里混杂了其他香水味），给自己充足的时间（半个小时左右），也给自己一个较清净单纯的嗅觉环境，再一次对这种香水进行一番“考验”。假若这种香味仍能给你良好的感觉，就不妨去买它一瓶。甚至还可以在试过几滴香水后，就大大方方地告别香水店，这样无论前味、中味、后味都可以慢慢地回家去体验，觉得好，再来买。

④ 不要在剧烈运动后或吃完饭后试用香水。体温和食物的味道会影响香水的味道。

⑤ 不要以为别人身上好闻的香味就一定适合你，香水在不同人身上有着细微的差别。

⑥ 不要直接从瓶口闻香，你闻到的只是酒精刺激的气味。

任务四　仪态礼仪

仪态，指人的姿态和风度。姿态是指人的身体表现出来的姿势，如站立、行走、弓身、眼神、手势、面部表情等；风度则是一个人个人素质修养的外在表现。优美的仪态有 4 个标准：一是文明，即仪态要显得有修养，讲礼貌。不应在异性和他人面前有粗野

的动作和形体。二是自然，仪态既要规则庄重，又要大方实在，不要装腔作势。三是美观，这是高层次的要求，它要求仪态要优雅脱俗，美观好看，能给人留下美好的印象。四是敬人，即通过良好的仪态来体现敬人之意，力禁失敬于人的仪态。

美国著名心理学家艾伯特·赫拉别恩称：人的信息交流的效果有 55% 的体语、38% 的语调语速、7% 的语言。仪态不仅是体语，更是一个人学识、胸怀、修养、社会地位、品位的外在表现。良好的仪态除了加强个人修养外，还需要专门的训练。

【课堂讨论】

情景：在某旅游公司的客户接待室来了两个咨询旅游线路的游客。她们刚想开口咨询，却又眉头紧锁，好像对眼前的景象不是很满意。三张办公桌上的业务员都是东倒西歪的样子：有的斜靠在桌前看报纸，有的半躺在椅子里接电话，有的用双手托着下巴、胳膊支在桌上聊天。游客相互交换了下眼神，同时走出了这家旅游公司的接待室。

讨论：1. 专程前来咨询的客户突然打“退堂鼓”的原因？

2. 描述美观大方的站、坐、行姿的要领。

一、站姿

规范的站姿有以下 5 个要求。

（1）头正　两眼平视前方，嘴微闭，收颌梗颈，表情自然，稍带微笑。

（2）肩平　双肩微微放松，稍向后下沉。

（3）臂垂　两肩平整，两臂自然下垂，中指对准裤缝。

（4）躯挺　挺胸收腹，臀部向内向上收紧。

（5）腿并　两腿立直、贴紧，脚跟靠拢，两脚夹角成 60° 左右。

二、坐姿

正确的坐姿，给人以端庄稳重之感；不良的坐姿，除了看起来松懈外，还会容易引起身体的疼痛，甚至会压迫神经，影响健康。无论是男士还是女士，要努力培养正确的坐姿。

1. 女士坐姿

（1）标准式　轻缓地走到座位前，两脚左前右后，两膝并拢的同时上身前倾，向下落座。如果穿的是裙装，在落座时要用双手在后边从上往下把裙子拢一下，以防坐出皱纹或因裙子被打折坐住而使腿部裸露过多。坐下后，上身挺直，双肩平正，两臂自然弯曲，两手交叉叠放在两腿中部，并靠近小腹。双膝并拢，小腿垂直于地面，两脚并拢或小丁字步。

（2）前伸式　在标准坐姿的基础上，两小腿向前伸出一脚的距离，脚尖不要跷起。

（3）前交叉式　在前伸式坐姿的基础上，右脚后缩与左脚交叉，两踝关节重叠，两脚尖着地。

（4）屈直式　右脚前伸，左小腿屈回，大腿靠近，两脚前脚掌着地，并在一直线上。

（5）后点式　两小腿后屈，脚尖着地，双膝并拢。

（6）侧点式　两小腿向左斜出，两膝并拢，右脚跟靠拢左脚内侧，右脚掌着地，左脚尖着地。注意大腿小腿要呈 90° 的直角，小腿要充分伸直，尽量显示小腿的长度。

（7）侧挂式　左侧点式基础上，左小腿后屈，脚绷直，脚掌内侧着地，右脚提起，用脚面贴住左踝，膝和小腿并拢，上身右转。

（8）重叠式　重叠式也叫“二郎腿”或“标准式架腿”等。在标准式坐姿的基础上，两腿向前，一条腿提起，脚窝落在另一腿的膝关节上边。要注意上边的腿向里收，贴住另一腿，脚尖向下。

2. 男士坐姿

（1）标准式　上身正直上挺，双肩正平，两手放在两腿或扶手上，双膝并拢，小腿垂直落于地面，两脚自然分开呈45°角。

（2）前伸式　在标准式的基础上，两小腿前伸一脚的长度，左脚向前半脚，脚尖不要跷起。

（3）前交叉式　小腿前伸，两脚踝部交叉。

（4）屈直式　左小腿回屈，前脚掌着地，右脚前伸，双膝并拢。

（5）斜身交叉式　两小腿交叉向左倾斜，上体向右倾，右肘放在扶手上，左手扶把手。

（6）重叠式　右腿叠在左膝上部，右小腿内收、贴向左腿，脚尖自然下垂。

3. 坐姿禁忌

避免出现的坐姿有：女士双膝分开、双腿直伸出去、腿部抖动摇晃、以脚蹬踏他物、脚尖指向别人、双脚纠缠座位下方部位、坐时上身向前或倚靠椅背、手抱在腿上或夹在腿间、上身向前趴伏。

三、行姿

标准的行姿，应当直行，匀速，无声。

1. 头正

双目平视，收颌，表情自然平和。

2. 肩平

两肩平稳，防止上下前后摇摆。双臂前后自然摆动，前后摆幅在30°～40°，两手自然弯曲，在摆动中离开双腿不超过一拳的距离。

3. 躯挺

上身挺直，收腹立腰，重心稍前倾。

4. 步位直

两脚尖略开，脚跟先着地，两脚内侧落地。走出的轨迹要在一条直线上。

5. 步幅适度

行走中两脚落地的距离大约为一个脚长，即前脚的脚跟距后脚的脚尖相距一个脚的长度为宜。不过，不同的性别，不同的身高，不同的着装，都会有些差异。

6. 步速平稳

行进的速度应保持均匀、平衡，不要忽快忽慢。在正常情况下，步速应自然舒缓，显得成熟自信。

警惕不良姿态：行走时低头驼背、八字步、摇晃肩膀、双臂大甩手、扭腰摆臀、左顾右盼、脚擦地面等。

【拓展阅读】

微笑的训练

人的表情主要是由眼神、笑容、面部肌肉的动作共同作用而成的，其中，笑容是表情的重要组成部分。

一、笑容外部训练方法

① 放松嘴唇。嘴唇周围的肌肉可通过数“1、2、3……”进行放松。

② 增加唇部肌肉弹性。嘴角是笑时最重要的部分，有效地锻炼嘴唇周围的肌肉，能使笑容变得更好看。可坐在镜子前面，张大嘴使嘴周围的肌肉最大限度地伸张，持续10秒，之后还原，反复练习。

③ 拉紧嘴角。面对镜子，深呼吸，然后慢慢地吐气。闭上张开的嘴巴，并将嘴角两侧对称往耳根部提拉，发出“一”或“七”的声音，保持10秒，之后还原。

④ 用上下门牙咬住一根筷子，唇角上扬，持续10秒，反复5次后，拔出筷子，练习维持以上状态。

二、笑容内部训练

微笑发自内心，微笑的心理训练方法如下。

1. 情绪记忆法

笑时多回忆美好往事、最喜欢的人。纵然遇到不如意、悲伤、辛酸的事情，也要提醒自己“保持笑容”。

2. 携带卡片法

经常在自己的皮夹中放一张写有“微笑”的卡片，一直携带着它，像一面镜子，随时随地提醒自己保持微笑。

三、笑容的保持

什么样的笑容适合自己，要在不断的练习中寻找。拿捏有度，将自己的笑容修饰到最美，使之成为自己的招牌式微笑。

① 对着镜子观察是否将笑容保持好，唇角上升时会不会歪，笑的时候有没有将牙龈露出。反复观察、训练、纠正，挑选适合自己的满意笑容。

② 寻找到自己满意的笑容后，坚持笑30秒或以上时间反复地训练。在不断地反复练习后，会拥有美丽的笑容。

【实训练习】

一、实训项目：站姿

训练目的：通过训练，使学生掌握标准的站姿要求。

实训设计：1. 教师设计并宣布记分标准；

2. 学生以组为单位练习，相互纠正；

3. 教师以组为单位进行考核打分。

实训方法

1. 顶书练习法

将厚重的书本置于头部以身体挺拔的姿态保持书本的平衡。长期使用此方法，对塌腰、驼背等不良姿势有明显改善。

2. 靠墙训练法

此训练法更加便捷，找一面墙，将后脑勺、肩部、腰、臀、双腿后侧、脚后跟紧贴墙面，同时收腹提臀，注意气息均衡。该方法可在一段时间内改善姿态。

3. 背对背训练法

两名同等身高的学生背对背，将后脑勺、肩部、腰、臀、双腿后侧、脚后跟紧贴对方，也可达到训练目的。

4. 对镜训练法

在以上训练的基础上，建议找多面镜子纠正自己的站姿体态。面对镜子中的自己，同时可以从正前方和侧面直观地了解训练效果，这是提升动作质量的一种途径。

5. 矫正训练法

矫正训练法主要是矫正腿型、驼背使用的一种方法。在正步的基本站姿的基础上，可将一张纸夹在腿部，同时头顶书本，也可同时用牙齿咬筷子来训练笑容。

实训条件：形体训练房、书、白纸、筷子

教师主要观测点：1. 观察各小组的合作状态以及成员的参与性；

2. 观察学生对站姿要点的掌握程度，为考核及后续训练搜集信息。

实训时间：2 课时

二、实训项目：坐姿

训练目的：通过训练，使学生掌握标准的坐姿要求。

实训设计：1. 教师设计并宣布记分标准；

2. 学生以组为单位练习，相互纠正；

3. 教师以组为单位进行考核打分。

实训方法：① 对镜练习：在镜子中从正、侧面找自己的不足；

② 双人练习：找一个搭档，面对面，以及从各方观察双方的待改进之处；

③ 视频练习：找搭档将自己的视频录制，通过回放视频进行纠正。

实训条件：形体训练房、凳子、DV

教师主要观测点：1. 观察各小组的合作状态以及成员的参与性；

2. 观测学生对坐姿要点的掌握程度，为考核及后续训练搜集信息。

实训时间：2 课时

三、实训项目：行姿

训练目的：通过训练，使学生掌握标准的行姿要求。

实训设计：1. 教师设计并宣布记分标准；

2. 学生以组为单位练习，相互纠正；

3. 教师以组为单位进行考核打分。

实训方法

1. 控制练习

① 立起半脚尖，保持身体平衡，膝关节伸直，到最大限度时停留 5 ～ 10 秒，接着慢慢还原。重复该动作 5 ～ 10 次。

② 坐在椅子上，将双腿夹紧抬起，与地面保持平行，控制 10 秒后轻轻落地，重复 10 次。

2. 姿态练习

① 抬头挺胸，立腰拔背，膝盖伸直，使身体保持上下一条直线。

② 双肩自然摆动，小臂前后摆动 15 厘米左右，手掌心朝向体内，身体重心放在脚掌。

③ 身体在一直线上前进，不要左右晃动；脚尖向正前伸出，不出现内、外八字。

④ 姿态自然，全身协调，面部放松，不僵直地走路，不左顾右盼，不前后摇摆;面部放松，四肢协调。

实训条件：形体训练房、凳子、DV

教师主要观测点：1. 观察各小组的合作状态以及成员的参与性；

2. 观察学生对行姿要点的掌握程度，为考核及后续训练搜集信息。

实训时间：2 课时

【复习思考题】

1. 名词解释：仪表、仪表礼仪、TPO 原则、个人形象。
2. 第一印象的三个特点及在人际交往上给你的启示。
3. 简述西服及着装要点。
4. 仪容修饰应把握好哪些原则。

【参考文献】

[1] 金正昆．礼仪金说． 西安：陕西师范大学出版社 ，2008.

[2] 李兰英．社交礼仪． 上海：上海财经大学出版社，2007.

[3] 谢苏． 旅游社交礼仪． 武汉：武汉大学出版社，2006.

[4] 张百章．何伟祥．公关礼仪 ．大连：东北财经大学出版社，2005.

[5] 陈光谊．现代实用社交礼仪．北京：清华大学出版社，2009.

项目三　语言沟通礼仪

【学习目标】

- 理解沟通的含义、原则及重要性。
- 掌握语言沟通的礼仪规范和要求，并能够在实际生活中正确应用。
- 了解话题选择、赞美和倾听的礼仪技巧。

【项目架构】

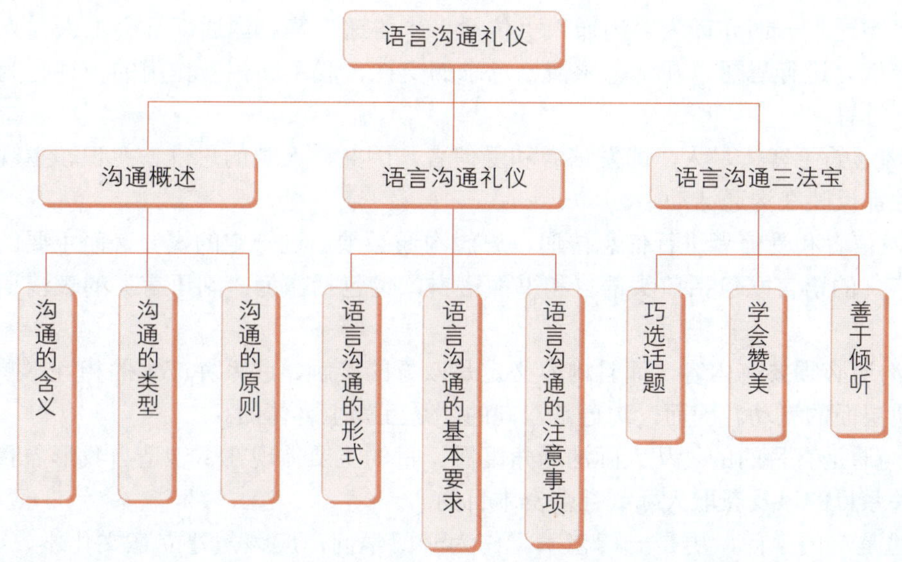

【工作任务】

情景：一天，扁鹊晋见蔡桓公，站了好一会儿说道："您有病在皮下，要是不治，恐怕会加重。"桓公回答说："我没有病。"扁鹊退出后，桓公说："医生总是喜欢给没病的人治病，并把这作为自己的功劳。"过了10天，扁鹊又拜见蔡桓公，说："您的病已经到了肌肤，要是不治，就会更加厉害了。"桓公听后不理睬他，扁鹊退出，桓公又是很不高兴。过了10天，扁鹊再次拜见蔡桓公，说："您的病已经进入肠胃，要是不治，就更加严重了。"桓公仍不理睬他，扁鹊退出，桓公又是极不高兴。又过了10天，扁鹊远远地看见桓公转身就跑。桓公很奇怪，故此特派人去问他，扁鹊说："病在皮下，用药热敷治疗就可以医治好的；病在肌肤之间，用针刺就可以医治好的；病在肠胃中，用清火汤剂就可以医治好的；要是病在骨髓，那就是掌管生命的神所管的了，我就没有办法治疗了。现在桓公的病已发展到骨髓里面，我因此不再过问了。"过了5天，桓公感到浑身疼痛，便派人去寻找扁鹊，这时，扁鹊已经逃到秦国去了。

任务：1. 为什么扁鹊几番好心相劝，蔡桓公就是不愿看病?

2. 谈谈你对沟通的理解及你对沟通在现实生活中重要性的认识。

点评：为什么蔡桓公一直拒绝扁鹊为他看病，即使病得很严重了，还是拒绝。是蔡桓公不在意自己的身体还是不相信扁鹊的医术？其实都不是，问题在于扁鹊的沟通。他要表达的信息不仅没有有效传递给蔡桓公，反而引起了蔡桓公的强烈反感，所以蔡桓公才拒绝看病。扁鹊见蔡桓公的故事发人深省，我们的生活中，沟通无处不在，沟通对我们的工作、生活也将产生重要的影响。

任务一　沟通概述

一、沟通的含义

沟通（communication）一词源于拉丁语 communicare，意为“分享、传递共同的信息”，英文的“沟通”一词亦译为“沟通”、“传播”、“传递”等。沟通即社会上人与人之间使用语言等媒介进行思想、观念、感情、意志的交往、联系和相互作用的一种行为。具体包含以下意思。

① 沟通的主客体是人，即发信者和受信者。因此，人类的思维、意识、主观能动性和创造性都反映在沟通活动中。

② 发信者和受信者进行信息传递、思想沟通必须通过一定的媒介，而主要的媒介是语言。广义的语言既包括口头语言和书面语言，也包括作为“副语言”的表情语言和体势语言。

③ 沟通必须要有内容，而且内容必定是双方的接触、联系并产生的相互影响，是精神和物质层面的互动。因而，沟通是双向的，是互为主客体的。

④ 沟通是有目的的。从人际沟通角度看，目的主要体现在：塑造自我形象目的、构建人际关系目的以及获取人际或社会资本目的。

沟通是一门学问，更是一门艺术。作为一门学问，应该是建立在文化学、心理学、社会学、语言学和传播学等学科之上的综合性学科。要想成功有效地沟通，沟通者必须有良好的文化素养、敏捷的思维、良好的心理素质、较强的语言表达技巧、丰富的社会阅历、对现代传媒手段的运用等能力；作为一门艺术，体现于可循原则之外又包含了不胜枚举的变数。通常只有巧妙、艺术的沟通才能达到目的，运用之妙，存乎于心。

【拓展阅读】

产生沟通障碍的因素

1. 语义困扰

当人们将同一个字用在不同方面或在同一个方面使用不同的字眼时，干扰将会发生。在英文、中文中都有同音词和一词多义的现象；即使在使用严格的书面语时，歧义同样也不可避免。

例如：小王说：“这份报告，我写不好。”

有两种理解：一为“这份报告，我（由于能力有限）写不好”，二为“这份报告，我写（可能由于身份等因素）不好。”

2. 知识差异

不同知识层次、知识背景的人，沟通起来也会出现障碍，因为他们不能准确理解对方的想法。成语“对牛弹琴”讲的就是这个意思。在《红楼梦》里，林黛玉就曾调侃贾宝玉不通乐理，给他弹琴他也听不懂，就像“对牛弹琴”。还有一个谚语叫：“秀才遇见兵，有理说不清”，指的是旧时士兵多半蛮不讲理，有学问的人跟他讲道理是没有任何用处的。

3. 地位差异

地位不同，所处立场就会不一样。也就是说，当沟通双方的地位存在明显的差异时，就会影响双方的沟通效果。有这样一个故事，四位骑士听到亨利二世说“谁帮我除掉这个讨厌的教士？”骑士们误将其以为是一道国王的命令，立刻便去杀了那位叫做贝克·汤姆斯的坎特伯雷大主教，并以为会得到亨利二世的赞扬。结果是这四名骑士都被处以死刑，而亨利二世也为了赎罪赤足走到了坎特伯雷。

4. 文化差异

不同的文化语境，沟通或沟通的规则差异明显。比如，假设晚宴定在8时入席，在英国，客人多半在8时15分到场；在德国，客人则会很准时；在希腊，差不多要到9时或稍迟；在印度，则会更晚。又如，在世界大多数的国家，点头代表赞同，摇头代表反对，但在印度有些地方却正好相反。

5. 环境干扰

通常会突然出现噪声，如充满汽车噪声或隔音不良的房间；光线不足的地方；隔壁办公室传来的打字声；身体经常移动；把玩手中的笔；甚至在沟通的关键时刻服务人员突然送上一杯咖啡，诸如此类的情况都会对沟通造成不同程度或者难以预料的影响。

二、沟通的类型

根据不同的划分标准，可以把沟通划分为不同的类型。主要包括以下3种。

1. 双向沟通和单向沟通

根据沟通时是否出现信息反馈，可以把沟通分为双向沟通和单向沟通。双向沟通是指有反馈的信息沟通，如讨论、面谈等。单向沟通是指没有反馈的信息沟通，例如电话通知、书面指示等。

2. 正式沟通和非正式沟通

在正式组织中，成员间所进行的沟通，可因沟通途径的差异分为正式沟通和非正式沟通两类。正式沟通是指组织中依据规章制度和明文规定的原则进行的沟通，例如组织间的公函往来、组织内部的文件传达、召开会议等。非正式沟通是指以一定的社会关系为基础，与组织内部明确的规章制度无关的沟通方式。

3. 语言沟通和非语言沟通

语言沟通建立在语言文字的基础上，又可细分为口头沟通和书面沟通两种形式。人们之间最常见的沟通方式交谈，就是口头沟通。书面沟通包括备忘录、信件、组织内发行的期刊、公告栏等传递书面文字或符号的手段。

非语言沟通是指通过某些媒介而不是讲话或文字来传递信息。非语言沟通内涵十分丰富，为人熟知的方式包括身体语言沟通、副语言沟通、物体的操纵等。

【拓展阅读】

沟通中的行为语言

身体动作可以显露出某人的心理活动线索，这对沟通的顺利进行具有重要意义。因为它可以向人们暗示在沟通中应回避的话题。我们不妨从以下几个方面来读懂他人的行为暗示。

1. 准备就绪与积极热情

当人们已经为采取行动做好了准备时，他们通常会采取前倾的坐姿或双手叉腰的站姿。因为他们盼望采取行动，所以无论是坐着还是站着，都会身体笔直，神情机敏，双眼圆睁，炯炯有神，身体动作生气十足，肢体动作快于言辞。

2. 心情失落和失意

奋笔疾书，用手梳理头发，握拳咬手，怒气冲冲或者面部小范围肌肉紧绷。如果你在对方身上发现了这样的信号，赶紧撤退，千万别提出任何要求。

3. 居高临下的优越感

通常表现得非常放松，他会双手叠加放在脑后或背后，高高仰着头和下巴。有可能会采用把身体靠在椅背上的坐姿，或采用把身体倚靠在墙上、桌子上或写字台上的。

4. 郁闷烦躁

他会用手指或脚掌发出敲打的声音，常常还会莫名其妙地反复整理自己的仪表或摆弄铅笔之类的小物件。他的身体一般会对着房门，而且还会不时地抬手看表。提出问题或说出你对他的观察感受“你今天怎么了”，通常可以把他拉入到对话中。

5. 紧张

感到紧张的人说话时会下意识地用手挡住自己的嘴，嗓音一般会提高几度。说起话来吞吞吐吐，还会不时地使用“嗯”、“啊”之类的词。他可能还会眼睛看着自己的脚尖，不时清清嗓子、搓搓双手。当过分紧张时，你可能还会发现他两脚前后交换时面部出现抽动。这时你一定要为对方营造一个安全的讲话环境，与他建立起融洽的关系，多鼓励并耐心等待。

三、沟通的原则

沟通作为人类最基本、最重要的活动方式和交往过程之一，通常要遵循以下基本原则。

1. 尊重为先

尊重包括尊重自己、尊重别人和尊重差异。尊重自己是指一个人希望在各种不同情境中有实力、能胜任、充满信心、能独立自主；其次，尊重别人的人格、别人发表意见的权利、别人的工作等；尊重差异，实质上也就是承认差异，承认人与人之间性格的差异、观点的差异等。尊重差异是沟通和协调行动的前提。

在和自己的上级交往过程中，要保全领导在大众面前的“面子”和威望，就是对领导的尊重；夫妻之间，尊重对方的隐私和生活习惯，接纳对方的思维方式甚至是缺点和错误；亲子之间，人格是平等的，家长听取儿女的意见和想法是对其最大的尊重。

【案　例】

富商与摆摊年轻人的故事

在美国，一个颇有名望的富商在散步时，遇到一个瘦弱的摆地摊卖旧书的年轻人，他缩着身子在寒风中啃着发霉的面包。富商怜悯地将8美元塞到年轻人手中，头也不回地走了。没走多远，富商忽又返回，从地摊上捡了两本旧书，并说："对不起，我忘了取书。其实，您和我一样也是商人！" 两年后，富商应邀参加一个慈善募捐会时，一位年轻的书商紧握着他的手，感激地说："我一直以为我这一生只有摆摊乞讨的命运，直到你亲口对我说，我和你一样都是商人，这才使我树立了自尊和自信，从而创造了今天的业绩……"

【分　析】

不难想象，没有那一句尊重、鼓励的话，这位富商当初即使给年轻人再多钱，年轻人也断不会出现人生的巨变，这就是尊重的力量啊！

2. 理解至上

沟通不仅是信息的传递，更是对信息的理解和把握，准确地理解信息的意义才能进行良好的沟通。《圣经》把理解看作比金子还宝贵的东西："拥有理解的人，丢掉的是银子，获得的是比金子还宝贵的东西：她左手是财富，右手是荣誉……" 理解别人、被别人理解，是人际沟通和协作不可缺少的"擎天柱"。促进理解的最佳方式是站在对方的角度看问题，这样就会避免很多误解和摩擦，也容易达成共识。

【案　例】

秘书小叶被炒鱿鱼的故事

小叶是某公司副总经理刘洋的秘书。刘总不仅是个工作狂，而且很霸道，他向小叶交代工作时，总是用一种不耐烦的口吻说话。小叶非常讨厌刘总这种封建家长式的工作作风，每次接受工作后，总要在心里骂一句："我是秘书，又不是你的丫鬟！" 她多次提出要求更换上司，但每次都挨办公室主任的严厉批评。一天下午，刘总经过她的办公室时，将一份文件往她桌上一扔："复印一份！" 她怀着一肚子怨气复印完之后，也把复印件往刘总的办公桌上一扔……后来，她就被炒鱿鱼了。

【分　析】

秘书小叶的遭遇固然令人同情，但我们也应该知道，任何上司都有他独特的工作习惯和性格特征。其实，刘总这类家长式作风严重的领导人，外表盛气凌人，内心大多脆弱。如果小叶能够理解并适应上司，甚至帮助上司改善人际关系，而不是跟上司"对着干"，她在工作中将会有更大的发挥空间。

3. 互动双赢

共享说话权利是互动的前提。在与人交谈时，不该一个人唱独角戏，每个人都有表现的欲望，所以共同支配时间对沟通尤为重要。在众人聚会的场合里，不要将所有话题都集中在自己身上，只要场合及语法得当，尽可能用“你”做句子开头。这样会立刻抓住听者的注意力，同时能得到他人的正面回应。美国前总统罗斯福的方式很简单，就是在与人接触的前一个晚上，花点时间研究一下对方的背景。一见面，共同的话题就源源不断，谈话自然让对方兴趣十足，在这种氛围下，沟通就更顺畅。

互动的过程需要双赢的理念，双赢理念的实质体现了双方利益需要的兼顾。双赢原则主要体现在四个方面：从对方的角度看问题、尊重对方的才智、维护对方的自尊心、强调对方希望了解的事情。

任务二　语言沟通礼仪

常言道：“良言一句三冬暖。”会说话的人具有强大的亲和力，能迅速与人打成一片，也往往具有良好的人际关系。理解是沟通的核心。理解也是个双向过程，即说话人有责任把思想表达清楚，听者也有责任设法准确地理解它。

一、语言沟通的形式

语言是一种非常复杂的、容量极大的、音义结合的符号体系，在沟通功能上是其他任何方式都无法比拟的。它的表现手段丰富多样，表现内容包罗万象，适用范围也十分广泛。

按照语言沟通的媒介来进行分类，语言沟通可以分为口头沟通和书面形式的语言沟通两种基本形式。前者主要是“听”、“说”，而后者主要是“读”、“写”。因此，完整的语言沟通能力应该是我们以前常说的“听”、“说”、“读”、“写”等能力。

（一）口头沟通

一般来说，口头沟通分为讲、述、谈、说四种类别。

1. 讲

讲，是一种比较正式的口头语言沟通行为。讲，通常是有准备的，而且是有听众的。但是在讲的过程中，它不像谈话那样有沟通对象适时的语言暗示和语言配合。讲的能力能更多体现出成篇表达的能力，比如演讲、作报告、召开新闻发布会以及老师讲课等。

2. 述

述，是陈述、复述。述的能力也是语言沟通能力的一种表现。说话人只需要把一件事或者一个道理陈述清楚、明白，把必要的信息传达出来就可以了。它的难度不算高，一般来说，它是锻炼其他三种口头沟通能力的基础。

3. 谈

谈，是谈话、对话。它是口头沟通中使用频率最高、最能体现沟通能力和沟通水平的表现方式。这是因为谈中可以有讲、有述、有说。在谈中，存在着沟通双方，而且双方在不断地变换角色。这种互动更能表现出一个人的语言沟通实力，如它的得体性、灵活性、艺术性等，它相当于对一个人语言背后的素质、修养、能力等的全面考验。

4. 说

说，是一般的口头表达，它是口头沟通的一种方式。说，可以是简单的重复，也可以是个人独白。说与讲、谈的最主要区别是后两者通常都有一般意义上的听众，说却不一定非要有一般意义上的听众。说，可以说给别人听，也可以说给自己听。

【拓展阅读】

礼仪性讲话的技巧

礼仪性讲话是为了表示礼节而在某种仪式上所作的讲话，包括祝词、悼词、答词、开幕词、闭幕词等。

祝词：祝词就是在婚礼、寿礼、生日庆祝、开工（如开张、开学等）典礼及会议等喜庆仪式上，表示良好愿望或庆祝的讲话。由于在喜庆场合使用，所以，发表此类讲话要热情洋溢，欢快轻松，多说赞美性、吉祥性、庆祝性的话语。一般先说祝贺的事由、意义，表达自己的心情，再回顾往昔，或阐述取得的功绩、成就，或追忆喜事的由来，最后提出希望、祝愿，以“祝……”等形式结尾。

悼词：悼词就是在追悼仪式上对死者表示哀悼、怀念，对死者家属及亲友表示慰问的讲话。它包括主悼词和一般悼词。主悼词 ，是由死者所在单位的领导人所做的悼词。而一般悼词是在主悼词之后，由亲友发表的。发表这类讲话时要素服简装，洗尽铅华，表情庄重、严肃，语气沉缓，表现出对死者的痛惜、悼念，以及对亲属的同情、关心。

答词：答词就是在某种仪式上对别人给予的奖励、祝贺、吊唁、慰问等表示感谢的话。进行这类讲话时要表现出真诚和谦逊，真心诚意地感谢别人给予的关心、支持、帮助，把功劳归功于大家。还可以谈谈自己下一步的计划打算，表达对继续得到大家帮助、支持的愿望。

开幕词：是较为大型隆重的会议或活动开始时，由主持人或主要领导人发表的带有祝贺会议（或活动）召开（或举行）和介绍会议基本情况的一种讲话。一般先谈开会的前提依据、作用意义，对会议的召开表示祝贺；接着，介绍到会的人员、会议的目的、任务、内容、秩序、要求；最后，预祝大会圆满成功，取得成果。

闭幕词：是较为大型隆重的会议或活动结束时，由主持人或领导人发表的祝贺大会成功和总结会议情况的一种讲话。一般要对会议的情况、所取得的成果进行总结，并提出对今后工作的打算和要求。

（二）书面沟通

用书面形式来传递信息的方式叫做书面沟通。书面沟通使用的工具是文字。文字作为书写符号，可以弥补口头沟通的缺陷，使语言沟通不受时间、空间的限制，也便于对沟通内容、表达方式进行选择和斟酌。这是因为书面形式可以给信息发送人以比较充分的时间进行思考，另外，书面形式也便于传递一些口头上羞于表达的内容。与口头沟通相比，书面形式的语言沟通因为避免了直接面对面，可以减少或避免很多尴尬。

二、语言沟通的基本要求

要进行有效的语言沟通，培养良好的口才，必须把握语言沟通的基本要求。

（一）讲究实效

现代社会，生活节奏越来越快，提倡写短文，说短话，注重简明。就是以最经济的语言手段表达出丰富的思想内容，使听众在较短的时间内与说话者进行有效的交流。

1. 把握中心，言之有序

说话与写文章一样，首先要明白中心是什么，定了中心，就不会离题万里了。同时，说话时要围绕一个中心，想好先说什么、后说什么，做到逻辑清晰。还要有个引人注意的开场白，迅速吸引听众的兴趣和好感。然后及时转入正题，并注意多层意思之间的自然过渡和衔接。结尾时进行归纳，简明扼要地突出主题，以加深听众印象。

2. 言简意赅，短小精悍

说话应该言简意赅，这样才能以少胜多，引起听众的兴趣，也便于听众理解和记忆说话的内容。在说话之前，先要对讲述内容分清主次、确定详略，做到心中有数。对别人熟悉的、爱听的多说，对别人不熟悉的、不关心的少说或不说。说话时要尽量少用长句，多用短句，使表达更加简洁、明快、活泼、有力。

3. 戒掉口头禅

一些不良的语言习惯，往往不同程度地影响着语言的表达，说话时应加以注意。我们生活中常听到“是不是”、“对不对”、“对吧”、“反正”、“这个”、“那个”等，这些口头禅常常会给简洁、流畅的表达带来阻力，更重要的是某些口头禅还可能伤害对方的情感。比如“我告诉你”、“你得了吧”、“你懂吗”等，常给人一种盛气凌人、自以为是的感觉，令人不快，从而影响人际交往。所以有口头禅语病的人，应针对具体情况，有意克服，积极矫正。

（二）区分对象

话是说给人听的，语言表达也要看交际对象，要受对方的身份、职业、经历、文化素养、思想、性格、处境、心情等因素的制约。

1. 根据人数的多少，决定说话的方法

如果你说话的对象是多数人，那么，你首先要了解那一群人的基本情况，掌握群体心理，找出他们共同关心的问题来谈。还要尽量照顾全面，最忌讳的就是冷落部分人。

2. 根据不同对象的文化修养，使用不同的语言

一个人的谈吐与他的文化修养密切相关。对文化水平高一点的人，语言可以文雅一些。太俗气了，他会觉得你不尊重他；对文化水平低的人，语言可通俗一些。太文雅了，他会觉得你在耍弄他。

3. 根据不同对象的接受能力，运用不同的语言

如果对方资格较老、阅历较深，或接受能力较强，谈话的哲理可以深一点，引用的例子可以广一点，可以以理释事；如果对方年幼识浅、思想单纯，或接受能力较差，应以事悟理。

4. 根据性别、年龄的不同，运用不同的语言

在话题的选择上，要注意区分男女的兴趣和特点的不同。对女士，要避免说有损女性尊严的话；与小朋友说话，要针对他们年幼单纯、天真活泼的特点，用讲故事、打比方、讲笑话等方式，使交谈得以深入；老年人则喜欢追怀往事，喜欢受到年轻人诚心诚意的尊重。如果能引起他谈谈自己的过去，对他将是非常快乐的一件事情。当然，在沟通中还要根据交谈对象的气质、性格特点、兴趣爱好、职业特点及亲疏关系等方面的不同，运用不同的语言。

（三）注意环境

任何语言的表达都离不开环境。人们在进行社会交际时，说话既要符合语言规则，又要适应语言环境。语言环境通常由时间、地点、场合、对象等客观因素组成。

1. 分清场合

场合不同，语言的表达也不尽相同。同一席话，在这个场合讲可能赢得满堂喝彩，但在另一场合讲则可能一败涂地。一个口才优秀的人，能时刻把握场合的变化，并善于抓住不同的场合，从而使自己的话发挥最大的优势。

2. 把握时机

一句话什么时候讲，是大有讲究的。例如，为了防患于未然，在问题未出现的时候就要说出来；某个人做了好事，应当及时赞扬。只有及时，才能起到鼓舞士气的作用；对方心情不好的时候，责怪、埋怨和批评的话暂时不说，要待他心情平静后再说。如果非说不可，也要先进行一些语言的铺垫，切忌直来直去。

3. 因地制宜

地点是说话时所处的特定空间，而这个空间对说话者是有一定的心理影响的。例如一个领导找部下谈工作，就应当把他请到办公室来，使谈话更有权威性；一位下属做错了事情，领导者应尽量避免在公开场合进行批评，这样会使对方的自尊心受到打击。相反，表扬最好在大范围内进行。

三、语言沟通的注意事项

（一）换位思考

换位思考是一种语言风格，也是一种技能。它要求沟通者既要表达自己的思想，又要顾及对方的需求。即从对方的角度出发，重视对方的需要，尊重对方的聪明才智，保护对方的自我意识。举例如下。

非换位方式：你的报告写得不好……（表达比较生硬）

换位方式：你的报告总体不错，如果 ×× 部分……就更好了。（表达友善，也指明了问题所在）

（二）表达积极

语言沟通中，积极的语言能表达出积极的心理期望。要做到语言表达的积极，需要

把握以下两点。

1. 避免使用否定字眼或带有否定口吻的语气

双重否定句不如用肯定句来代替，必须使用负面词汇时，则尽量使用否定意味最轻的词语；“我希望”、“我相信”这两种说法有时表明你没有把握，或者传递出有些盛气凌人的信息；而赞扬现在的行为可能暗示对过去的批评。

消极表达：别忘了在下班前把货送到。（否定语气）

积极表达：记得在下班前把货送完。（善意提醒）

消极表达：我希望你对此满意并继续订货。（语气生硬）

积极表达：当你有什么需要时请随时打电话给我。（语气友好）

2. 把负面信息与对方某个受益方面结合起来。

消极表达：免费早餐仅限于 20 元以内，超出部分请自付。（语气生硬）

积极表达：你可免费享用 20 元以内早餐。（语气委婉）

（三）用语礼貌

礼貌规范的语言和语气对语言表达十分重要，它既表明沟通者的修养，也暗示着沟通双方的态度。一般要做到以下几点。

1. 用礼貌头衔称呼上级和自己不熟悉的人

在中国，对上级习惯的称呼是姓氏 + 头衔。如“刘经理”、“王校长”、“张主任”。称呼中可使用的头衔还有“教授”、“博士”、“工程师”、“医生”等。当不确定对方的职位和身份时，最礼貌的称呼就是“先生”、“女士”或“您”。

2. 直截了当表达

如果采用的语气对表达效果影响不大时，直截了当表达比拐弯抹角更好。过于委婉会显得不负责任或虚伪。

3. 不使用歧视性语言

歧视性语言是指以性别、年龄、种族、身体特征或其他任何标准为依据表示歧视的语言。

歧视性语言：去问下坐在那边的那个女的。（十分失礼，没有礼貌）

礼貌用语：请去问下坐在那边的那位女士。（表达礼貌、友善）

【拓展阅读】

礼貌用语举例

① 文明礼貌基本用语：“请”、“您好”、“谢谢”、“对不起”、“再见”。

② 问候语：“您好”、“早上好”、“晚安”、“新年快乐”等。

③ 迎接语：“欢迎光临”、“见到您真高兴”、“欢迎您的再次到来”、“欢迎王经理莅临指导”等。

④ 欢送语：“再见”、“您好走”、“欢迎下次光临”、“祝您一路顺风”等。

⑤ 致谢语：“谢谢”、“感谢您对我们提出宝贵意见”、“非常感谢”、“感激不尽”等。

⑥ 征询语：“我能够帮您做什么吗？”、“您需要这件还是那件？”、“您觉得我这样

处理，您满意吗？”、“对不起，您把号码重复一遍，好吗？”等。

⑦ 请托语：“请您稍等”、“请多多关照”、“劳驾”、“对不起，打扰您了”、“拜托您为这位女士让个座位”等。

⑧ 应答语：“好的”、“没关系，这是我应该做的”、“请放心，一定帮您办到”等。

⑨ 赞赏语：“很好”、“非常好”、“您的意见非常宝贵”等。

⑩ 道歉语：“对不起”、“不好意思，请多包涵”、“对不起，耽误您的时间了”等。

⑪ 推托语：“十分遗憾，我帮不了您”、“很遗憾，不能满足您的要求”、“我们公司有××规定不能为您办理，请多包涵”等。

任务三　语言沟通三法宝

语言是人们表达思想感情和进行交流的重要手段和工具。若想通过交谈给对方留下良好的印象并取得积极的效果，第一要务是态度真诚，同时要学会运用语言沟通三法宝：巧选话题、学会赞美、善于倾听。

一、巧选话题

交谈要学会寻找恰当的话题，并巧妙避开不能触及的雷区。

（一）宜选话题

1. 适当的寒暄语

寒暄是谈话之前的开场白，是谈话进入正题的必要过渡。寒暄可以打破陌生人之间的界限，可以缩短双方的情感距离，甚至导出交谈的话题。一个恰当的寒暄过程，往往预示着正式谈话的顺利。寒暄语不一定具有实质性的内容，但需要因人、因时、因地而异，体现出简洁、友好与尊重的特征。如天气冷暖、当时环境、夸耀对方、身体健恙、工作忙闲等。

2. 双方的共同点

交谈双方若能很快发现共同的兴趣点，那么谈话将会很顺利地进行下去。比如双方相同的年龄、相同的专业、相同的籍贯、相同的行业、相同的兴趣爱好等，都可作为交谈话题的首选。这就要求交谈时要善于观察，及时发现双方的共同点，以将交谈向良好的方向推进。

3. 对方感兴趣的话题

交谈中找到对方感兴趣的话题，会使对方在心理上得到极大的尊重感和满足感，会使交谈的氛围变得轻松而惬意。尤其是在和长者或职位高者交谈时，更适合寻找此类话题。让对方欣然打开话匣子，自己在虚心的倾听和适时的插话中把对对方的尊重体现得淋漓尽致。寻找此类话题的前提条件是你要了解对方，否则将会班门弄斧，贻笑大方。

（二）不宜谈的话题

1. 涉及国家和行业秘密的话题

严守机密是任何行业的从业者都应当遵守的职业道德。国家或行业秘密禁止在公务

场合随意谈及，它关系到一个人的职业素养和操守问题。

2. 涉及个人隐私的话题

隐私，即不愿告诉他人或不愿公开的个人情况，它通常包括个人的年龄、婚否、经历、收入、地址、家庭等。现代社会是一个开放的社会，跨文化的言语交际已日渐成为现代交际的一个引人注目的特点。在和欧美地区的人交谈时，要特别注意不要问及对方的隐私。

3. 背后议论他人的话题

常言说："家丑不可外扬"。在外人面前，不要非议自己的领导、同事和同行，要主动维护他们，这是一个人的教养问题。否则，你可能畅所欲言了，但听者心中可能会想：你这样非议自己的领导或同事，那么你又会怎样来非议我呢？是非之人不可深交。

4. 格调不高的话题

在一般的社交中，有些人喜欢谈论家长里短、小道消息、男女关系、黄色段子等格调不高的话题，是素质低下的表现。我们在交谈中一定要避开此类话题，否则让人感觉有失教养。

【拓展阅读】

与西方人交往七不问

①Age（年龄）：西方人希望自己永远年轻，对年龄讳莫如深，女士尤为如此。

②Marriage（婚姻）：西方人认为婚姻纯属个人隐私，他人无权干涉。

③Income（收入）：西方人将收入视为个人脸面，它与个人的能力和地位有关。他人不宜知道，只有自己和老板知道。

④Address（家庭住址）：西方人认为，留给他人自己的地址，就是邀请其上门做客，而他们是不喜欢随便请人来家中做客的。

⑤History（个人经历）：西方人不会轻易让人知道自己的过去。

⑥Work（工作）：西方人认为，若谈及工作，有窥探他人隐私之嫌。

⑦Belief（信仰）：西方人认为，宗教信仰和政治立场非常严肃，不能信口开河。

二、学会赞美

赞美是双方交谈中至高无上的润滑剂，是博取他人好感和维系良好关系的有效方法，喜欢听赞美的话语是人的天性。所以我们在交谈中一定不要吝啬赞美的语言。

首先，要懂得迎合对方的心理需求。比如女士希望被人赞美的往往是其容貌、打扮、青春、魅力风度，甚至声音、肤色等；而男士则应着重赞美其体魄、气质、事业、学识、谈吐、为人等。

其次，赞美要明确具体，针对性强。如果缺少明确的评价原因，常使人无法接受，有时甚至会让对方怀疑你的动机和意图。比如，"这套衣服真适合你"、"想不到你的工作效率这么高"、"这个策划立意非常好，市场分析得很透彻"等。这种具体的赞美就比"你很漂亮"、"你的工作不错"、"你的策划很好"的效果要好得多。

第三，赞美要选准时机，兼顾公平。要取得赞美的效果须见机行事、适时而为，同时要兼顾公平。比如众多客人在场的情况下，你如果只赞美其中一人，会引起在场其他人心理上的不快。这时，你可以寻找别的理由或别的方面提及其他人，以消除他们的不快情绪。

【拓展阅读】

巧妙赞美九秘籍

1. 主动同别人打招呼

打招呼背后的含义是我眼中有你。越是高层的人越是喜欢同下面的人打招呼，这一点在生活中是很明显的。特别是你对门卫、清洁工、下级员工打招呼时，他们受宠若惊的表现会让你在生活中收益匪浅。如果一个月内坚持这么做，你的人气就会急升，就会发现每个人都会喜欢你。

2. 从否定到肯定的评价

这种用法一般是这样的：我很少佩服别人，你是个例外；我一生只佩服两个人，一个是某某，一个就是你。

3. 见到、听到别人得意的事，一定要停下所有的事情，去赞美

如一个人给你看了他小孩的相片，那么一定要夸小孩，你无声地放回去，他会很不高兴。

4. 适度指出别人的变化

这种做法的意义是你在我心目中很重要，我很在乎你的变化，否则是我瞧不上你，我不在乎你，这是很糟糕的。所以说，生活中长时间不见面，无论说你胖了瘦了，都是很舒心的。

5. 逐渐增强的评价

如果你想要得到一个人的心，那么就逐渐增加你的赞美，如果你要伤害一个人，那么就逐渐地降低对他的评价。在生活中最贴近的例子，就是我们买菜时，如果卖菜者，一个劲地从盘子里往下取菜，即使秤杆再高，我们也会不高兴，但如果是他加一个，再加一个，即使秤杆没有往下取的秤高，那么我们也会很高兴。这是心理学的普遍定律。

6. 信任刺激

经典之语为，“只有你……，能帮我……能做成……”，如“谁敢横刀立马，唯我彭大将军。”

7. 给对方没有期待的评价

如果你夸某女性美，她可能不会有太多的感触，因为大家都这么说她。所以你就要说她有性格、有素质、有教养。

8. 当一个捧人的角色

与领导在一起，要注意把别人对你的赞扬引到你的领导身上。当然同他人在一起，我们也有这么做的必要性，以彰显我们的胸怀。

9. 了解别人的兴趣与爱好，投其所好

如果对方喜欢音乐，就谈谈三大高音；对方喜欢喝茶就说茶道。正如我们在钓鱼时诱饵不放我们觉得好吃的东西，而是放鱼儿认为好吃的东西。

三、善于倾听

西方有句谚语："倾听是最高的恭维。"英国学者约翰·阿尔代说："对于真正的交流大师来说，倾听和讲话是相互关联的，就像一块布的经线和纬线一样。当他倾听的时候，他是站在他同伴心灵的入口；而当他讲话时，他则邀请他的同伴站在通往他自己思想的入口。"

倾听可以使他人感受到被尊重和被欣赏，很自然地对你产生好感，从而有利于人际沟通；倾听能真实地了解他人，增加沟通的效力；倾听既可以减除他人的压力，帮助他人理清思绪，也能减轻自身的心理压力；倾听还是解决冲突、矛盾的最好方法之一。人人都有被人倾听的需要，交谈时我们要善于倾听。

（一）全情投入

倾听过程中一定要集中注意力，专心致志。比如可以注视对方，表示对其内容感兴趣，遇到不清楚或不同意的地方，有礼貌地询问及提出意见。此举能使对方感觉到你的态度很诚恳；身体稍微前倾，不交叉双臂，手不放在脸上，以积极的身体动作来鼓舞说话者，鼓励对方积极讲述；在交谈的适当时候，面露微笑或点头示意，表示你的理解或共鸣。如果你不是真心实意，仅是勉强去听，或装着倾听，如一边听一边翻书或不自觉地开起小差，你的举动逃脱不了说话人的眼睛，说话人会对你的心不在焉产生很大的不满。

（二）准确理解

倾听是信息的输入，对输入的信息要有充分的理解，做到不遗漏、不误解。要听懂对方说话的内容，很重要的一点是要记住说话的开头。一般来说，说话者会在开头部分提出主要观点或概括主要内容，在开头说明人名、物名、地名，后面使用代词。如果一开头没有把握好，后面就很难把握和理解说话的内容了。

（三）积极记忆

记忆是对信息的储存，在听的过程中要注意记忆各种关键信息。口语交际不像书面语那样有文字凭证，忘了可以再看，它要求听话人及时作出反应。听者在听清、听懂别人说话的基础上，力求做到记得快、记得牢。我们在倾听时要注意避免受偏见影响，保持开放的心灵；注意控制情绪，不让情绪阻断信息传递；注意消除环境或行为造成的干扰。记笔记是很好的倾听习惯，可以让对方感觉到被尊重，而且记下对方说话的重点，便于进一步沟通，防止出现遗漏。

（四）及时反馈

说话人讲话告一段落时，你可以作出一个听懂对方话的反馈。有时说话人会要求倾听人作出反馈，准确的反馈对说话人会有极大的鼓舞。比如："你刚才的发言，我的理解是……"、"你的话是不是可以这样来概括……"，等等。反馈的内容主要包括以下四个方面。

1. 呼应、认可对方的话

在对方说话的间歇，可以说一些"嗯"、"啊"、"对"、"有道理"、"这个观点我赞同"等话语，给予说话者充分的肯定、赞美，意味着对方的思想和言论是值得注意的。

2. 重述刚刚听到的话

重述不是像鹦鹉一样，对方说什么你就说什么，而是应该用自己的话，简要地述说对方的重点。比如说"你说你住的房子在海边？我想那里的景色一定很美。"

3. 适当提问以启示对方

如"我想知道……"、"你愿意谈谈……"、"后来呢"、"能举个例子吗"，等等。这些提问可以更全面深入地了解我们感兴趣的信息，通过引导对方，从而控制谈话过程，提高谈话效率。

4. 续接对方话语

有时，对方语言"卡壳"，或一时没有想到合适的话语，你可以帮他接下话尾，替他解围。

【实训练习】

一、实训情景：年轻的王秘书刚从大学毕业，工作充满活力，加上好学上进，多次受到领导表扬。可是有一天上午，公司的张经理急着去省里开会，需要的材料没找到，急得团团转，并且大声吼叫，让人去找王秘书。王秘书前脚还没进门，就听到张经理劈头盖脸一阵责骂："你干什么去了？要的材料为什么不按时拿来？叫我拿什么去开会？你这个秘书怎么当的？"从未受过批评的王秘书，面对无故的责骂涨红了脸，三步并作两步，从张经理桌上的文件堆里翻出来一份文件，甩在了他面前说："文件是周秘书整理的，昨天下午就给了你，你这当领导的记性哪里去了？"这时，司机催张经理上车，张经理出门时回头说了一句："等我回来再和你算账！"望着汽车远去的背影，王秘书突然意识到自己所犯的错误，心中忐忑不安。

训练目的：本次实训，旨在使学生感受并学会巧妙应对人际沟通中的棘手情景。

实训设计：1. 学生分小组讨论王秘书言行中存在的问题；

2. 学生以小组为单位替王秘书设计本情景最合适的沟通方案；

3. 每组选派两名学生上台模拟王秘书与张经理的沟通情景；

4. 老师点评，实训结束。

实训条件：教室或情景模拟实训室

实训时间：1 课时

二、实训情景：妈妈帮女儿在一个熟人的公司里找了一份工作，妈妈带着女儿去跟经理见面。见面寒暄了几句之后，经理说："我们公司小啊，委屈你了。"这时候女儿应该怎么回答？

训练目的：学会避免使用那些隐藏有负面意思的，甚至有敌意的词语。

实训设计：1. 同学们发挥自己的想象力，分小组讨论并设计几种答话方案；

2. 班级交流，教师对各小组决策设计方案进行点评；

3. 附有教师点评的各小组答话方案在班级展出，供学生比较研究。

实训条件：教室或情景模拟实训室

实训时间：1 课时

三、倾听障碍测试：阅读下面的问题，回答是或否

（1）朋友们心里有事，通常把我当做共鸣箱；

（2）我愿意倾听他人的烦恼；

（3）在社交聚会上，我从一个谈话圈子转到另一个，经常感到还会有更好的谈话对象；

（4）对方不能很快明白我的意思，我就会不耐烦；

（5）我喜欢接过别人正说的笑话或故事；

（6）别人跟我说话时，我总在想下句该说什么；

（7）大多数人说话很乏味；

（8）我通常比与我谈话的人说得多；

（9）别人和我谈话时，要重复一两次；

（10）我喜欢说，胜过倾听。

评分参考：回答与下列答案相符的，每题得一分，然后计算总分

1. 是；2. 是；3. 否；4. 否；5. 否；6. 否；7. 否；8. 否；9. 否；10. 否。

得分在 8 分以上，你的倾听能力高于平均值，朋友们有困难需要找人商量时最有可能找你，你很可能在社交聚会上大受欢迎。

得分在 5 ～ 7 分，你的倾听技巧一般，你同大多数人一样，有时认真倾听，有时还有可能心不在焉，记住，改进的空间还很大。

得分在 0 ～ 4 分，坦率地说，你还不是很好的倾听者，要加油提高哦！

【复习思考题】

1. 名词解释：沟通、双向沟通、语言沟通、隐私。

2. 简述语言沟通的基本要求及注意事项。

3. 沟通中的行为语言重要吗？沟通时在行为语言上你主要注意哪些问题？

4. 用自己的话，谈谈你对语言沟通三法宝的理解。

【参考文献】

[1] 余世维 . 有效沟通 . 北京：北京大学出版社 ，2009.

[2] 舒伯阳 . 现代旅游礼仪与沟通艺术 . 天津：南开大学出版社，2011.

[3] 麻友平 . 人际沟通与交流 . 北京：清华大学出版社，2009.

[4] 陈雅 . 秘书沟通技能 . 杭州：浙江大学出版社 ，2000.

[5] 徐丽君 . 秘书沟通技能训练 . 北京：科学出版社，2008.

[6] 谭满益 . 沟通与演讲 . 上海：上海大学出版社，2010.

第二篇

现代交际礼仪

项目四　日常见面礼仪

【任务目标】

◆ 掌握日常见面时的礼仪规范和要求。

◆ 能自觉实践见面时的礼仪要求：

① 正确地称呼别人；

② 得体的自我介绍和介绍他人；

③ 合理地选用握手或者其他的见面礼；

④ 正确地递接名片和索要名片，形成良好的礼仪习惯，塑造良好的社会形象。

【项目架构】

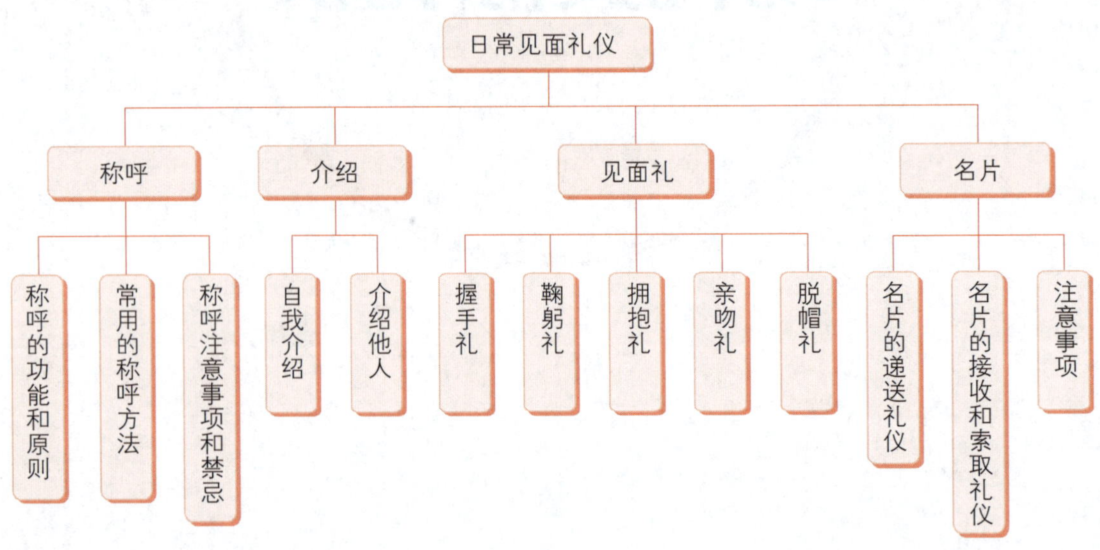

【工作任务】

情景：王先生是某集团公司的总经理，主要代理国内知名品牌的服饰。一天他接待了来访的某服装厂主管销售的李先生。只见李先生被秘书领进了王总经理的办公室，未等秘书介绍，李先生就热情地伸出右手，让王总经理握了握，便缩了回去。然后李先生用左手递上名片作自我介绍："你好，我姓李。我代表公司想跟你谈谈服饰代理事宜。"不到5分钟，王总经理就托辞结束了初次见面。

任务：1. 请分析李先生初次见面失败的原因。

2. 如何才能行一个漂亮的见面礼？

点评：正规的场合和陌生人见面，称呼、介绍、行礼、交谈、握手、交换名片这5个具体的环节是不可少的，我们称之为相见礼仪五要素。见面礼节有时反映了地域特色，有时代表了民族习惯。作为初出茅庐的大学生，了解并掌握这些礼仪的原则和基本要求，是我们能尽快适应社会的基础。李先生的失败，就在于他没有掌握初次见面的礼仪规范，在介绍、握手、名片递送等方面均有失礼之处。所以看似简单的见面礼节，却是最常用、最值得重视的。

任务一　称呼

称呼，是指人们在交往过程中彼此的称谓语。它暗示着人与人之间的关系，反映着一个人的修养和品德。一声得体又充满感情的称呼，不仅体现出称谓人的文化和礼仪修养，也会使交往对象感到愉快、亲切，促进双方感情的交融，为以后的深层交往打下良好的基础。因此有人把称呼比作是交谈前的“敲门砖”，它在一定程度上决定着社会交往的成功与否。

【课堂讨论】

情景：在广告公司上班的王先生与公司门卫的关系处得好。平时进出公司大门时，门卫都对王先生以“王哥”相称，王先生也觉得这种称呼很亲切。这天王先生陪同几位来自香港地区的客人一同进入公司，门卫看到王先生一行人，又热情地打招呼道：“王哥好！几位大哥好！”，谁知随行的香港客人觉得很诧异，其中有一位还面露不悦之色。

讨论：为什么门卫平时亲切的称呼，在这时却让几位香港客人诧异甚至不悦？门卫的称呼有何不妥，应该如何称呼？然后请同学们模拟示范表演。

一、称呼的功能及原则

（一）称呼的功能

1. 呼唤和招呼功能

在日常交往中，称呼常执行招呼功能，以引起听话者的注意；或者表示礼貌，以达到招呼目的。如：同志，你的包掉了；雷参谋！请坐；李师傅，您下班哪！汉语中称呼的招呼和寒暄功能类似于英语的“Hi！”，“How do you do！”等，其交际的意义在于调节人际关系，或者为进一步的交际作准备。

2. 关系功能

称呼能暗示出呼唤人与被呼唤人之间的关系，具有关系功能。如一名员工在超级市场遇到厂长，两人是多年的朋友。员工：“老刘，你也来买东西！”在正式场合，他称呼老刘为“刘厂长”，而私下他总是以老刘相称，以表明双方的平等关系。又如鲁迅先生在小说《故乡》里描述了与闰土的关系。童年时，两人以闰土哥和迅哥相称。时隔数年，鲁迅返回故乡，又见到童年时的好友闰土。他是这样描写的：“我这时很兴奋，但不知道怎么说才好，只是说：‘啊！闰土哥，你来了？’他站住了，脸上现出欢喜和凄凉的神情，动着嘴唇，却没有作声。他的态度终于恭敬起来了，分明叫道：‘老爷！’”一声“老爷”，顿时把两人的社会距离从儿时平等的好友关系拉开到不平等的主仆关系。一声变换了的

称呼，让鲁迅先生心中涌起无限的悲伤。

3. 情感表达功能

所谓情感表达功能，是说话者通过称呼来表达对听话者的态度或情感。例如，老舍的《龙须沟》中有以下一段对话。

赵老：善心的姑娘，行行好吧！

二春：（倒了碗开水送到病人跟前）您喝吧，赵大爷！

赵老：好姑娘！好姑娘！这碗热水救了老命喽！

赵老连续用了两个“好姑娘”来称呼二春，表达了对二春的感激之情。

（二）称呼的原则

1. 礼貌原则

礼是温文尔雅的体现，貌是和蔼谦虚的表情，礼貌是人际交往的基本原则之一。每个人都希望被他人尊重，称呼时的礼貌，正是表达对他人尊重和表现自己有修养的一种方式。

2. 尊崇原则

交际时，称呼对方要用尊称。如“您”—您好，请您;“贵”—贵姓、贵公司、贵方、贵校;“大”—尊姓大名、大作（文章、著作）;“老”—张老、郭老、您老辛苦了;“高”—高寿、高见；“芳”—芳名、芳龄等。又如，中国人有崇大、崇老、崇高的心态。对同龄人，可称呼对方为哥、姐;对既可称“叔叔”又可称“伯伯”的长者，以称“伯伯”为宜;对副科长、副处长、副厂长等，也可在姓后直接以正职相称。

3. 恰当原则

称呼对方要视交际对象、场合、双方关系等的不同选择恰当的称呼。如非正式场合称呼要亲切、自然、信任；正式场合要求庄重、规范、正式，一般以交往对象职务、职称相称。又如不同职业的人，应该有不同的称呼。对农民，称“大爷”、“大娘”、“老乡”;对国家公职人员、解放军和警察，最好称“同志”;对刚从海外归来的港澳台同胞、外籍华人，若用“同志”称呼，有可能使他们感到不习惯，而用“先生”、“太太”称呼倒会使他们感到自然亲切。

【案　例】

生日蛋糕的风波

有一次，有一位先生为他的外国朋友订做生日蛋糕，并要求打一份贺卡。蛋糕店小姐接到订单后，询问说：“先生，请问您的朋友是小姐还是太太？”这位先生也不清楚朋友是否结婚了，想想一大把年龄了，应该是太太吧，于是就跟小姐说写太太吧。蛋糕做好后，小姐把蛋糕送到指定的地方。敲开门，只见一位女士开门，蛋糕店小姐礼貌地询问:“您好，请问您是怀特太太吗？”女士愣了愣，不高兴地说：“噢，错了！”就把门关上了。蛋糕店小姐糊涂了，打电话向订蛋糕的先生确认，地址和房间号码都没错。于是再次敲开门，说道：“没错，怀特太太，这正是您的蛋糕！”。谁知这时，这位女士大叫道：“告诉你错了，这里只有怀特小姐，没有怀特太太！”“啪”的一声，门大声地关上了。

【分　析】

称呼要恰当。在西方，“女士”是对成年女性的通称，一般冠以她自己而非丈夫的姓名；“夫人”、“太太”是称呼已婚女性，冠以丈夫的姓名或丈夫的姓以及她自己的名；已离婚的妇女可冠以她自己的姓名或前夫的姓以及她自己的名，而不能仅用前夫的姓；成年而未婚的女子称“小姐”，冠以她的姓名；而对婚姻状况不明的女子可泛称“小姐”或“女士”。已婚的女性被别人称作“小姐”时，会愉快地接受这一“误称”。相反，未婚的女性被别人称作“太太”时，会格外介意的。

在这个案例中，这位先生凭推测称呼客人为“太太”。而服务人员在没有弄清客人婚姻状态的前提下，选择了错误性的称呼，造成外国朋友的强烈不满。

二、常用的称呼方法

（一）国内称呼方式

1. 直呼其名的称呼

直呼其名是指在交往中，称呼采取姓＋名的方式。这种称呼一般在比较正规的场合用得比较多，再就是特别相熟的同辈人之间用得比较多。比如和你的兄弟姐妹、同窗好友、同一车间班组的伙伴见面时，直呼其名，更显得亲密无间，欢快自然，无拘无束。否则，见面后一本正经地冠以“同志”、“班长”之类的称呼，反而显得外道、疏远了。当然，为了打趣故作“正经”，开个玩笑，也是可以的。

2. 只呼名不道姓的称呼

这种称呼方式一般适用于长辈对晚辈或关系比较亲近的人，例如对“张晓红”称呼为“晓红”、“红”等。

3. 仿亲属称呼

这是比较熟悉的人际关系常用的称呼方式。如“张姐”、“王哥”、“孟叔”、“梁阿姨”，还有可能叫“兄弟”、“哥们儿”等。一般都是向上称，不宜向下称。

4. 社会地位称

能够表示职业、职务、职称等社会地位的象征词都可用于称谓。职业称谓如老师、医生等；职务称谓如厂长、部长等；职称称谓如工程师、会计等；头衔称谓如将军、博士等，林林总总，几乎无所不包。除可单用外，还常与姓名连用（姓／名／姓名 ＋职衔）以示认可或尊敬。还有一部分带“长”的职务可以简称，比如“赵司”、“张处”、“周台”、“刘队”等。但也有个别职务不便简称，如“张秘书长”不能简称为“张秘书”。

5. 泛尊称

在不知道对方的身份、年龄、职位等信息时，可采取泛尊称的方式称呼对方，如“先生”、“夫人”、“太太”、“小姐”、“同志”等。按照国际通行的称呼惯例，对成年男子称先生，对身份高的女士也称先生，对有地位的已婚女士称夫人，对已婚女子称太太，对未婚女子称小姐，对年长但不明婚姻状况的女子或职业女性称女士。这些称呼均可冠以

姓名、职称、衔称等。如“布莱克先生”、“上校先生”、“护士小姐”、“怀特夫人”。“同志”也是一种泛尊称，主要在社会主义国家使用，在西方国家，同志是指同性恋者。因此，要注意场合和对象使用这个称呼。

6. 称呼老或先生

主要是对德高望重的老人、学者、革命家等的称呼，表达对被称呼人的特别尊敬的感情，例如大家都把钱学森称为钱老等。

7. 相对年龄的称呼

如“老李”、“老张”、“小李”、“小王”，也可称“老张同志”、“小李同志”。若是男同志，人在中年，个头也比较魁梧，大家习惯称为“大张”、“大刘”。这类称呼里，还有对年轻人更简练的称呼：“刘儿”、“张儿”。

（二）国际称呼方式

1. 对地位高的官方人士

地位高的官方人士，一般为部长以上的高级官员，按国家情况称“阁下”。如“部长阁下”、“总统阁下”、“主席先生阁下”、“总理阁下”、“总理先生阁下”、“大使先生阁下”等。但在美国、墨西哥、德国等国没有称“阁下”的习惯，因此在这些国家可称先生。对有高级官衔的妇女，也可称“阁下”。

2. 对来自君主制国家的贵宾

君主制国家，习惯称国王、皇后为“陛下”，称王子、公主、亲王等为“殿下”。对有公、侯、伯、子、男等爵位的人士既可称爵位，也可称阁下、先生。

3. 对特有职业、职务或学位的称呼

对医生、教授、法官、律师以及有博士等学位的人士，可单独称“医生”、“教授”、“法官”、“律师”、“博士”，也可以加上姓氏、先生。如“卡特教授”、“法官先生”、“律师先生”、“博士先生”、“马丁博士先生”等。

4. 对军人的称呼

对军人一般称军衔，或军衔加先生，知道姓名的可冠以姓与名。如“上校先生”、“莫利少校”、“维尔斯中尉先生”等。有的国家对将军、元帅等高级军官称阁下。

5. 对神职人员

对教会中的神职人员，一般可称教会的职称，或姓名加职称，或职称加先生。如“福特神父”、“传教士先生”、“牧师先生”等。有时主教以上的神职人员也可称“阁下”。

6. 对有“同志”相称的国家

凡与我们有同志相称的国家，对各种人员均可称同志，有职衔的可加职衔，或姓名加同志。如“主席同志”、“议长同志”、“大使同志”、“秘书同志”、“上校同志”、“司机同志”、“服务员同志”等。

三、称呼的注意事项及禁忌

（一）称呼的注意事项

① 称呼时要注意民族和区域的界限，根据称呼人的交往习惯来选择称呼。

② 要根据交往双方的关系、深度、远近程度等有选择性的称呼。

③ 要注意称呼的感情色彩，给不同的交往对象被尊重之感。

④ 昵称、小名或者绰号的称呼仅适用于非正式场合，或者熟人之间，不可在正式场合称呼对方的小名、绰号。

⑤ 使用称呼就高不就低。

⑥ 当被介绍给他人，需与多人同时打招呼时，称呼要注意顺序。

（二）称呼的禁忌

1. 错误的称呼

在称呼他人时，要避免将对方的姓名念错。对把握不准的字，要事先请教，不要凭自己的主观想象贸然称呼对方。如将“查”、“盖”等这些姓氏望字猜音，发生错误。对交往对象的年龄、辈分、婚否、职务等情况拿不准时，千万不要想当然地去称呼，而要摸准情况，再选择合适的称呼。

2. 不通行的称呼

有些称呼，具有一定的地域性，比如山东人喜欢称呼“伙计”，但南方人听来“伙计”肯定是“打工仔”。中国人把配偶经常称为“爱人”，在外国人的意识里，“爱人”是“第三者”的意思。

3. 庸俗低级的称呼

例如，“兄弟”、“哥们儿”、“死党”等一类的称呼，虽然听起来亲切，但显得档次不高，而且带有明显的黑社会人员的风格。

4. 随便给人起绰号和称呼别人绰号

对关系一般的，不要自作主张给对方起外号，更不能用道听途说来的外号去称呼对方，也不能随便拿别人的姓名乱开玩笑。如“拐子”、“秃子”、“肥肥”等。

5. 替代性称呼或无称呼

不要以“喂”、“哎”、“3 号”、“那个端盘子的”、“卖菜的”、“老头”等这样的方式去称呼对方，更不能不称呼对方直接进入谈话，这样显得很不礼貌。

任务二　介绍

【课堂讨论】

情景：小顾有心让朋友老张和自己的新朋友小朱认识。正好一次小朱陪小顾看展览，遇到了老张，小顾马上热情地招呼老张。小顾先对小朱说：“这就是我常和你提起的老张，是泥塑高手。”随即对老张说：“老张，这是我新认识的朋友小朱，对泥塑挺有研究的。”人到中年的老张见小朱只是个 20 多岁的普通青年，打个哈哈就走了，不仅没接受小朱这个朋友，把小顾也冷落到一边儿去了。

讨论：1. 小顾此番介绍效果不太理想，谁应承担主要责任？

2. 如果你是小顾，你将怎样当介绍人？请模拟示范表演。

介绍，意在说明情况。通过自己主动沟通或者通过第三者从中沟通，从而使交往双方相互认识，建立联系。

介绍是交际之桥。在社交或商务场合，如能正确地利用介绍，不仅可以广交朋友，扩大自己的交际圈，还有助于进行必要的自我展示、自我宣传，并且替自己在人际交往中消除误会，减少麻烦。目前，属于社交场合应用的介绍主要有两种，一种是自我介绍，另一种是为他人做介绍。下面分别讲述。

一、自我介绍

自我介绍就是将自己介绍给别人。想做好自我介绍应注意以下几方面的问题。

（一）注意事项

1. 选对时机

① 当没有介绍人在场的时候，这时就需要主动出击，介绍自己。

② 没有闲杂人员在场的时候做自我介绍效果最好。有闲杂人员在场，一是不礼貌，二是自我介绍的效果不好。

③ 自我介绍时，要选择对方有空闲，而且情绪较好，又有兴趣时，这样就不会打扰对方。

④ 周围的环境比较安静、氛围比较舒适的时候。嘈杂环境中的自我介绍别人根本听不见。

⑤ 做自我介绍时，应该是在比较正式的场合，如办公室、宴会前或宴会中等。

⑥ 介绍自己时，不宜打断别人的谈话而唐突进行。应该在对方谈话出现停顿的时候。

2. 控制时间

自我介绍要言简意赅，以半分钟左右为佳，不宜超过一分钟。话说得多了，不仅显得啰唆，而且交往对象也未必记得住。作自我介绍时，最好辅以名片、介绍信，一是节省时间，二是加强介绍效果。

3. 注意内容

自我介绍的内容视情况而定，一般包括 3 项内容：本人的姓名、供职的单位以及具体部门、担任的职务和所从事的具体工作。这 3 项要素，在自我介绍时，应一口气连续报出，这样既有助于给人以完整的印象，又可以节省时间，不说废话。自我介绍还要实事求是，不可自吹自擂，夸大其辞。

4. 讲究态度

自我介绍时，态度一定要自然、友善、亲切、随和。如果你畏怯、紧张、结结巴巴、目光不定、面红耳赤、手忙脚乱，则会为他人所轻视，彼此间的沟通便有了阻隔。任何人都以被他人重视为荣幸，介绍时要表现自己渴望认识对方的真诚情感。

（二）自我介绍的具体形式

1. 应酬式

适用于某些公共场合和一般性的社交场合。这种自我介绍最为简洁，往往只包括姓名一项即可。如“你好，我叫××。”

2. 工作式

适用于工作场合，它包括本人姓名、供职单位及其部门、职务或从事的具体工作等。如“你好，我叫××，是××饭店的客房部经理。”

3. 交流式

适用于社交活动中，希望与交往对象进一步交流与沟通。它大体应包括介绍者的姓名、工作、籍贯、学历、兴趣及与交往对象的某些熟人的关系。如“你好，我叫××，在××工作。我是××的同学，都是××人。”

4. 仪式式

适用于讲座、报告、演出、庆典、仪式等一些正规而隆重的场合。包括姓名、单位、职务，同时还需加入一些适当的谦辞、敬辞。如“各位来宾，大家好！我叫××，是××学校的学生。我代表学校全体学生欢迎大家光临我校，希望大家……。”

5. 问答式

适用于应试、应聘和公务交往。问答式的自我介绍，应该是有问必答，问什么就答什么。

（三）自我介绍过程中的禁忌

① 忌过分夸张热诚。如大力握手或热情拍打对方肩背的动作，会使对方感到诧异和反感。

② 不要中断别人的谈话而介绍自己，要等待适当的时机。

③ 如果一个曾经介绍过的人，未记起你的姓名。不要做出提醒试的询问，最佳的方式是直截了当地再自我介绍一次。

二、介绍他人

介绍他人，又称第三者介绍，它是第三者为彼此不相识的双方进行引见的一种介绍方式。

（一）介绍的形式

（1）标准式　适用于正式场合，内容以双方的姓名、单位、职务为主。

（2）简介式　适用于一般的社交场合，内容只有双方姓名一项，甚至只有姓氏。

（3）强调式　适合各种场合，其内容除了姓名外，往往还会刻意去强调其中一位被介绍者与介绍者之间的特殊关系。

（4）推荐式　适合比较正规的场合，介绍者是精心准备的，目的就是为了将某人推荐给某人。

（5）引见式　适合于普通的各种场合，介绍者所要做的就是将被介绍者双方引到一起即可。

（6）礼仪式　适用于正式场合，是一种最为正规的他人介绍，与标准式差不多，只是语气、表达上更为礼貌，谦恭。

（二）介绍注意事项

1. 谁做介绍人

为他人做介绍的介绍人，在不同场合是由不同的人员来担任的。公务活动，公关、礼仪人员是最适当的介绍人人选。接待贵宾，介绍人应是本单位职位最高的人士。在社交场合，介绍不相识的来宾互相认识，是主人义不容辞的责任。在另外一些非正式场合，与被介绍人双方都相识的人，也可以担任介绍人。

2. 介绍顺序

在为他人作介绍时，先介绍谁？后介绍谁，是一个十分敏感的礼仪问题。根据社交礼仪的规范，处理这一问题时必须遵守“优先知情权”这一法则，有时又称后来居上法则。其含义是：在为他人作介绍前，首先要确定双方地位的尊卑，然后先介绍位卑者，后介绍位尊者。这样做，可以使位尊者优先了解位卑者的情况，以便见机行事，在交际中掌握主动权。

3. 介绍内容

介绍他人时说什么，原则是内容宜简不宜繁，时间宜短不宜长。较为正式的话，连姓带名加上尊称、敬语，如：“尊敬的威廉•史密斯先生，请允许我把周杰先生介绍给你。”比较随便一些的话，可以略去敬语与被介绍人的名，如：“韩小姐，让我来给你们介绍一下，这位是袁先生。”要是介绍人感到时间宽裕、气氛融洽，在说明双方姓甚名谁之外，还可以简单介绍一些被介绍人能令他人感兴趣的有关情况，诸如工作单位、现任职务、专长兴趣、个人学历、原籍与出生地等。

4. 介绍礼节

① 在为不相识的人做介绍之前，介绍人应考虑被介绍双方有无相识的必要或愿望，最好先去征询一下双方的意见。

② 介绍时，介绍三方起立，以正面面向对方。女士长者可不起立，宴会座谈会只要欠身致意便可。

③ 介绍时，介绍人应用手掌示意，不要用手指随意指点，而且不要用命令的语句，比如：“某某先生，过来和某某握握手。”

④ 介绍完毕，被介绍双方要相互致意，一般规矩是男性先向女性、年轻的人先向年长的人、下级先向上级致意。

⑤ 介绍时避免对某个人特别是女性过分赞扬。

任务三　见面礼

【课堂讨论】

情景：小张是刚到公司工作的业务员。这天在公司内遇到了总经理，小张立即跑过去，向总经理问好，并主动伸出双手，握住了总经理的手，此时只见总经理微蹙眉头，面露不悦之色。

讨论：1. 总经理为什么面露不悦之色？针对上述案例，评价一下交往双方的社交礼仪行为有何不妥之处。

2. 你知道的见面礼有哪些，规范的做法是怎样的？

人与人见面，要施各种各样的见面礼，见面礼仪是日常社交礼仪中最常用与最基础的礼仪。不同的国家和地区有着不同的见面礼仪，常见的见面礼有握手礼、鞠躬礼、拥抱礼、亲吻礼、吻手礼等，下面分别介绍。

一、握手礼

传说古代，不同氏族部落的人，一旦相遇，如果没有恶意，就放下手中东西，各自伸出手掌，让对方抚摸，表示自己没有武器，以示友善。这种习俗逐渐演化成为握手礼。握手礼已成当今世界各国人们见面相互问候的主要见面礼仪。

（一）握手的方式

1. 平等式握手

手握住对方的右手，手掌均呈垂直状态，拇指张开，手臂微屈抬至腰中部，上身微前倾，目视对方。这是礼节性的握手方式，一般适用于初次见面或交往不深的人。

2. 手扣手式握手

右手握住对方的右手，左手握住对方右手的手背。手扣手式握手可以让对方感到他的热情真挚、诚实可靠。但是，如果与初次见面的人这样相握，可能导致相反的效果。

3. 拍肩式握手

右手与对方的右手相握，左手轻拍对方的肩或肘部。这种握手方式只有在情投意合和感情极为密切的人之间才适用。

（二）握手方法

距对方约一步远，上身稍微前倾，两足立正，四指并拢，虎口相交，拇指张开下滑，向受礼者握手。一般情况下，手掌垂直于地面。握手时用力要适中，握手的时间要合适，大约 3 秒左右为宜，态度要亲切，要眼睛平视对方，有眼神的交流。

（三）握手的注意事项

① 握手有个伸手顺序问题，总的原则是位高者居前。上下级之间握手，应让上级先伸手；长辈与晚辈之间，应让长辈先伸手；男士与女士，应让女士先伸手；已婚女性与未婚女性见面时，已婚女士先伸手。主客见面，主人先伸手，表示对客人的欢迎。主客分别时，客人先伸手，表示对主人的感谢和道别。但无论什么人如果他忽略了握手礼的先后次序而已经伸了手，对方都应不迟疑的回握。

② 握手时应伸出右手，不能伸出左手与人相握。有些国家习俗认为人的左手是脏的。

③ 握手前要脱下手套，摘下帽子和墨镜。社交场合，女士穿着晚礼服戴着薄纱手套时除外。

④ 男士与女士握手，不宜采用双手式握手方式。也不宜握满全手，只握其手指部位即可。

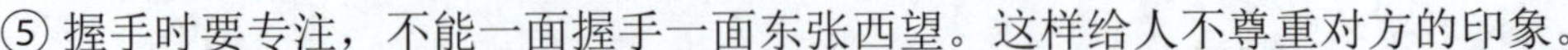

⑤ 握手时要专注，不能一面握手一面东张西望。这样给人不尊重对方的印象。

⑥ 不能坐着与人握手，握手后不能立即用手帕擦手，不能握手后立即转身背对对方。

⑦ 不能用脏手、湿手与人握手。不要在握手的时候还将另外一只手心不在焉地放在衣袋里，或者另外一只手还拿着香烟、报刊等。

⑧ 握手时要热情但不可热情过度。如在握住对方的手时卑躬屈膝、点头哈腰、喋喋不休。或者把对方的手握住不放，拉过来、推过去，上下抖个不停。这样反倒让对方不自在、不舒服，甚至反感、厌恶。

⑨ 不可交叉握手。

⑩ 军人和军人见面，可先行军礼，再握手。

【案　例】

学者的尴尬

王先生遇见一位他很敬重的学者，当时这位学者正和其他的人谈话。王先生想，在这么多人面前，应该更加表示对学者的尊敬。于是在和这位学者握手时，他用左手盖在对方的手背上，以示亲密，并长时间地握住学者的手不放，寒暄了好几分钟。那位学者感到很尴尬。

【分　析】

学者的尴尬主要源于王先生不符合握手礼仪的做法。将左手盖在对方手背上，属于“拥抱式握手”，主要用于特别亲密的老朋友之间。这位学者作为王先生很尊敬的人或长者，这样握手显得过于亲热；握手的时间不宜过长，一般以 2 ~ 3 秒为宜。特别是这位学者还在和其他人谈话，王先生行礼更不该用较长的时间。

二、鞠躬礼

鞠躬，意即弯身行礼。在与日本、韩国等国家的外国友人见面时，行鞠躬礼表达致意是常见的礼节仪式。

行鞠躬礼时，应脱帽立正，双目要注视受礼者，然后上身弯腰前倾。一般来说，男士双手放在两侧裤线处，女士的双手则应下垂搭放在腹前。

一般的问候、打招呼，鞠躬的幅度在 15° 左右；迎客、送客等场合，幅度在 30° ～ 40° ；如遇悔过或谢罪等场合，则 90° 的大鞠躬才能表示出其诚恳之意。鞠躬的幅度越大，所表示的敬重程度就越大。

鞠躬的次数，可视具体情况而定，唯有追悼活动才采用三鞠躬。在喜庆场合，一般鞠躬的次数不超过三次。

三、拥抱礼

拥抱礼是流行于欧美国家的一种见面礼节。其他地区的一些国家，特别是现代的上层社会中，亦行有此礼。

1. 拥抱礼的方法

正规的拥抱礼，讲究两人相对站立，各自抬起右臂，将右手搭在对方左肩后面，左臂从对方右肋往背后轻轻环抱，也可以用左手扶住对方的右腰后侧，按各自方位，头部及上身向左侧拥抱对方一次，然后向右，然后再次向左，拥抱三次后礼毕。

2. 拥抱礼的注意事项

① 拥抱时双方身体不可贴得很近。

② 礼节性拥抱一般时间很短。久别友人或至亲之间的拥抱在姿势、时间或次数上则不必拘于形式。

③ 行拥抱礼时要注意对象及场合。西方人在商务往来中一般不行拥抱礼。在我国，除一些仪式场合或某些少数民族习俗外，拥抱礼通常不被采用。

四、亲吻礼

1. 亲吻的部位

行亲吻礼时，往往伴有一定程度的拥抱。不同关系、不同身份的人，相互亲吻的部位不尽相同。

① 普通关系的男女之间：贴面颊。

② 关系亲近的女士之间：吻面颊。

③ 关系亲近的男士之间：多数行抱肩或拥抱礼，也可以行贴面颊礼。

④ 男女朋友或兄妹姐弟之间：吻面颊。

⑤ 父母子女或长辈晚辈之间：长辈吻晚辈的面颊或额头，晚辈吻长辈的面颊或下颌。

⑥ 男士对尊贵的女士：吻手指或手背。

⑦ 夫妻之间或恋人之间：亲吻嘴唇。

2. 行亲吻礼的注意事项

① 行亲吻礼时，通常忌讳发出声音，并且不应将唾液弄到对方的脸上或手上。

② 吻嘴唇，仅限于夫妻与恋人之间，不宜滥用，不宜当众进行。

③ 行吻面颊的礼仪时，男、女双方均可主动，轻吻右颊表示友谊，轻吻双颊表示双方之间关系比较亲密。

④ 行吻手礼只限于室内，而且吻手礼的受礼者，只能是已婚妇女。手腕及其以上部位，是行礼时的禁区。

【拓展阅读】

吻手礼

吻手礼，主要流行欧洲国家。行礼的做法是：男士走到已婚妇女面前，首先垂手立正致意。然后以右手或双手捧起女士的右手，俯首以自己微闭的嘴唇，去象征性地轻吻一下其手背或是手指。吻手礼的受礼者，只能是已婚妇女，手腕及其以上部位是行礼时的禁区。

五、脱帽礼

脱帽礼来源于冷兵器时代，当时，作战都要戴头盔，头盔多用铁制，十分笨重。战士到了安全地带，首先是把头盔摘下，以减轻沉重的负担。这样脱帽就意味着没有敌意。如到友人家，为表示友好，也以脱盔示意。这种习惯流传下来，就是今天的脱帽礼。

男士若戴着帽子，与熟人见面时应摘下帽子或掀一掀帽子，并向对方致意或问好；进入主人房间时，客人必须脱帽；在庄重、正规的场合应自觉脱帽。若与同一人在同一场合多次相遇，则不必反复脱帽。

任务四　名片

名片是个人用作交际或送友人作留念的一种介绍性媒介物，在我国历史悠久。秦汉叫“谒”，汉末称“刺”，唐称“膀子”，宋谓“门状”，元曰“名”，明唤“名帖”，清又称“名刺”，同时也出现了“名片”的叫法。今流行的略窄于扑克牌的小名片，是民国以后的事。

名片作为我们社交的脸面，自然是有规则的。学好这些规则和要求，有利于在社交时候为我们加分添彩。

一、名片的递送礼仪

1. 名片的递送时机

名片的递送要选择合适的时机。一般在下列时机，可以给对方名片表达自己希望与对方交往的愿望。

① 希望与对方认识时。

② 当被介绍给对方时。

③ 初次登门拜访对方时。

④ 当对方希望与自己交换名片时。

⑤ 当自己的信息有变更，需告知对方时。

⑥ 当对方主动向自己索要名片时。

⑦ 当需要知晓对方的准确情况，想要获得对方的名片时。

⑧ 好朋友很久没见面了，可以告别时相互交换名片。

2. 名片的递送行为礼仪

（1）事先准备

随身所带的名片，最好放在专用的名片包、名片夹里，也可以放在上衣口袋里。千万不要放到裤袋、裙兜、提包、钱夹里，那样做既不正式，又显得杂乱无章。自己的公文包、办公桌抽屉里，也要备有名片，以便随时使用。

（2）姿态大方

递送名片的时候最好以站立的姿态，面带微笑，正视对方。用双手的大拇指和食指夹住名片的两个角，名片的文字要对着对方递过去。千万不要用食指和中指夹着给他人，这样显得不礼貌。

3. 交换名片的礼仪顺序

交换名片的先后顺序，应该按照“先低后高”的原则进行。即上级和下级交换名片时，下级先递名片；长辈和晚辈交换名片时，晚辈先递名片；女士和男士交换名片时，男士先递名片；同级别者交换名片时，先递送者为敬；同辈份者交换名片时，先递送者为敬；同性别者交换名片时，先递送者为敬。

当与多人交换名片时，应该按照年龄、职位高低或由近及远的顺序进行。

二、名片的接收和索取礼仪

（一）名片的接收礼仪

1. 起身迎接

名片印的是对方的名字，你对名片重不重视实际上是对名片的片主重不重视的问题。接收名片时，不管你是在吃饭、看电视、跟别人交谈还是在打电话，一定要把手里的事放下来站起身去迎接。

2. 表示谢意

人家把名片给你是看得起你，所以接收名片后要表达谢意。比如人家说多指教，你应该说不客气或彼此彼此。

3. 当面阅读

接过名片一定要看。看有两个作用，第一个作用是表示对交往对象的重视。第二个作用是了解对方的确切身份。

4. 有来有往

拿到对方的名片之后，一定要把自己名片及时地回赠对方，来而不往非礼也。回赠时如果没带或没有名片的话，要跟对方说明并给对方个交代。如寄给你或者下次补给你。

（二）名片的索取礼仪

1. 交易法

古人讲，“将欲取之，必先予之”。想要他人名片最省事的办法就是先把自己的名片递给别人，这个称为交易法。“非常高兴认识你，这是我的名片，请您多指教。”一般场合都适用。

2. 联络法

适用于同辈之间、年龄相差不多的人之间。例如：小张是北京一个公司的员工，小王是上海一个公司的员工。小张说：“小王，见到你很高兴。我在北京，你在上海，以后有机会去北京玩，吃住我全包了！那我回北京后怎么跟你联系比较方便呢？”

3. 谦恭法

谦恭法适用于自己的地位低，别人的地位高的情况。如：“张教授，您刚才的讲座使我茅塞顿开，几句话解开了我好久想不通的一个问题。希望以后有机会继续向您请教，怎么同您联系方便呢？”

4. 激将法

如果对方的地位身份与你差别较大或者对方是异性时，他们出于阶层落差或防范之

心之类问题，拒绝交换名片，可试用激将法。例如："王小姐，认识你我感到非常高兴，不知道能不能有幸与你交换下名片？"一般情况下，都会成功取得名片的。

【案　例】

一次失败的拜访

某公司新建的办公大楼需要添置一系列的办公家具，价值数百万元。公司的总经理已决定向A公司购买这批办公家具。这天，A公司的销售部负责人打电话来，要上门拜访这位总经理。总经理打算等对方来了，就在订单上盖章，订下这笔生意。

不料对方比预订的时间提前了两个小时到。原来对方听说这家公司的员工宿舍也要在近期落成，希望员工宿舍需要的家具也能向公司购买。为了谈这件事，A公司销售部负责人还带来了一大堆资料，摆满了台面。总经理没料到对方会提前到访，刚好手边又有几件事情急需处理，就请对方先等一会。这位销售负责人等了不到半小时，就开始不耐烦了，一边收拾起资料，一边说："我还是改天再来拜访吧。"

这时，总经理发现对方在收拾资料准备离去的时候，将自己刚才递上的名片不小心掉在了地上，可对方并未发觉，走时还无意地从名片上踩了过去。但这个不小心的失误，却令总经理改变了初衷。A公司不仅没有机会与对方商谈员工宿舍的家具购买，连几乎到手的数百万办公家具的生意也告吹了。

【分　析】

此单生意告吹的主要原因是A公司销售部负责人礼仪修养的缺乏上。

1. 预约拜访时，要重视三个方面的具体问题：一是约定时间，二是约定人数，三是如约而至。如约而至是指准时到达，既不早到，让对方措手不及，也不要迟到令对方望眼欲穿。A公司销售部负责人在没有提前通知对方的情况下，比预订的时间提前了2个小时，令对方措手不及。

2. 接过他人的名片看过之后，应将其精心放入自己的名片包、名片夹或上衣口袋等规范位置，切勿放在其他地方。A公司销售部负责人却随意存放他人名片，掉在地上也浑然不知，这是对对方不敬、不尊重的表现。而且在等待客户的过程中，举止烦躁，表现得很不耐烦。给人对此单生意无所谓的态度，还体现了对对方的不尊重。生意告吹也在情理之中了。

三、名片礼仪的注意事项

① 自己的名片和他人的名片要分开装，不可出现混淆的情况。如果名片过多，要做好分类收藏，方便查找。在社会交往中递错了名片是非常失礼的。

② 不可将自己的名片像发牌一样扔发给每个人。名片并不是见人就发，这样会显得太过随便，别人也不会重视你。

③ 接过他人的名片后，一定要认真读一遍。切忌不看一眼就把对方的名片扔到一边，更不可把对方的名片拿在手上把玩，这样是无视对方的存在。

④ 看完名片后，应该将名片放在名片盒、名片夹或公文包等规范位置。不可将名片

随意塞入口袋，更不要将名片放在后裤袋或裙兜里，不可在对方的名片上压放任何物品，也不可在离去时忘了拿对方的名片。

⑤ 要养成经常翻看名片的习惯。工作的间隙，给对方打一个问候的电话、发一个祝福的短信等，让对方感觉到你的存在和对他的关心与尊重。

⑥ 定期对名片进行清理。依照关联性、使用概率、长期互动与数据的完整性等因素，可将名片分成三类：第一类是“要长期保留的”；第二类是“可以暂时保留的”；第三类是“确定不要的”。对确定不要的可作销毁处理。

【实训练习】

实训情景：在一次产品展销会上，客商云集。天马广告公司的经理马中强想结识几位当地知名企业家，如某集团的赵董事长、李总经理、陈总经理（女士），他事先准备好了自己的名片。在展销会后的聚会上，马中强见到了这几位久仰的企业家，他怎样才能成功地分别与对方结识并交换名片呢？

实训目的：通过模拟比较完整的见面流程，使学生掌握日常见面的一般礼仪程序和方法。

实训设计：1. 学生分组，以 8 ～ 10 人为一组为宜；

2. 以组为单位讨论，找出最佳方案并选派代表排练；

3. 抽签确定演出组的顺序；

4. 按抽签顺序以组为单位进行角色展示；

5. 全班讨论，看看哪组做法更好，说出理由；

6. 教师结合实际情况进行综合点评，实训结束；

7. 学生写出实训心得和体会。

实训条件：教室或情景模拟实训室及相关器材

实训时间：2 课时

教师主要观测点：1. 学生的准备工作是否充分，着装是否符合职业特点；

2. 观察各小组的合作状态以及成员的参与性；

3. 观察称呼、介绍、见面礼、名片等见面礼仪规范，为后续训练搜集信息；

4. 学生是否充分体会角色特点，演示过程是否自然连贯。

【复习思考题】

1. 名词解释：相见礼仪五要素、泛尊称。
2. 常用称呼方法有哪些？
3. 解释握手的“位高者居前 ”，介绍时的“位高者居后 ”的含义。
4. 怎样作工作式、应酬式、交流式、仪式式、问答式自我介绍？举例说明。
5. 递接名片的礼仪规范是怎样的？

【参考文献】

[1] 金正昆．礼仪金说．西安：陕西师范大学出版社，2006.

[2] 李荣建，宋和平．礼仪训练．武汉：华中科技大学出版社，2005.

[3] 李海强，吴存德．社交礼仪．北京：国防工业出版社，2011.

[4] 张锡东．社交礼仪．北京：清华大学出版社，2008.

项目五 日常交往礼仪

【学习目标】

- ◆ 明确学习日常交往礼仪及作用，端正学习态度。
- ◆ 掌握馈赠、电话、舞会的礼仪规范和要求，并能够在实际生活中正确应用。
- ◆ 对比认识拜访和待客的礼仪要求，明确做客和待客之道。
- ◆ 了解信函、收发传真及电子邮件、茶会的礼仪规范和要求。

【项目架构】

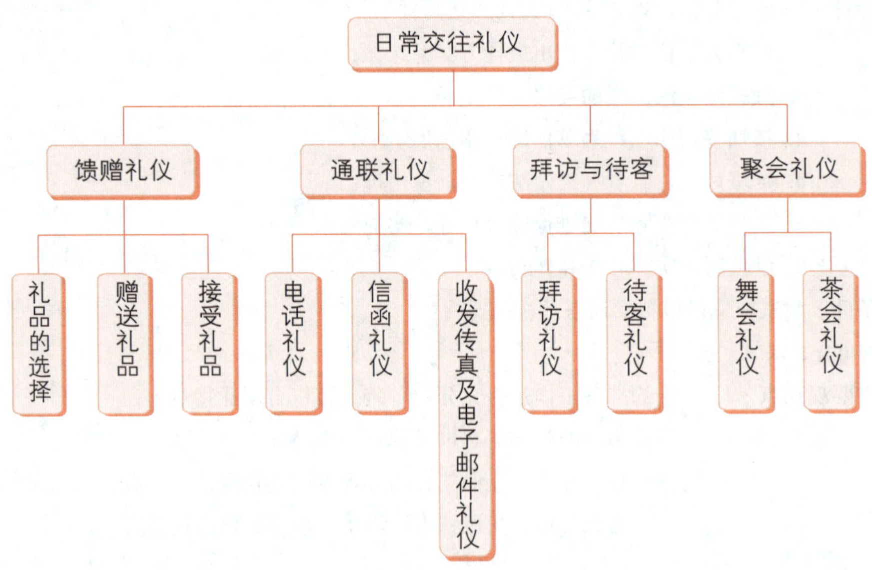

【工作任务】

情景：李莉在某公司市场部工作，因工作需要，她将去拜访顺达公司的市场部经理王明。李莉先通过电话与王明经理预约好了会面的时间；紧接着李莉从侧面对顺达公司及王明经理进行了了解并整理好了拜访的相关资料；拜访前李莉还对自己的仪表进行了必要的修饰；约定时间要到了，李莉提前5分钟到达顺达公司；简单寒暄几句后，李莉当着王经理的面关掉了手机，然后简明扼要地表达了拜访的来意。交谈时，李莉措辞得体、紧扣主题……最终，李莉成功地促成了两个公司的合作。

任务：1. 结合个人的经历，谈谈你常遇到的几种人际交往方式及心得体会。

2. 请分析李莉的这次拜访，哪些方面做得比较好？为什么？

点评：生活在社会生活中的人，不管他是否愿意，都不得不通过各种方式与他人进行交往。没有交往就难以合作，没有合作就难以生存、发展。拜访、待客、馈赠、聚会、通联等是我们经常遇到的几种人际交往方式。在这些日常交往中，如果我们懂得基本的礼仪知识，并在实践中能正确地加以应用，就能备尝交际成功带来的欢乐。李莉的成功很好地说明了这一点。

任务一　馈赠礼仪

馈赠，即赠送礼品。它是人际交往中的一种表达祝贺、敬重、感激和怜爱之情的常用形式。人际交往，恰当的馈赠行为是必不可少的：一是借物表意，二是沟通情感，促进交往。馈赠礼仪中，需注意的问题主要有三个：礼品的选择、怎样送礼、怎样接受礼物。下面分别讲述。

一、礼品的选择

（一）注重情感性

馈赠礼品要重视其情感意义。礼品作为友好的象征物，其意义并不在礼品本身，而在于通过礼品所传达的友好情意，这是馈赠礼品的基本思想，所谓“千里送鹅毛，礼轻情义重。”因此选择礼品时，勿忘一个“情”字。

礼品的价值要“得体”。并非是价值越昂贵的礼品所表达的情意越深厚。中国人历来有“礼尚往来”的习俗，若受礼者的经济能力有限，当接到一份过于贵重的礼品时，其心理负担一定会大于受礼时的喜悦。尤其当你有求于对方的时候，昂贵的厚礼会让人有以礼代贿的嫌疑，不但加重了对方接受这份礼品的心理压力，也失去了平衡交流的意义。

【拓展阅读】

千里送鹅毛，礼轻情意重

故事发生在唐朝，当时云南一少数民族的首领为表示对唐王朝的拥戴，派特使缅伯高向太宗献天鹅。路过沔阳河时，好心的缅伯高把天鹅从笼里放出来，想给它洗个澡。不料，天鹅展翅飞向高空。缅伯高忙伸手去捉，只扯得几根鹅毛。缅伯急得捶胸顿足，号啕大哭。随从们劝他说：“已经飞走了，哭也没有用，还是想想补救的方法吧！”缅伯高一想，也只能如此了。到了长安，缅伯高拜见唐太宗，并献上礼物。唐太宗见是一个精致的绸缎小包，便令人打开，一看是几根鹅毛和一首小诗。诗曰：“天鹅贡唐期，山高路途遥。沔阳河失宝，倒地哭号啕。上复圣天子，可饶缅伯高。礼轻情意重，千里送鹅毛。”唐太宗莫名其妙，缅伯高随即讲出事情原委。唐太宗连声说：“难能可贵！难能可贵！千里送鹅毛，礼轻情意重！”

（二）讲究独创性

送人礼品，与做其他许多事情一样，最忌讳“老生常谈”、“千人一面”。选择礼品，应当精心构思，匠心独运，富于创意，力求使之新、奇、特。这就是礼品的独创性。赠送具有独创性的礼品给人，往往可以令其耳目一新，既兴奋又感动，因为这等于是“特别的爱献给特别的你”,赠送者在对方心目中往往也会因此“升值”。要让礼品具有独创性，主要注意以下两点。

1. 投其所好

每个人的阅历、爱好不同，故而对物品的喜欢也不尽相同。因此，送礼若想博得对方的“欢心”，就需要了解对方的爱好，然后有针对性地挑选合适的礼品。尽量让受礼者感觉到馈赠人在礼品选择上是花了一番心思的，是真诚的。例如，一个人喜爱读书，送礼人送给他一本他非常想得到却由于各种原因而没得到的书，他一定会欣喜若狂的；相反，送书给那些不爱看书的人了，他可能就不感兴趣。对喜欢棋牌的人，送上一套棋谱；对爱好美术的人，送上一套画册，都是现代常见的恰到好处的礼品。

【案　例】

一位推销员到某公司推销产品，被拒之门外。女秘书给他提供一个信息：总经理的宝贝女儿正在集邮。第二天，推销员快速翻阅有关集邮的书刊，充实自己的集邮知识。然后带上几枚精致的邮票又去找经理，告诉他是专门为其女儿送邮票的。一听说有精美的邮票,总经理热情相迎,还把女儿的照片拿给推销员看。推销员趁机夸其女儿漂亮可爱。于是两人大谈育儿经和集邮知识，非常投机，一下子熟识起来，最终获得了产品的订单。

【分　析】

送礼要投其所好。案例中的推销员正是了解到了总经理的兴趣爱好，然后有针对性地挑选了合适的礼品，敲开了总经理的心扉，顺利搭建了沟通的桥梁，最终取得了胜利。

2. 避其禁忌

挑选礼品时，特别是在为交往不深或外地区人士和外国人挑选礼品时，应当有意识地使赠品与对方所在地的风俗习惯一致。在任何情况下，都要坚决避免把对方认为属于伤风败俗的物品作为礼品相赠。例如，中国人普遍有“好事成双”的说法，因而凡是大贺大喜之事，所送之礼，均好双忌单；又如，白色虽有纯洁无瑕之意，但中国人比较忌讳。因为在中国，白色常是指悲哀之色和贫穷之色。同样，黑色也被视为不吉利，是凶灾之色、哀丧之色。而红色，则是喜庆、祥和、欢庆的象征，受到人们的普遍喜爱。赠礼问俗是我们不能忽视的，是送礼的一个重要标准。

（三）时尚性

赠送礼品应折射时代风尚。改革开放以来，随着人们生活水准的提高和思想观念的转变，人们相互馈赠礼品也发生了质的变化和飞跃。从经济实用的物质型礼品向高雅、新潮的精神型礼品转化。“精神礼品”已成为当今人际交往中的一道亮丽的风景线。“精神礼品”主要包括：智力型，如报纸、杂志、图书、各种教学录音带、电脑软件等；娱乐型，如唱片、激光影碟、体育比赛门票、晚会展览会入场券等；祝贺型，如鲜花、节日贺卡、各种礼仪电报等。

二、赠送礼品

1. 送礼的时机

中国人十分注重送礼的时效性。如“雨中送伞”、“雪中送炭”，只有在最需要时得到的才是最珍贵、最难忘的。因此，要注意把握好馈赠的时机。

（1）感谢　当我们接受他人或组织的帮助之后。如某位医生妙手回春治愈你多年的顽症，此时可考虑送锦旗，并将称颂之语书写在锦旗上。

（2）祝贺　当友人或组织有重大喜事之时。如某公司成立20周年纪念，为表示祝贺，可送贺匾、书画或题词，既高雅别致又具有欣赏保存价值。

（3）应邀家中做客　我们经常会应邀到别人家中做客或者出席私人家宴。出于礼貌，应带些小礼品，如土特产、小艺术品、纪念品、水果、鲜花等。有小孩的可送糖果、玩具之类。

（4）重大节日　春节、元旦等节庆日都是送礼的合适时机。组织可向公众、组织内部的员工送上一份小小的礼物，对他们给予组织工作的关心和支持表示感谢，并希望继续得到他们的帮助；亲朋好友之间也可通过适宜的礼品联络感情。

（5）探视住院病人　同事或亲友患病住院，均应前去探视，并带上礼品。目前探视病人的礼品开始从“讲实惠”向“重情调”方向发展。

（6）公共关系活动　组织开展公共关系活动时需向来宾赠送合适的礼品。公关礼品要与公共关系活动的目标一致，并且送礼的内容要与组织形象相符。例如，上海大众汽车公司赠给客人的桑塔纳车模型，上海大中华橡胶厂设计研制的轮胎外型的钢皮卷尺都是不错的公关礼品。

（7）遭受不测事件　世上难有一帆风顺之事。一个家庭或组织遇上不测事件之时，及时地送上一份礼物表示关心，更能体现送礼者的情谊。比如：对方遇上火灾、地震等灾难，马上去函或去电表示慰问，也可送上钱款相助。

2. 送礼

（1）精心包装　送给他人礼品，尤其是在正式场合赠送于人的礼品，在相赠之前，一般都应当认真进行包装。礼品包装就像穿了一件外衣，这样才能显得正式、高档，而且还会使受赠者感到自己备受重视。

（2）表现大方　赠送礼品时，要举止大方。起身站立，走近受赠者，双手将礼品递到对方手中。若同时向多人赠送礼品，最好先长辈后晚辈、先女士后男士、先上级后下级，按照次序，依次有条不紊地进行。

（3）认真说明　赠送礼品时要辅以适当的、认真的说明。一是因何送礼，若是生日礼物，可说“祝你生日快乐”；二是表明态度。比如“这是我为你精心挑选的”、“相信你一定会喜欢”等；三是说明礼品的寓意；四要说明礼品的用途。

三、接受礼品

1. 受礼坦然

接受礼物时要用双手，并说上几句感谢的话语。千万不要虚情假意，推推躲躲，反复推辞，硬逼对方留下自用。或是心口不一，嘴上说“不要，不要”，手却早早伸了过去。

2. 当面拆封

在接受他人相赠的礼品后，应当尽可能地当着对方的面，将礼品当场拆封。这种做法在国际社会是非常普遍的。在启封时，动作要井然有序，舒缓得当，不要乱扯、乱撕。拆封后还不要忘记用适当的动作和语言，显示自己对礼品的欣赏之意。如将他人所送鲜花捧在身前闻闻花香，然后再插入花瓶，并置放在醒目之处。

3. 拒礼有方

一般情况下，对对方真心赠送的礼物不能拒收。但有时候，出于种种原因，不能接受他人相赠的礼品时，要讲究方式、方法，切忌令人难堪。可以使用委婉的、不失礼貌的语言，向赠送者暗示自己难以接受对方的好意。

【拓展阅读】

鲜花礼仪

在人际交往中，赠送鲜花是馈赠的一种特殊形式。古今中外，美丽动人的鲜花不仅受到无数文人墨客的歌颂，而且还广泛地应用于一般老百姓的日常生活。鲜花娇艳可爱、楚楚动人，且具有多种多样的实际用途。鲜花作为礼品相赠，不仅可以以物传情，还可以使整个馈赠行为变得高雅脱俗、温馨浪漫。赠送鲜花，在社交活动中既要遵守基本的馈赠礼仪，也要掌握鲜花自身的一些独特礼仪。

一、赠花的形式

赠送鲜花时，除了“送”的形式以外，还有“花”的形式。

（一）“送”的形式

1. 本人亲自送花

本人亲自送花，是送花的最基本的形式。它可以使赠送者与受赠者一同分享当时的喜悦，而且赠送者还可以亲自现场解说自己送花的缘由及花的含义。

2. 请他人代替送花

有时自己难以分身，或者是为了刻意制造气氛，可以委托鲜花店的“花仙子”或是邮局的礼仪小姐代替自己上门送花。这种送花的形式，目前正越来越受欢迎。

（二）“花”的形式

1. 束花

束花又叫花束，它是把几支或多支花捆扎成束，精心修剪、包装而成的一种鲜花组合。它适用范围最广、应用最多。

2. 篮花

篮花又叫花篮。与赠送花束相比，赠送篮花显得更隆重、更高档。适宜的场合有：开业、演出、祝寿等。

3. 盆花

盆花，即栽种在专门的花盆里，主要用来观赏的花草。适宜的场合有：登门拜年、祝贺乔迁以及至交互访等。

4. 花环

此处所指的是用新鲜花枝编扎而成的环状物，可以手持也可以佩戴在脖颈、头顶或手腕上。它多用于自我装饰，有时亦可赠人。受赠对象通常是贵宾或友好人士。

5. 花圈

花圈指的是用鲜花扎成的固定的圆状祭奠物。它仅能用在悼念、缅怀逝者的场合，例如参加追悼会、扫墓等。

6. 饰花

日常生活中，往往可以用单枝的鲜花进行装饰，这就是所谓的饰花。按其装饰部位不同，饰花有襟花、头花等。除亲朋好友外，饰花一般不宜送人，但是襟花在某些庆典仪式中，可以统一发放。

二、赠花禁忌

以鲜花为礼通行于全世界。但同一种鲜花在不同的国家和地区往往会被赋予不同的含义。选送鲜花时，一定要考虑民俗，特别是在跨地区、跨国家的交往中尤其要注意。主要注意以下3点。

1. 品种

同一品种的鲜花，在不同的风俗习惯中往往被寓以不同的含义。例如，黄色菊花深受中国人喜爱，但在西方国家黄菊代表死亡，仅能在丧葬活动中使用。中国人还赞赏荷花，认为它“出淤泥而不染”，但在日本人眼里荷花表示死亡。

2. 色彩

在不同的习俗里对鲜花的色彩也有着不同的理解。比如：中国以红为喜庆，新婚都以红色为主调。但在西方国家里，新婚以白色为主调，白色象征纯洁无瑕。在很多国家里，清一色的红花意味着求爱，清一色的黄花意味着断交。

3. 数量

在送花的数量上，不同的国家和地区要求也不尽相同。比如，在中国，喜庆场合要送双数，丧葬仪式上要送单数。在西方国家，一般讲究送单数。

任务二　通联礼仪

当代，人们之间的联系交流由于科学技术的进步而变得越来越方便、准确和及时。固定电话、移动电话、电子邮件、传真机已成为现代交际活动的重要通信工具。电报这种过去重要的通信工具逐渐居于次要地位，但传统的书信依然具有其独特的功效和魅力。我们在享受现代通联的便捷与快乐时，请不要忘记通联时的礼貌。

一、电话礼仪

电话主要指固定电话和移动电话，是当代社交活动最主要的通联工具。电话传输的主要信号是声音，声音能传递许多信息。说话人想做什么，要做什么，是高兴还是悲伤，还有对另一方的信任感、尊重感，都可以通过声音清晰地得知。作为现代人，要特别注意维护自己的“电话形象”。

（一）电话语言要求

1. 态度礼貌友善

使用电话交谈时，我们不能简单地将对方视作一个“声音”，而应当为一个正和你面对面交谈的人。尤其是对办公人员来说，我们面对的是组织的一名公众，如果你们是初次交往，那么，这样一次电话接触便是你给公众的第一次“亮相”，应十分慎重。使用电话时，要多用肯定语，少用否定语，酌情使用模糊用语；多用些致歉语和请托语，少用些傲慢语、生硬语。礼貌的语言、柔和的声音，往往会给对方留下亲切之感。

2. 用语简洁

电话用语要言简意赅，将自己要讲的事用最简洁、明了的语言表达出来。在通话时最忌讳发话人吞吞吐吐，含糊不清，东拉西扯。正确的做法是：问候完毕对方，即开宗明义，直言主题，少讲空话，不说废话。

3. 控制语速语调

适中的语速，温和的语调，容易使对方产生愉悦感。如果语速太快，对方会听不清楚，显得应付了事；太慢，对方会不耐烦，显得懒散拖沓；语调太高，则对方听得刺耳，感到刚而不柔；太低，则对方会听得不清楚，感到有气无力。即使是长途电话，也无须大喊大叫，把受话器放在离嘴两三寸的地方，正对着它讲就行了。另外，通电话时，如果周围有噪声，会使对方觉得自己未受尊重而变得恼怒，这时应向对方解释，以保证双方心情舒畅地传递信息。

4. 多用礼貌语言

常用的电话礼貌用语主要有您、您好、请、请问、请教、谢谢、对不起、抱歉、打扰了、麻烦您一下、不客气等。在使用这些礼貌用语时一定要自然，并养成习惯。

（二）接电话

1. 接听迅速

接电话要迅速，力争在铃响三次之前就拿起话筒。电话铃响过三遍后才做出反应，会使对方焦急不安或不愉快。接电话时，应首先自报单位、姓名，然后确认对方。如：“您好！这是 ×× 公司营销部。”如果对方没有马上进入正题，可以主动请教：“请问有什么需要帮助的吗？”

2. 积极反馈

作为受话人，通话过程中，要仔细聆听对方的讲话，并及时作答，给对方以积极的反馈；听不清楚或意思不明白时，要马上告诉对方；在电话中接到对方邀请或会议通知时，应热情致谢。

3. 及时代转

如果对方请你代转电话，应弄明白对方是谁，要找什么人，以便与接电话人联系。然后告知对方“稍等片刻”，并迅速找人。如果需要将电话转到别的部门，应客气地告之对方。如：“真对不起，这件事是由财务部处理，如果您愿意，我帮您转过去好吗？”

4. 做好记录

如果应接电话的人不在，可为其做好电话记录。记录完毕，最好向对方复述一遍，以免遗漏或记错。

（三）打电话

1. 有所准备

通话之前应该核对对方的电话号码、单位的名称及接话人姓名；写出通话要点及询问要点。估计一下对方情况，决定通话时间；准备好在应答中使用的备忘纸和笔，以及必要的资料和文件。

2. 时间适宜

打电话的时间应尽量避开上午7时前，晚上22时后的时间，还应避开吃饭和午休时间；电话交谈的时间也不宜过长，一般以 3～5分钟为宜。特别注意在办公室打电话，要照顾到其他电话的进、出，不可过久占线，更不可将办公室的电话或公用电话做聊天的工具，这是惹人讨厌的行为。

3. 注意礼节

接通电话后，应先说明自己是谁，除非通话的对方与你很熟悉，否则就该同时报出你的公司及部门名称，然后再提一下对方的名称。打电话要坚持用"您好"开头，"请"字在中，"谢谢"收尾，态度温文尔雅。通话结束时，一般由发话人先搁下电话。但是，假如是与上级、长辈、客户等通话，无论你是受话人还是发话人，都最好让对方先挂电话。

【范　例】

电话销售人员：您好，×× 公司，请问有什么可以帮助您?

客　户：我想咨询一下你们的产品!

电话销售人员：请问怎样称呼您?

客　户：我姓刘。

电话销售人员：刘女士您好，请问您要咨询哪一类产品?

客　户：是关于电话销售系统方面的产品。

电话销售人员：请问您是想了解单机版的，还是多机版的?

客　户：单机版。

电话销售人员：好的，单机版的现在正在搞促销，价格是500元。您需要马上装吗?

客　户：怎么装呢?

电话销售人员：刘女士，请别着急，程序非常简单，我们会有专业人员给您指导的。要不然，我10分钟之后叫他给您回一个电话好吗?

客　户：好的。

电话销售人员：非常感谢您的来电，同时也非常感谢您对我工作的支持。谢谢!

（四）手机礼仪

1. 遵守秩序

使用手机要遵守公共秩序，具体来说，此项要求主要内容如下。

不允许在公共场合，尤其是楼梯、电梯、路口、人行道等人来人往之处，旁若无人地使用手机。

不允许在要求“保持寂静”的公共场所，诸如音乐厅、美术馆、影剧院、歌剧院、图书馆等处大张旗鼓地使用手机。这时应注意使手机关机或调成静音状态。

不允许在聚会期间，例如开会、会见、上课时，使用手机，从而分散他人注意力。

【案 例】

不和谐的手机铃声

2000 年澳大利亚悉尼奥运会上中国运动健儿的出色表现征服了各国观众，但某些中国人的不文明习惯却给他国运动员、记者留下了不好的印象。有媒体报道，中国记者团几乎每个人都配备了移动电话，铃声是非常特别的音乐，在很嘈杂的场所也可以清楚分辨是不是自己的电话。但在射击馆里，当运动员紧张比赛的时候，这种声音就显得特别刺耳。组委会为了保证运动员发挥出最佳水平，在射击馆门前专门竖有明显标志：请勿吸烟，请关闭手机。也不知是中国的一些记者没看见还是根本不在乎，竟没有关机。其实，把手机铃声调到“振动”并不费事。王义夫比赛时，中国记者的手机响了，招来周围人的嘘声和众多不满的目光。有外国人轻轻说：“这是中国人的手机！”在陶璐娜决赛射第七发子弹的关键时刻，中国记者的手机又一次响了……不和谐的手机声为什么会引起人们的反感?

【分 析】

使用手机要遵守公共秩序，不能影响他人。但还是有许多人不了解手机使用的基本礼仪，或者是明知故犯，方便了自己但是影响了他人。特别是在一些重要场合，不遵守手机使用的基本规则，不仅会损害自己的形象，也会影响所代表的组织形象、民族形象、国家形象。

2. 安全使用

使用手机时必须牢记“安全至上”，否则不但害人，还会害己。具体来说，要注意以下几点。

不要在驾驶汽车时，使用手机，或是查看短信内容，以免引发车祸。

不要在医院病房、加油站等地方使用手机，免得手机的信号有碍治疗，或引发火灾、爆炸。

不要在飞机飞行期间使用手机，否则极可能使飞机“迷失方向”，造成严重后果。

3. 置放到位

手机要放在合乎礼仪的位置，不要在未使用时将其拿在手中，或挂在上衣口袋之外，那样有招摇之嫌。一般应将手机放在随身携带的公文包内。

二、信函礼仪

信函通常指信件，是一种按照习惯的格式把要说的话用文字等符号写下来，给指定对象阅读的一种文书，又称书信、信件等。信函可分为社交书信和公务书信两种。社交书信一般指私人间来往的信件，公务书信指用在公务活动中的各种信件，如介绍信、证明信、保证书、申请书等。信函的格式通常包括称呼、正文、署名、日期以及信封等几部分。

1. 称呼

称呼表明发信函者与收信函者之间的关系，要求在第一行顶格写。称谓要使用礼貌用语，并加上冒号，表示下面有话要说。

2. 正文

正文是信函的主要内容，通常由问候语、启始语、正文主体、结束语、视颂语五部分组成。

(1) 问候语　问候对方是书信中的一种礼节礼貌，它体现出发信函者对收信函者的一种关切。问候语一般在称呼之下另起一行空两格书写，并自成一段。

(2) 启始语　启始语是在正文开始之前的引子。通常是表达双方之间互通信息情况、情感、思念、钦佩、关切、问安、祝贺、致谢、致哀等。试举几例如下。

表情感：惠书敬悉，甚以为慰；久不通函，甚是为念；数封手书，热情诚挚之情溢于言表。

表思念：见信如面，分手多日，别来无恙；鸿雁传书，千里咫尺，海天在望，不尽依依。

表钦佩：奉读大示，向往尤深；新作拜读，敬佩之至。

表时令问候：春光明媚，想必合家安康；气候多变，起居何似？

表问安：闻君贵体欠安，甚念。

表自述：贱体初安，可请勿念。

表贺喜：喜闻足下新婚燕尔，特申祝贺。

表致谢：承赐忠喜，心感至极。

表致歉：久未通信，甚以为歉。

表致哀：惊悉 × 老不幸逝世，不胜哀悼。

(3) 正文的主体　这是发信函者要书写的中心内容。无论中心内容是什么，在书写时都要注意语言的表述。一要真诚，这是书写信函的关键；二要得体，即合双方的关系及实际；三要简洁，即语言精练、简洁，字迹工整、清楚，切不可字迹潦草；四是表述要准确。信函的内容一旦跃然纸上，发给对方，便是“君子一言，驷马难追”，故对表述内容要仔细考虑，三思而后写，切不可草率下笔，自寻烦恼。

(4)结束语　结束语通常是总结全篇，表达书写者的情感和意图等。俗话说“编筐编篓，全在收口”，有礼貌的结束语会令人回味。试举几例如下。

表请托：拜托之处，乞费神代办，不胜感激。

表承诺：托付之事，不敢忘怀，敬请放心。

表婉辞：所托之事，能力所限，无法奉命，尚希见谅。

表请教：拙作幼稚，恳请大加斧正。

表商讨：相见以诚，请恕不谦。

表赠物：千里鹅毛，聊表寸心。

表邀约：祈望一会，共叙友情。

表催办：如蒙速复，不胜感激。

表情感：言不尽思，再祈珍重。

（5）祝颂语　祝颂语是对对方的一种祝福、祈愿。祝颂语可分为两部分，第一部分是一般祝颂语，常紧接正文之后写或另起一行空两格书写；第二部分是特殊祝颂语（专门祝颂语），一般要根据具体情况来选择使用，常另起一行顶格书写。

3. 署名与日期

署名和日期一般都写在祝颂语下一行末端处。署名占一行，日期另起一行，在末端处紧接上一行署名下书写。

署名也有谦称、敬称等。如果是给朋友、同学的信函，可直接署上自己的名字或用习惯的自称，如：王刚、小王、刚等；如果是写给父母长辈的信函，通常在署名前加上相应的自称，如：小儿（小女）、儿子（女儿）等；如果是长辈给晚辈的信函，一般只署自称，如：爸爸、妈妈或者说父亲、母亲等；如果是夫妻间的书信，则可随意，或署名，或自称，或爱称皆可；如果是普通的私交信函，则应郑重起见，以示尊重；如若是学生给老师的信函，则可署您的学生 ×××，后面还要写上敬上、谨上等，以示尊敬；如是公务信函，则可在署名前加上单位或内部科室名称，然后再署全名，有的也可在名称前署上自己的职务、职称等。

4. 信封

信封上的内容包括收信人的邮政编码、收信人的详细地址、收信人姓名、寄信人详细地址、寄信人姓名及寄信人邮政编码。中国的标准信封长 220 毫米，宽 110 毫米，下面左上角为邮政编码和收信人详细地址，右上角为贴邮票处，中间为收信人的姓名和收信人详细地址，下面为寄信人详细地址、寄信人姓名、右下角为寄信人邮政编码。

【拓展阅读】

常见祝颂语

一般祝颂语	专门祝颂语	针对对象、环境等
此致、此祝 此询、此贺 此问　祝好 敬祝、敬贺 敬询、敬候 恭祝、恭请 恭问、恭贺 恭候、顺祝、顺贺 顺询、顺问 顺颂、肃颂、肃请 谨祝、谨贺 谨问、谨请 即颂、即请	敬礼、礼、日安、近安、近祺、刻安、日绥、近绥、时绥、顺意、万事如意、万事皆佳	一般性问候
	大安、金安、崇安、荣寿	长辈、尊者
	春安、夏安（暑安）、秋安、冬安 春祺、夏祺、秋祺、冬祺	四季
	新喜、春喜、新年好	新年、新春
	撰安、撰祺、著安、著福、文安、文祺、教安、教祺、编安、编祺	作家、学者、教师、编辑等知识分子
	学安、学祺、进步	学生
	勋祺、勋祉、戎绥、戎安	军人
	痊安、愈安、健康、早愈	病人
	旅安、客安、行安、游安	出门远行者
	俪安、俪祉	夫妇
	阖家欢乐、阖府康福、合家安好	全家人

三、收发传真、电子邮件礼仪

（一）收发传真礼仪

传真机是远程通信方面的重要工具，因其方便快捷，在现代商务活动中使用得越来越多，可部分取代邮递业务。由于传真机的使用非常普及，因而有其独特的使用规则。

1. 规范操作

如有可能，在发传真之前，应先打电话通知对方。因为很多单位是大家共用一台传真机，如果不通知对方，信件就可能会落到别人的手里或因别人不知道是谁的信件而被丢入垃圾桶。

2. 明确信息

为了明确传真的有关信息，正式的传真必须有封面。封面页一般较为正式，其上注明传送者与接受者双方的公司名称、人员姓名、日期、总页数等，如此接收者可以一目了然。如果不是非常正式的，也必须认真标明传真页码，并在第一页写明接收人姓名、电话号码以及所在部门名称。

3. 注意保密

未经事先许可，不应传送保密性强的文件或材料。因为公共传真机保密性不高，任何刚好经过传真机旁边的人，都可以轻易窥得传真纸上的内容。因此若是传送保密性强的文件或材料，最好不用传真机传达，除非你想让事件变成“公开的秘密”。

4. 行文礼貌

传真信件时必须用写信的礼仪，如称呼、敬语等均不可缺少，尤其是信尾签字不可忽略，这不仅是礼貌问题，而且只有签字才代表这封信函是发信者同意的。

（二）收发电子邮件礼仪

电子邮件，即通常说的E-mail。因其方便快捷，费用低廉，深受人们喜爱，使用者越来越多，尤其是国际间通信交流时更是优势明显。对待电子邮件，应像对待其他通联工具一样讲究礼仪。

1. 书写规范

虽然是电子邮件，但是其内容与格式应与平常书信一样，称呼、敬语、签名不可少；电子邮件的书写语言要简略，写完后还要核定所用字体和字号大小。使用太小的字号书写不仅收件人读起来费力，也显得粗心和不够礼貌；写邮件时最好在主题栏写明主题，以便让收件人一看就知道来信的主旨。

2. 发送讲究

最好不要将正文栏空白只发送附件，除非是因为各种原因出错后重发的邮件，否则不仅不礼貌，还容易被收件人当作垃圾邮件处理掉；发送完毕后，可通过电话等方式询问是否收到邮件，通知收件人及时阅读。收到邮件后应尽快回复，如果暂时没有时间，就先告诉对方自己已经收到邮件，有时间再详细说明。

3. 注意安全

电子邮件是计算机病毒重要的传染源和感染病毒的主要渠道，收发电子邮件都要注意远离计算机病毒。如果没有反病毒软件适时监控，发送邮件前要用杀毒程序杀毒，以免不小心把有毒邮件寄给对方。要是没有把握不妨用贴文的方式代替附加文档。

接收电子邮件时的安全问题更为重要，来历不明的信件必须谨慎处理，若不确定则最好删除，以免计算机感染病毒；对没有正文仅有附件的不明邮件，除非与发件人熟悉或事先约定好了，原则上都不应该打开邮件；对正文中提示的邮件地址不熟悉一般不要轻易打开，因为这往往是陷阱，许多国际电话费骗子就把诱饵放在这里；在删除了怀疑的病毒邮件后，要及时清空邮件回收箱，否则，病毒会还在计算机硬盘中。

任务三　拜访与待客

拜访又叫拜会、拜见，是指前往他人的工作单位或住所，去会晤、探望对方，进行接触。拜访与接待是我们在日常交往中的一项经常性的工作。在拜访与接待活动中，如果我们懂得做客与待客之道，并做到灵活运用，就能够以行动来营造一个友好和谐的社交氛围。

一、拜访礼仪

1. 预约在先

拜访前应事先用电话或信件等形式等进行预约，尽量不做不速之客。因为对被拜访者来说，可能会由于不速之客的到来而打乱了全部既定安排。预约时要注意以下几个问题。

（1）时间的选择　这应该是对方是否接受拜访的首要条件。如果是公务性拜访应该选择对方上班时间，如果是私人拜访，就以不影响对方休息为原则。尽量避免在吃饭、午休或者晚间的 22 点钟以后登门。一般情况下，上午 9 ～ 10 点钟，下午 15 ～ 16 点钟或晚上 19 ～ 20 点钟是最适宜的时间。

（2）地点的选择　通常公务拜访会选在办公室。而私人拜访会在家中，也可以是公共娱乐场所，比如茶楼、咖啡厅等。

（3）预约的方式　预约的方式有电话预约、当面预约或者书信预约等。无论是哪种预约，口气和语言一定是友好、请求、商量式的，而不能以强求命令式的口气要求对方。在交往中，未曾约定的拜访，属于失礼的表现，很不受欢迎。如果有要紧的事必须前往时，一定要表示歉意并解释清楚。

2. 着装得体

整洁的衣帽能反映你对受访者的尊重程度。因此出门拜访前，应根据访问的对象、目的等，对着镜子将自己的衣物、容貌适当修饰一下。

（1）非销售人员私宅拜访的着装要求　穿着要整洁得体，但不用太隆重，不要给人一种拘谨的感觉。拜访者还应注重一些细节的修饰，如头发要梳理好，面容要干净并且应作适当的装饰，手指甲要修剪好，以免到拜访地后出状况。

（2）办公区域拜访的着装要求　如拜访的地点设在对方的办公区域，则应着正装或拜访者所在单位的制服。因为你的拜访在很大意义上代表的是你单位的形象，这样着装可以传递出“你很重视这次拜访”的友好信息。而制服作为你所在单位的公关识别系统的重要组成部分，能让被访者感受到你所在单位的良好企业文化，进而对你的单位留下良好的印象，愿意与你合作。

【案　例】

错在哪里？

郑伟是一家大型国有企业的总经理。有一次，他获悉有一家著名的德国企业的董事长正在本市进行访问，并有寻求合作伙伴的意向。他于是想尽办法，请有关部门为双方牵线搭桥。让郑总经理欣喜若狂的是，对方也有兴趣同他的企业进行合作，而且希望尽快与他见面。到了双方会面的那一天，郑总经理对自己的形象刻意地进行了一番修饰。他根据自己对时尚的理解，上穿夹克衫，下穿牛仔裤，头戴棒球帽，足蹬旅游鞋，无疑，他希望自己能给对方留下精明强干、时尚新潮的印象。然而事与愿违，郑总经理自我感觉良好的这一身时髦的“行头”，却偏偏坏了他的大事。郑总经理的错误在哪里？

【分　析】

根据惯例，在涉外交往中，每个人都必须时时刻刻维护自己的形象，特别是要注意自己正式场合留给初次见面的外国友人的第一印象。郑总经理与德方的第一次见面，以穿西服或传统的中山装为宜，以示对德方同行的尊重。但他没有这样做。德方会认为此人着装随意，个人形象不合常规，给人的感觉是过于前卫，尚欠沉稳，与之合作之事当再作他议。

3. 按时到达

约定了会面的具体时间，作为访问者应该守约、守时，如期而至。人们的时间都是一样珍贵，迟到、失约会动摇一个人的信誉基础。因故不能赴约必须提前通知对方，以便别人安排其他事情；如果估计要迟到，一定要及时通知对方，告诉对方自己预计到达的时间，并对自己的迟到表示歉意。到达后，不要再喋喋不休地解释原因。过于早到也不好，容易打乱别人的安排。提前 3 ～ 5 分钟赴会是最佳时间。

4. 先行通报

抵达约定地点，在进入对方的办公室或私人居所的正门之前，应先轻轻敲门或按门铃，当有人应声允许进入或出来迎接时方可入内。敲门不宜太重太急，要用食指敲门，力度适中，间隔有序敲 3 下，等待回音。如有应声，则侧身隐立于右门框一侧，待门开时再向前迈半步，与主人相对。切不可不打招呼擅自闯入。即使门开着，也要敲门或以其他方式告知主人有客来访。

5. 登门有礼

当主人开门迎客时，务必主动向对方问好，互行见面礼节；拜访者入室后要“四除去”：帽子、墨镜、手套和外套，然后将随身带来的物品侧放到主人指定的位置，不可任意乱放；对室内的人，无论认识与否，都应主动打招呼；如果是带着孩子或其他人来，要介绍给主人，并教孩子如何称呼；在此之后，在主人的引导下，进入指定的房间，切勿擅自闯入。倘若自己到达后，主人这里还有其他客人在座，应当先问一下主人，自己的到来会不会影响到对方。在拜访外国友人之前，还要随身携带一些备用的物品，如纸巾、擦鞋器、袜子与爽口液等，简称“涉外拜访四必备”。切忌不拘小节，失礼失仪。

6. 举止文雅

在普通朋友家里，不要乱脱、乱扔衣服。夏天进屋后再热也不应脱掉衬衫、长裤。冬天进屋再冷也应摘下帽子，有时还应脱下大衣和围巾，并切忌说“冷”，以免引起主人误会。做客的坐姿要文雅，主人上茶时，应欠身双手相接，并致谢。喝茶应慢慢品饮，不要一饮而尽。不要随便抽烟并把烟灰、纸屑等污物随意扔在地上或茶几上。与主人关系再好，也不要翻动主人的书信和工艺品。未经主人相让，不要擅入主人卧室、书房，更不要在桌上乱翻，床上乱躺。同主人谈话，态度要诚恳自然，不要自以为是地评论主人家的陈设，也不要谈论主人的长短和扫兴的事。交谈时，如有长辈在座，应用心听长者谈话，不要随便插话或打断别人的谈话。

【拓展阅读】

韵律原则

日本某专业的统计数据指出:“人们一般每 8 分钟会收到 1 次打扰，每小时大约 7 次，或者说每天 50 ~ 60 次。平均每次打扰大约是 5 分钟，总共每天大约 4 小时，也就是约 50%。其中 80 %（约 3 小时）的打扰是没有意义或者极少有价值的。同时人被打扰后重拾原来的思路平均需要 3 分钟，总共每天大约就是 2.5 小时。”根据以上的统计数据，可以发现，每天因打扰而产生的时间损失约为 5.5 小时，按 8 小时工作计算，这占了工作时间的 68.7%。

“韵律原则”，它包括两个方面的内容：一是保持自己的韵律。具体的方法包括：对无意义的打扰电话要学会礼貌地挂断；要多用打扰性不强的沟通方式（如 E-mail）；要适当的与上司沟通减少来自上司的打扰等。二是要与别人的韵律相协调。其体的方法包括：了解对方的行为习惯，不要唐突地拜访对方等。

7. 适时告辞

拜访一定要注意在对方的办公室或私人居所里停留的时间长度。从总体上讲，应当具有良好的时间观念，不要因为自己停留的时间过长，从而打扰对方既定的日程。在一般情况下，礼节性的拜访，尤其是初次登门拜访，应控制在一刻钟或半小时之内。最长的拜访通常也不宜超过两个小时。有些重要的拜访，往往需由宾主双方提前议定拜访的时间和长度。在这种情况下，务必要严守约定，绝不单方面延长拜访时间。在拜访期间，若遇到其他重要的客人来访，或主人一方表现出厌客之意，应当机立断，知趣地告退。

起身告辞时，如果主人挽留，还是最好离去。但要向主人道谢，并请主人留步，不必远送。若主人的长辈在家应先向长辈告辞，若主人住处还有其他客人，也要礼貌道别。出门后，回身主动伸手与主人握别，说:“请留步”，待主人留步后，再回首挥手致意“再见”。有意邀主人回访，可在同主人握别时提出邀请。

二、待客礼仪

【案　例】

“倒屣相迎”的故事

相传东汉时期有一个“倒屣相迎”的故事。东汉时期的大学问家蔡邕，是蔡文姬的父亲，文史、辞赋、音乐、天文无不精通，官任皇室右中郎将，人称“人学显著，贵重朝廷，常年骑填巷，宾客盈座”。但他从不摆架子，从不傲慢，很善于和人交往，好朋友很多。有一次，他的好朋友王来拜访，正逢蔡邕睡午觉。家人告诉他王来到门外，蔡邕听到后，迅速起身跳下床，急急忙忙踏上鞋子就往门外跑，由于太慌忙，把右脚的鞋子穿到了左脚上，把左脚的鞋子穿到了右脚上，而且两只鞋子都倒穿着。当王看 到蔡先生是这么个模样，便抿着嘴笑起来。由此便有了“倒屣相迎”之说，借以比喻对朋友的热情与诚意 。

【分　析】

“有朋自远方来，不亦乐乎！”礼貌待客是中华民族的传统美德。待客贵在热情真诚。主人的真诚只有从平凡的举止中自然地流露出来，客人才真正有“宾至如归”之感。

1. 提前准备

当与客人约好见面时间以后，一定要守约。如有急事，应与客人取得联系，并告之缘由。要根据来访者的地位、身份等确定相应的接待规格和程序，然后精心做好各种准备。这些准备表明了主人对客人的尊重。首先要尽力设置一个令人愉悦的待客环境，整洁有序是最基本的要求；其次，备好烟、茶、果、点，以让客人感受到你的热情；再次，不要忽视了待客的仪表仪容。着装要整齐得体，女主人还可略施淡妆，这也是对客人的礼貌。穿睡衣待客或衣着不整、蓬头垢面都是一种失礼的表现。

2. 热情迎接

客人在约定时间到达，主人应根据情况亲自或派人到大门口、楼下、办公室或住所门外提前迎接。最好夫妇一同前往，女主人在前，男主人在后，不宜在房中静候；如果客人突然临门，也要热情相待。若室内未清理，应致歉并适当收拾，但不宜立即打扫，因为打扫有逐客之意。实在不方便接待客人，可向客人耐心地解释原因并致歉；若是外地来客，主人应驱车或派车到车站、机场、码头去迎接。接客一定要提前到达，使客人一出站，便见到迎接的人，这会使他十分愉快，绝不可迟到。对身份较高的贵宾，应进站迎接，并安排到贵宾室稍事休息。

3. 问候寒暄

见到客人，主人应主动上前握手，热情招呼，问候寒暄。如果客人手提重物，应主动帮忙，对长者或体弱者可上前搀扶。进入室内应把最佳位置让给客人坐。如果客人是初次来访，应向家人或其他客人作介绍。主人要面带微笑，步履轻盈，不能有疲惫心烦之相。

4. 敬茶敬烟

一般情况下，来客若是男士，落座后可立即敬烟。敬烟忌用手直接取烟，应打开烟盒弹出几支递到客人面前请客人自取。敬烟不能忘了敬火。冲泡茶时首先要清洁茶具，每杯茶斟至杯高的 2 / 3 为宜。敬茶时应先敬尊长者，双手捧上，放在客人右手上方。

5. 陪客交谈

客人坐下，奉敬烟茶糖果之后，主人应及时与之交谈。话题内容可根据实际情况而定，一般来说应谈一些客人熟悉的事情。若无法陪客人交谈，可安排身份相当者陪同或提供报纸杂志、电视等供客人消遣。切不可出现主人只管自己忙，把客人晾在一旁的现象。

6. 礼貌送客

当客人告辞时，主人应婉言相留。若客人坚持要走，主人应等客人起身后，再起身相送，家人也应微笑起立，亲切告别。当客人来时带有礼物的，应再次对客人送礼物表示感谢，也可视具体情况回赠礼物。送客应送到大门口或街巷口，目送客人离去才可转身回家。切忌跨在门槛上，向客人告别或等客人前脚一走就“啪”地关上门。如果是初次来客，主人应主动指路或安排车辆接送。远方来客则应送至火车站、机场或码头，并说祝愿话或发出再来的邀请。

任务四　聚会礼仪

聚会是社会交往的良好方式，聚会可以联络感情、发展友谊、扩大交际、促进彼此间的了解。聚会的形式很多，常见的有宴会、酒会、茶会、舞会、沙龙、派对等。下面，以舞会、茶会为例讲述社交聚会时必要的礼仪规范。

一、舞会

在各种社交聚会中，舞会是一种深受人们欢迎的社交活动。任何家庭，只要有一定的人力和财力，便可以举办私人舞会。舞会可以在家中举行，也可以在旅馆或俱乐部租场地举行。

（一）舞会的类型

1. 私人舞会

（1）正餐舞会　正餐舞会通常于傍晚举行，参加舞会的客人最迟应于舞会开始后半小时内到达，一般按座位姓名卡就座。客人基本到齐就座后就可以开始跳舞，每位男宾应首先邀请坐在自己左侧的女宾跳舞，然后再邀其他女宾。初进社交界的女子即使没有坐在父亲左侧，通常也由父亲首先邀她跳舞。

舞会开始约 1 小时后吃晚饭。如果在家里举行正餐舞会，晚餐可以自助餐的形式。宾客可以自取食物，随意地围坐在桌旁选择谈话的伴侣。正餐结束后，上各种饮料，这时客人可以随便就坐。舞会持续到午夜时分，期间可能提供少量的三明治或蛋糕。

（2）晚餐舞会　晚餐舞会不论开始还是结束都比正餐舞会晚得多，约在晚上 22 点到 23 点开始，次日凌晨结束。

晚餐舞会上并不正式吃饭，而是从午夜 24 点或翌晨 1 点开始供应一些简单的食物。客人们要先吃过晚饭才前去参加舞会。晚餐舞会没有固定的座位，客人也不坐在桌子旁。但舞厅和隔壁房间有足够的椅子，供客人们休息。

参加晚餐舞会，可以比规定时间晚到 1 小时，也不必非留到舞会结束不可。在传统的舞会上，最后一遍华尔兹跳过后就可离去。

2. 募捐舞会

募捐舞会是一种靠组织舞会来积累基金的商业性活动。舞会是许多慈善组织和基金会积累基金的主要途径之一。

美国一些著名的福利组织，往往以名人如总统夫人、副总统夫人或其他高级官员作后台，组织募捐舞会，其收益用来救济贫民、帮助外国移民或办慈善事业。所以不少美国人对这类募捐舞会很热心，乐于慷慨解囊。

（二）舞会礼仪

1. 着装得体

好的仪表和着装，既体现自己的优雅风度，也是对他人的一种尊重。在西方，男士参加正式的交谊舞会的传统服装是白领结、燕尾服。如果没有燕尾服，一般都穿半正式晚礼服。女性的礼服总是穿很长的裙装，而且极其高雅。在我国，一般来说，男士可穿笔挺的西装，夏天可穿衬衫配西裤，应注意整洁；女性可穿裙装，不能穿工作服、牛仔裤、背心、短裤等过于随便的衣服，这会与整个舞会的气氛不和谐。

2. 口气清新

应邀参加舞会前的饮食，要避免气味强烈的食物，如大蒜、酒等能散发气味的东西。已经吃了应设法进行必要的处理，以清洁口腔，避免异味。跳舞时，男女双方要面带微笑，说话和气。

【案　例】

舞会上的尴尬

小高是一位英俊潇洒的小伙子，喜欢参加单位的团体活动。有一次，单位周末举行舞会，他穿着自己新买的一身耐克运动服来到会场。今晚的舞会来的同事很多，只见人们都在翩翩起舞，小高也很有兴致，便走过去邀请一位在休息的女士跳舞，那位女士看了他一眼，礼貌地拒绝了他。接着小高又邀请了两位女士跳舞，结果均被拒绝。小高感到很尴尬。这时，一位朋友来到小张身边，拍拍他说："你怎么穿着运动服就来了，你没看见今天大家都是盛装出席。穿着太休闲邀请女士跳舞，这是不礼貌的。"

【分　析】

舞会会场是高雅文明的交际场所。参加舞会的人员，都要遵守必要的礼仪规范，使自己表现高雅，受人欢迎。个人的仪容仪表则是舞会礼仪的重要组成部分，马虎不得。

3. 邀舞有礼

男女即使彼此不相识，但只要参加了舞会，无论是男士还是女士，都可以互相邀请。通常是由男士主动去邀请女士共舞，体现绅士风度。同时，男士要有意识地照顾在场的每一位女士，尽量不要让任何一位女士孤寂地坐在舞场一角，郁郁寡欢。

当男士有意邀请一位素不相识的女士跳舞时，必须先观察她是否已有男友伴随，如有，一般不宜去邀请，以免发生误解。当男士邀请舞伴时，要整理好自己的服装，把手擦干净，庄重地走到女士面前，面带笑容，表情自然，弯腰鞠躬，做个请的手势，同时轻声说："想请您跳个舞，可以吧？"征得同意后，共同步入舞池。不要没等对方表示愿不愿意时，就伸手去拉对方。

参加舞会时，受邀请者也应当落落大方。如果决定拒绝别人的邀请时，更要注意文明礼貌，不要伤害对方的自尊心，更不要不理不睬或恶语伤人。如果女士已经答应和别人跳这场舞，应当向迟来邀请的男士真诚地表示歉意，说:“对不起，已经有人邀请我跳了，等下一次吧。”如果女士决定谢绝男士邀舞时，表达更应婉转，比如说:“对不起，我累了，想休息一下。”或者说 :“我不大会跳，真对不起。”以此来求得对方的谅解。已经婉言谢绝别人的邀请后，在一曲未终时，女士不宜同别的男士共舞，否则，会被认为是对前一位邀请者的蔑视，这是很不礼貌的。

【拓展阅读】

派对礼仪最高原则

细节是魔鬼。所谓的派对礼仪，也是将细节做到最大化的过程。

1. 选择服装

在国际社交场合，有这样不成文的规则 :女人穿衣出错能原谅，男人着装不能错。晚上 19 点以后男士才能穿黑色礼服（又称小夜礼服）。所配皮鞋的袜子必须遮盖住抬起腿时裤与鞋间的皮肤。漆皮皮鞋在时尚派对中更受欢迎。

2. 时间规则

遵守时间的概念并不是过于早到,提早到达非常不礼貌,因为此时主人可能还在准备。

3. 举止优雅

远远遇见熟人，千万不能大声地招呼对方，也不应该走过去后，用手重重地拍对方的肩膀或拉扯对方。应当慢慢地走到对方身边。打招呼的方式多种多样，比较熟悉的朋友之间可以轻轻地抱一下或碰一下脸颊。

当你口渴，侍应生却离你很远时，切勿大声呼叫，一定要等侍应生自己送过来，或自己委婉地走上前去。一般来说，派对上侍应生所走的路线都经过专门的培训，绝不会有疏忽遗漏的角落，所以别急，等侍应生询问:“先生，需要来杯红酒吗？”再伸出手来，手指轻轻地捏着杯柄。这样不仅优雅，手的温度还不会破坏了香槟或红酒原本的口味。

派对餐桌上礼仪的最高原则是“如同王侯贵族般行动”。因此，任何事都不要自己去做，即使膝盖上的餐巾落到地下，也要让服务生捡起，并且尽量不要让别的客人知道才算是礼貌。其实，无论主人或别的客人遇到这种情形时，也都要视若无睹。

二、茶话会

茶话会是我国传统的聚会方式，如一伙熟人聚在一起聊天，这家主人会给每位客人敬上一杯茶，大家边喝边说，谈话一般也没有固定的议题，十分惬意。现在很多组织也经常利用这一形式进行日常的沟通。

1. 茶叶的种类

举办茶话会首先应备好茶叶。我国茶叶品种繁多，大体上可归纳为以下几大类。

（1）绿茶　较为著名的绿茶有:龙井茶、碧螺春茶、六安瓜片茶、蒙顶茶、君山针叶茶、黄山毛峰茶、庐山云雾茶等。

（2）红茶　驰名中外的有安徽的“祁红”、云南的“滇红”和广东的“英红”。

（3）乌龙茶　又称清茶，较为著名的有福建的“武夷岩茶”、“黄金贵茶”，安徽的“铁观音”茶，广东的“凤凰单丛茶”。

（4）花茶　是以鲜花窨制茶叶而成的再加工茶，这是我国的特产，其主要种类有茉莉花茶、珠兰花茶、玉兰花茶、玫瑰花茶等。

（5）黑茶　较为著名的有普洱茶、六堡茶等。

2. 茶话会的准备

茶话会一般由主办单位或主办人，事先发通知或请柬给被邀请人。其举办地一般在会议厅、客厅或花园里，茶话会除了备有足够茶水之外，一般还备有水果、糕点、瓜子、糖果等，召开茶话会的时间多在节日，如“五一”、“五四”青年节、中秋节、国庆节、元旦等。中心议题可以是祝贺、发感慨、谈感想、作总结、提建议，也可以吟诗作唱，无固定格式，气氛也比较活跃、轻松、自由。

茶话会茶具一般以泥制茶具和瓷制茶具为最佳，其次是玻璃茶具和搪瓷茶具。在我国，泡茶一般不加其他东西，但有些少数民族以及国外的一些国家喜欢在泡茶时加上牛奶、白糖、柠檬片等。有的茶话会还准备咖啡等饮料。

茶话会有主办人和有关领导。主办人主要负责对来宾的迎送、招呼及主持会议，有关领导也常常以一个普通与会者的身份发言。茶话会不排座次，宾主可以随意交谈，在服饰上也没有什么严格规定或特殊要求。

3. 茶话会的举行

茶话会开始时，一般由主办人致词。讲话应开宗明义地说明茶话会宗旨，还要介绍与会单位代表或个人，为交际和谈话创造适宜的气氛。

茶话会主持人要随时关注茶话会的气氛，随时把话题引到大家都感兴趣的或轻松愉快的话题上。参加茶话会的每一个人也都有维护茶话会气氛的义务，不使茶话会冷场，也不可使秩序太乱。幽默风趣的语言在茶话会上是受欢迎的，但要避免开过分的玩笑，伤害他人自尊。

有人讲话时，要专心致志地倾听。不要随意打断他人的讲话，也不可显露烦躁、心不在焉，更不要妄加评论他人的谈话；自己发言的时候，用词、语气、态度要表现出文明礼貌修养，仪态要自然大方，样子过分拘谨或造作会使人不快；自由交谈时不要独坐一隅，纹丝不动。而应与左右互动，尽快找到共同的话题，打破僵局，融洽气氛。

茶话会应讲究实效，时间不宜过长，以1～2小时为宜。茶话会结束时，来宾应向主人道别，也要和新朋友、老相识辞行，不要中途退场或不辞而别。

茶话会不带任务，但追求气氛与聚会的效果。通过与会者的交谈、畅叙，汇之以坐在一起喝茶时共同创造的氛围，来感受他人的思想感情，增进相互间的了解和友谊。

【实训练习】

实训项目：学生分组自编、自导、自演情景剧。内容包括：拜访与接待礼仪、电话礼仪、馈赠礼仪等。

训练目的：通过训练，使学生掌握在正式场合与人交往时的礼仪规范与要求。

实训设计：1. 将全班同学分成若干个小组，每组约6人；

2. 每个小组自己设定一情景，如接打电话、拜访、接待、馈赠等交际礼节，模拟场景表演；

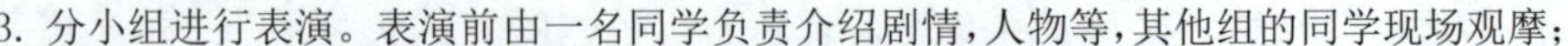

3. 分小组进行表演。表演前由一名同学负责介绍剧情，人物等，其他组的同学现场观摩；

4. 项目评分，按事先定的标准由学生代表组成的评审团现场评分；

5. 实训总结，老师对同学表演中所出现的问题进行点评归纳。

实训时间：1 课时

教师主要观测点：1. 观测各小组的合作状态以及成员的参与性；

2. 观测表演者的言行是否到位，是否符合礼仪规范。

【复习思考题】

1. 结合日常生活实际，说明人们在使用电话过程中经常出现的失礼行为以及纠正途径。

2. 谈谈信函中礼貌用语的使用。

3. 如果你要分别去初中老师家、好朋友家、爷爷奶奶家、岳母岳父家、公司老板家、职工家，带什么礼物去比较好？怎样送？

4. 对比拜访和待客的礼仪要求，你认为做客和待客时应把握的原则分别是什么？

5. 在舞会上要注意哪些礼仪问题？

【参考文献】

[1] 金正昆．礼仪金说．西安：陕西师范大学出版社，2006.

[2] 李晓红．现代礼仪规范教程．长春：东北师范大学出版社，2013.

[3] 金丽娟．旅游礼仪．天津：天津大学出版社，2011.

[4] 张岩松．现代交际礼仪．北京：经济管理出版社，2004.

项目六　餐饮礼仪

【学习目标】

◆ 掌握：设宴礼仪、赴宴礼仪、中西餐餐具使用礼仪。
◆ 理解：宴请礼仪及在人际交往中的实质性作用。
◆ 了解：饮酒礼仪、咖啡礼仪。
◆ 明确：中西餐就餐礼仪的区别。

【项目架构】

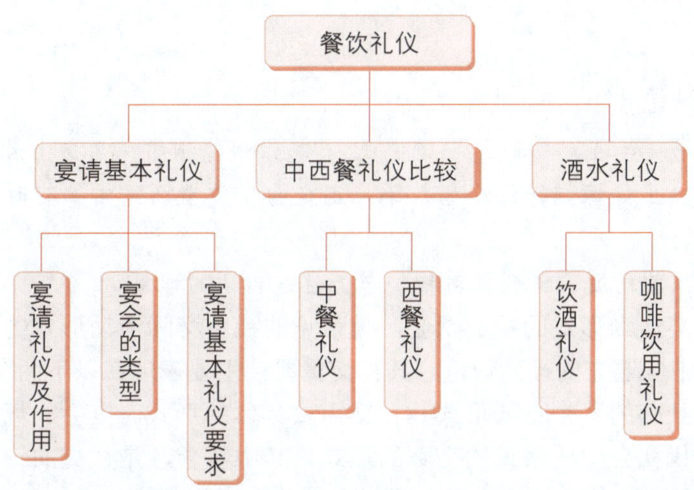

【工作任务】

情景：某机电公司一项目对外招标，蓝天和创意两家公司都参与了该项目的竞标。市场竞争激烈，应蓝天公司李总经理的多次邀约，机电公司的王总经理终于答应李总经理在某五星酒店共进晚餐。

李总经理和秘书小刘刚到酒店，王总经理恰好也到了。双方问好就坐后，小刘便叫来服务员开始点菜。菜点好后小刘对王总经理说："王总，不知道我点的这些菜合不合你的口味，你看还要不要再点些别的菜？"王总经理摇了摇头说："不必了。"

吃饭过程中，小刘同样也表现得积极主动。他不停地用自己的筷子把他认为好吃的菜夹给王总经理。看见两位老总聊得投入，他也十分高兴，把筷子往碗上一放，主动给两位老总斟酒，由于斟酒时没有给予提示，泼了点酒在王总经理身上。

饭后不久，李总经理就收到了王总经理发来的邮件：本来我还在犹豫该选择哪家公司做这个项目，现在我已经决定了。希望下次有合作的机会。

任务：1. 蓝天公司竞标没有成功的主要原因是什么？不到位的地方有哪些？

2. 有人说："吃饭也出生产力"，谈谈你对这句话的理解。

3. 查找相关资料，简述餐饮礼仪的基本要求主要有哪些。

点评：中国的饮食文化源流长，人们对吃很重视也很讲究，请客做客是一项重要的社交活动。餐桌不仅是绝佳的会谈地点、沟通平台，还是展现个人素质、品位、才华的最佳舞台。恰到好处的宴请，会为双方的合作增添许多色彩，反之，会有相反的效果。因此，熟悉餐桌上的礼仪，是一个成熟的社交人必备的素养。

任务一　宴请基本礼仪

一、宴请礼仪及作用

古人云："民以食为天"，足见饮食在人们生活中的重要性。"夫礼之初，始于饮食"，饮食在礼仪上也占有一席之地。食不仅是人类社会礼仪产生的源泉，人际交往，食也起到了重要作用。

【课堂讨论】

情景：钱钟书先生在"吃饭"一文中说："吃饭很像结婚，名义上最主要的东西，其实往往是附属品。正如嫁阔佬的小姐，不一定是为了爱情而结婚，有时是为了找一个长期的饭票而结婚。"

讨论：从礼仪的角度，谈谈你对钱钟书先生这句话的理解。

宴会，指以宴请为形式的社交聚会，是常见的社会交际活动形式之一。宴会礼仪是人们在宴请活动中应遵守的行为规范。其社交重要性主要表现在以下两个方面。

（1）宴请是社交的一个重要形式　社交需要具体的形式。宴会、舞会、音乐会、家庭聚会，都是现代社会中所常见的交际的形式，其中宴会，是社交的一个重要形式。很多人认为，餐桌是绝佳的会谈地点和沟通平台，美食开杯，往往会达成意想不到的效果。

（2）宴会是展现个人素质、品位、才华的最佳舞台　在宴会上，吃只是形式，交际才是实质性内容。一个有良好的餐饮礼仪，懂得应对进退，表现大方得体的人，很容易在一顿饭后，就结交了许多朋友；而一个不懂用餐礼仪的人，不仅个人形象大打折扣，还让所代表的整个组织没面子。所以有人说："吃饭也出生产力"。

二、宴会的类型

（一）按宴会的规格划分

1. 国宴

国宴是在外交场合由国家元首、政府首脑出面，宴请别国的国家元首、政府首脑的宴会。国宴一个重要特点是宴会的主体和客体都是特定对象，它的主角都是现职的国家领导人。国宴是我国规格最高的正式宴会。

2. 正式宴会

正式宴会，是一种隆重而正规的宴请，它往往是为宴请专门精心安排的。和便宴相比，正式宴会有三个提前确定：人员提前确定、菜单提前确定、宴请时间提前确定和通知。一般在特定的地点或较为高档的酒店举行，通常情况下，大型的正式的宴会往往是晚宴。

3. 便宴

便宴是一种非正式的宴请，不拘严格的礼仪、程序，追求一种亲切、随意的进餐环境和效果。它可以不排座次，没有正式讲话，规模比较小，对穿着打扮没有过高的要求，也不提前搞什么菜单，菜肴的数目可以根据具体情况而定。随机是便宴最重要的特点，便宴多见于日常交往。

4. 家宴

家宴即家庭宴会，是把人请到家里来吃饭，往往由主妇亲自下厨烹调，家人共同招待。它意在营造一种温馨和随和气氛，可令宾主双方进一步密切关系。

（二）按用餐工具划分

1. 中餐

又称东方型，以中国菜为代表，主要用餐工具是筷子。筷子灵活、方便、多用的特点是其他取食方式不可比的。筷子是中国人、日本人、韩国人等最主要的用餐工具。

2. 西餐

西餐是以法国、德国、俄罗斯、意大利、美国、澳大利亚等国为代表的欧美饮食体系的代名词，分布在70余个国家和地区。西餐以法国菜为代表，其基本特点是以面包为主食，要用刀叉进食，多使用长形桌台进餐。

3. 手抓型

以土耳其菜、黎巴嫩和叙利亚为代表的阿拉伯菜点，其特点是不用餐具，用手直接取食。

（三）按就餐方式划分

1. 分餐式

分餐宴会，指用餐时，菜肴、酒水、餐具等一律每人一样一份，分开使用。分餐制既不会造成浪费，又符合现代卫生要求，是社会进步的产物。

2. 混餐式

混餐宴会，指用餐时，菜肴与主食被放置在公共的碗、盘之中，众人使用自己的餐具直接取之食用。混餐宴会能够体现家庭般的温暖与和睦的气氛，但它不够卫生，最好不要以这种方式宴请外国友人。

3. 公筷式

指用餐时，主食、菜肴被放置于公共的碗盘中，但不允许用自己的餐具直接取之，而必须用公用的餐具取拿，放入自己专用的碗碟之中，然后食用。公筷宴会，既能体现和睦、热烈的气氛，又讲究卫生。

4. 自助式

自助宴会不排席位，将所有的菜肴、酒水和主食都陈列在一起，食用者可以根据个人的喜好自由选择、食用。相传这是海盗发明的一种进餐方式，起初被人们视为是不文明的现象。久而久之，人们发现了它的许多好处，这种自助服务式的用餐方式很快在欧美各国流行起来。自助式是最节省费用的一种宴会形式，深受青年、儿童的青睐。

（四）按宴请目的划分

1. 礼仪性宴会

为礼仪上的需要而举办的宴会。如为庆祝重大的节日或举行一项重要的仪式、为迎接重要的来宾或政界要员的公务性来访等举行的宴会。这种宴会要有一定的礼宾规格和程序。

2. 交谊性宴会

主要是为了沟通感情、表示友好、发展友谊等需要而举办的宴会。如接风、送行、告别、聚会等。

3. 工作性宴会

是为解决某项工作而举行的宴请，以便在餐桌上商谈工作。

三、宴请基本礼仪要求

（一）设宴礼仪

请客吃饭，宴请的准备工作是最重要的。只有事前处处考虑周全，准备充分，才可以达到预期的目的。

1. 确定宴请目的、名义、范围、规格和形式

宴请一般因具体事件而来，如欢迎、欢送、答谢、庆贺、交流等，目的勉强或巧立名目都是必须避免的。宴请规格和形式与宴请的性质、目的、主宾身份有关。还要考虑请哪些人，请到哪一级以及请多少人。宴请以谁的名义发出，是值得注意的礼貌问题，要注意对等原则。公务宴请，主人的个人身份和地位应与主宾相等。

2. 确定宴请时间和地点

确定宴请时间，最好先征求被邀主宾的意见，以示尊重。宴会时间要考虑主宾双方合适和方便，回避选择禁忌日为宴请日期。还要给对方宽裕的准备时间，以便安排好各方面的工作。特定的节日、纪念日的宴请，只能在节日、纪念日之前或当日举行，不能拖到节日、纪念日之后。确定地点也有学问，要考虑宴请规格、餐饮特色、周边是否方便停车、环境情调及服务水准等因素。

3. 发出邀请

在宴请范围、时间及场所等确定后，应提前发出邀请。邀请一般提前 1 ～ 2 周发出，以便宾客有充分时间对自己行程进行安排。一般的便宴、工作进餐，可用电话或口头邀请，正式的宴请要用请柬。如果被邀请的对象是较高身份者或长辈，除请柬外，主人还应登门邀请。

4. 安排宴请具体事宜

（1）安排菜单　拟定菜单时，一是要明白宾客的饮食禁忌，如健康禁忌、个人禁忌、民族禁忌、宗教禁忌及职业禁忌等，不能与之相冲突；二是要突出特色，如地方特色、

民族特色、餐馆特色；三是合理安排宴请费用，做到量力而行。

（2）现场布置与服务　此阶段主要工作有宴会位次与桌次的安排、布置现场、环境的美化、准备餐具及落实迎宾人员、接待人员和引导人员等。

5. 迎宾待客

（1）迎宾　宴会开始前，主人应站在大厅门口迎接客人。客人到来后，主人应主动上前握手问好，表示对客人的欢迎。

（2）引导入席　主宾互相问候后，主宾由主人陪同进入休息厅或宴会厅，其他宾客由接待人员引入宴会厅，全体宾客入席后，宴会开始。

（3）用餐　正式宴会一般都有致词或祝酒。宴会过程中，主人应努力调节宴会气氛，使整个用餐过程愉快、有趣。

（4）送别　按惯例，宴请结束是不用宣布的。主人和主宾起身离座，互相致谢，宴会即告结束。

【拓展阅读】

请客设宴重点注意的五“M”

1.Money(费用)

中国人宴请客人往往主人掏钱，客人不问价格。外国人请客有两种做法：一是各付其费用，即AA制的；二是自愿付费(大型公益性宴会采取)。量力而行，讲究节俭。

2.Meeting(会客)

一般宴会有主宾，请做陪的人也有讲究。相同民族、相同语言习惯，容易形成共同语言，共同交流行为。

3.Media(环境)

象征实力。考虑三个要点：环境要卫生(现场和卫生间都要考虑)、环境要安全、交通要方便(客人容易找到，停车场宽敞)。

4.Music(音乐)

有一个良好的气氛使大家容易和谐、冷静、专注、融洽地进行交流。选择的曲目、气氛要和现场吻合，风格主题要考虑对方的喜好。

5.Menu(菜单)

两个套数，即客人的忌口是什么以及客人想吃什么。

(二) 赴宴礼仪

1. 回复邀约

任何形式的邀约，都是邀请者经过慎重考虑，认为确有必要之后，才会发出的。因此，接到邀约后，均须对邀请者给予及时明确、合“礼”的回答，或者应邀，或者婉拒。置之不理、草率从事都会得罪对方。

2. 认真准备

(1)核实宴请要求　应邀出席一项活动之前，要核实宴请的时间、地点，是否邀请配偶，对服饰的要求以及自己的桌次和座位等事宜。

（2）准备礼品　参加宴会，特别是家庭宴会，最好准备一份礼品，在宴会开始之前送给主人。

（3）适度修饰　赴宴要适当修饰。女士要化妆，男士要梳理头发并剃须，衣着要求整洁美观，并根据宴会的档次着装。

3. 按时抵达

出席宴请活动，抵达的迟早、逗留时间的长短，在一定程度上反映对主人的尊重，应根据活动的性质和当地习俗掌握。我国习俗是正点或提前 5 ～ 10 分钟抵达，身份高者可略晚些到达，一般客人宜略早些到达。

4. 礼貌入席

抵达宴会活动地点，先与主人相互问候，然后到衣帽间脱下大衣和帽子，由服务人员带位进入。入座时要长幼有序，尊先卑后，从座位左侧入座。如邻座是长者或女士，邻近男士要主动协助他们先坐下。入座后坐姿要端正自然，不可用手托腮或将双臂肘放在桌上。腹部和桌子保持约一个拳头的距离。坐时应把双脚踏在本人座位下，不可随意伸出，影响他人。

5. 文明进餐

主人致辞时，客人要停止所有事情，注意倾听。致辞完毕，主人招呼后，方可进餐。进餐时要注意吃相，做到文雅、从容。热食待凉后再吃，切勿用嘴乱吹。口嚼食物时切勿说话。剔牙时以用手或口布遮挡为宜，剔过的牙签应折断后放置在骨盘内。取菜时按顺时针方向从靠近自己的菜盘边缘轮流夹取，不可一次过多。祝酒时要注视对方，杯口要略低于尊者，不可交叉碰杯，以示敬重友好。

6. 认真交际

参加宴会，吃只是形式，交际才是目的，西餐更应注意适度的交际。交谈时要注意选择轻松愉快、同桌人共同关心的话题。如互不相识，可先自我介绍。交际要注意等距离，不可只同熟人或左右邻座说话，也不可始终缄默不语或只顾自己一人夸夸其谈。

7. 告辞致谢

宴会结束，应礼貌地向主人道谢告辞。通常是男宾先向男主人告辞，女宾先向女主人告辞，然后交叉，再与其他人告辞。席间一般不应提前退席，若确实有事需提前退席，只要悄声与主人道别后轻轻离去，以免影响气氛。

任务二　中西餐礼仪比较

一、中餐礼仪

（一）中餐主餐具使用规范

中餐的主餐具是指进餐时主要使用的，必不可少的餐具。主餐具主要有筷、碗、匙、盘等，如图 6-1 所示。

图 6-1 中餐餐具摆台图

1. 筷

也叫“箸”，在中餐中是夹取食物的用具。它可以是用竹子做成的，也可以是用木头制成的，还可以是用金、银或不锈钢制作而成。

筷子礼仪上的忌讳主要有：一忌敲筷，即不要用筷子敲打碗盏或茶杯；二忌掷筷，发放筷子时，要把筷子一双双理顺，然后轻轻地放在每个人的餐桌前;筷子距别人较远时，可以请人递过去，不能随手掷在桌上;三忌叉筷，筷子要摆放在碗的旁边，不能搁在碗上。不能一横一竖交叉摆放，也不能一根是大头，一根是小头的摆放；四忌插筷，筷子不能竖插在饭碗里；五忌挥筷，说话时，筷子不要在空中挥来挥去；夹菜时，不能用筷子在菜盘里上下乱翻；遇到别人也来夹菜时，要有意避让，谨防“筷子打架”。

2. 碗

碗和筷子一样,是主要的中餐用餐工具。中餐的碗主要是用来盛饭和羹汤的。进餐时，需用手捧碗就餐，饭碗的高度大致和下巴保持一致。拿碗时，用左手的四个手指支撑碗的底部，拇指放在碗端。

3. 匙

又称勺子。在中餐中，主要是用于舀取食物，尤其是羹、汤或者滑溜的食物等。在用勺子取食物时，不要舀取过满，以免溢出弄脏餐桌或衣服。在舀取食物后，可在原处暂停片刻，等汤汁不会再往下流再移过来享用。用勺子取完食物后，要立即食用或是把食物放在自己碟子里，不要再把食物倒回原处。若是取用的食物太烫，不可用勺子舀来舀去，也不要用嘴对着勺子吹，应把食物先放到自己碗里等凉了再吃。暂时不用勺子时，应把勺子放在自己身前的碟子上,不要把勺子直接放在餐桌上,或让勺子在食物中“立正”。还要注意不要把勺子塞到嘴里，或是反复舔食吮吸。

4. 盘

又叫盘子，主要是用来盛放食物的。盘子在餐桌上一般要求保持原位，且不要堆在一起。食碟是中餐里一种用途比较特殊的盘子,主要用于暂放从公用的菜盘中取来的菜肴。不要取放过多的菜肴在食碟里，那样看起来既繁乱不堪，又十分不雅。食物的残渣、骨

头、鱼刺不要吐在饭桌上，应轻轻使用筷子夹放到食碟的前端，不要直接从嘴吐到食碟上。如食碟放满了，可示意服务员更换食碟。

5. 湿毛巾、餐巾、餐巾纸、牙签、水盂的使用规范

① 湿毛巾餐前只能用来擦手，不能用来擦脸、擦嘴。

② 餐巾的使用是为了防止衣服被弄脏，应该把它平铺在大腿上，不要把它围在脖子或别在腰带上。

③ 餐巾纸主要用来擦嘴或手。

④ 席间牙签要在万不得已的时候使用，用时注意以手或餐巾遮掩口部。

⑤ 水盂，即洗手碗。它是在用餐期间洗手指用的，别把它当清水或饮料来饮。

（二）中餐的席位排列

1. 中餐桌次排列规则

中餐一般是圆桌，多桌宴请时，有位次问题，也有桌次尊卑问题。中餐主桌排定之后，其余桌次高低排列规则是：近高远低（距离主桌）；居中为上；以右为尊；距离正门以远为上。如图 6-2 所示。

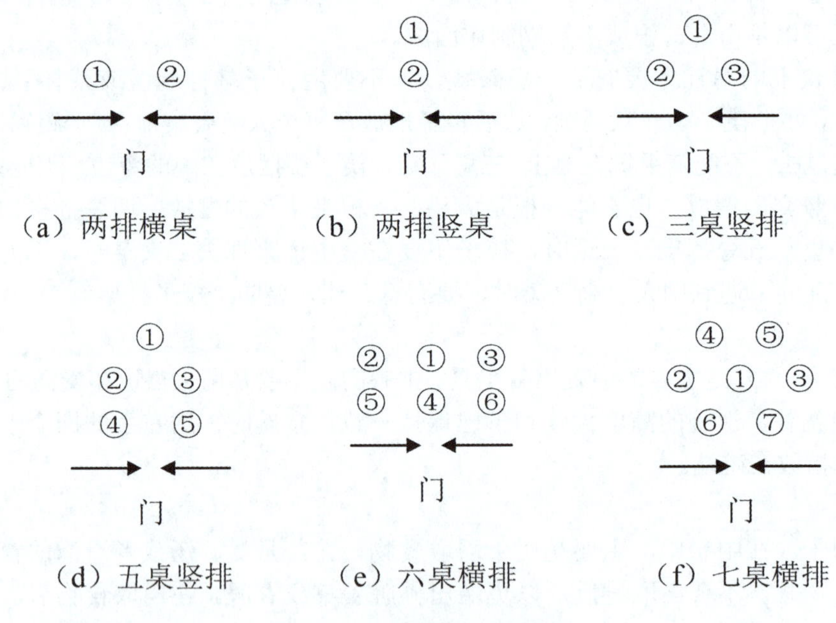

图 6-2　中餐桌次排列规则

2. 中餐位次排列规则

（1）面门为上　指在每张餐桌上，以面对宴会厅正门的正中座位为主位，通常应请主人在此就座。如果主宾身份高于主人，为表示尊重，也可以安排在主人位子上座，而请主人坐在主宾的位子上。如图 6-3 所示。

（2）以右为尊　各桌距离该桌主人相同的位次，讲究以右为尊。

（3）各桌同向或相对　多桌宴请时，其他各桌的主陪之位，与主桌主位保持同向或相对。

（4）近高远低　各桌位次的尊卑，以距离该桌主位的远近而定，以近为上，以远为下。

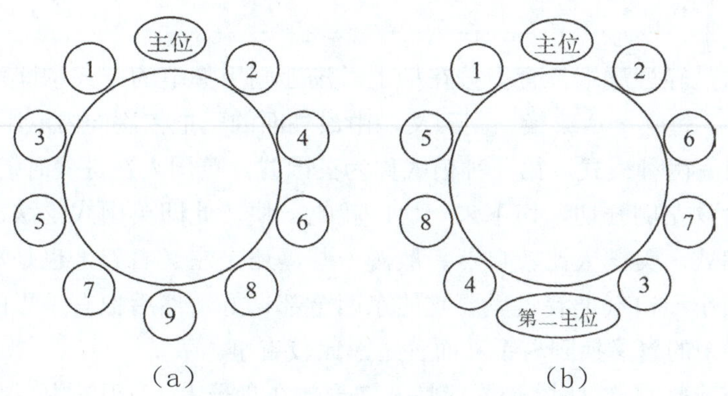

图 6-3　中餐位次排列顺序

（三）中餐餐序

中餐宴会上菜六大原则：先冷后热、先咸后甜、先炒后烧、先清后浓、先好后差、先菜肴后点心。具体上菜顺序是：第一道菜是冷盘。又叫开胃凉菜，数量不拘，可多可少。第二道菜是主菜。主菜是本次宴席的主角，成本往往占整个宴席一半左右，宴席往往根据主菜来命名。然后依次是热炒、汤及点心。点心通常是些糕、粉、面、饺子、包子等食品，多少不拘，有甜有咸。最后上的是水果，起到助消化和醒酒的作用。

二、西餐礼仪

（一）西餐餐具使用规范

西餐餐具主要有刀、叉、匙、盘、餐巾等。刀分食用刀、鱼刀、肉刀、奶油刀、水果刀。叉分为食用叉、鱼叉、肉叉、龙虾叉。匙有汤匙、甜食匙、茶匙。盘则有大小不同的菜盘、汤盘、垫底盘、面包盘等。酒杯更是讲究，正式宴会上几乎每上一种酒，都要换上专用的玻璃酒杯。有些中餐常用的工具如湿手巾、热毛巾、牙签等西餐就没有。西餐餐具的摆放如图 6-4 所示。

图 6-4　西式餐具的种类和摆放

1. 刀叉

刀叉的拿法是轻握尾端，食指按在柄上，汤匙则用握笔的方式拿即可。右手持刀或汤匙，左手拿叉，每吃一道菜换一副刀叉，由最外面的一把依次向内取用。

刀叉的使用有两种模式，第一种模式称为英国式。英国人在进餐时，始终右手持刀，左手持叉，从食物左侧开切，切下来一块，就吃一块，此即英国式吃法，比较绅士。第二种模式是美国式。美国人比较自然、散漫一些，还是左叉右刀，也是从左侧开切。先是按照嘴巴的大小一口气把餐盘里要吃的东西全部切好，然后把右手里的餐刀斜放在餐盘前方，将左手中的餐叉换到右手叉而食之，比较省事。

跟别人交谈或暂时离席时，刀叉应按八字形放在盘子上，刀刃朝内，叉子则是弓朝上，齿朝下，暗示继续用餐。将刀叉刀刃朝内，叉齿朝上并排放在餐盘中，暗示用餐完毕。

2. 餐巾

餐巾是西餐常用的工具之一，主要有以下几个作用。

（1）服装保洁　在用餐过程中，避免菜汁、汤汁滴下来，弄脏自己的衣服。

（2）擦拭口部　餐巾只可以擦嘴，不可用餐巾擦汗、擦手、擦拭餐具。用餐巾擦拭餐具是一种很不礼貌的行为，会让主人尴尬。

（3）掩口遮羞　用餐过程中，当承接骨头、咳嗽、打喷嚏时可用餐巾遮挡口部。

（4）暗示　餐巾还有暗示作用。西方人讲究女士优先，女主人把餐巾铺在腿上，则暗示用餐开始。女主人把餐巾放在桌子上，便是宴会结束的标志。因事暂时离席，餐巾应放座椅的椅面上，表示还要继续用餐。把餐巾放桌子上则代表用餐完毕。

餐巾一般在点完餐至第一道菜上菜之间展开，平铺在自己并拢的双腿上。如果餐巾比较大，应将餐巾叠成长条形或者对折成三角形，开口朝外，褶线朝向自己，铺在腿上。铺放餐巾的整个过程应悄然进行于桌下。

3. 匙

西餐的匙一般有 2 ～ 3 把，一把是喝汤的，通常放在刀的外侧。一把是吃甜品的，还有一把是用来搅拌红茶及咖啡的。使用汤匙时要由近而远，由里而外将汤舀起。汤匙的底部放在下唇的位置，汤匙与嘴部呈 45° 角将汤送入口中，一汤匙东西要一次用完。匙不用时，应平放在盘子上或放在杯子下面的碟子里。搅拌红茶及咖啡的匙不能用来舀任何菜肴。

（二）西餐的席位排列

西餐的席位排列与中餐既有相同之处，也有相当大的区别：中餐多使用圆桌，而西餐的餐桌一般是长桌或由其拼成各种图案的桌型；西餐的席位排列一般只涉及位次问题。西餐位次排列规则：女士优先、以右为尊、距离定位、面门为上、交叉排列。如图 6-5 所示。

（三）西餐餐序

西餐是吃了一道菜之后再上另外一道，这是西餐跟中餐很大的不同。另外，西餐上菜的顺序也很有讲究。

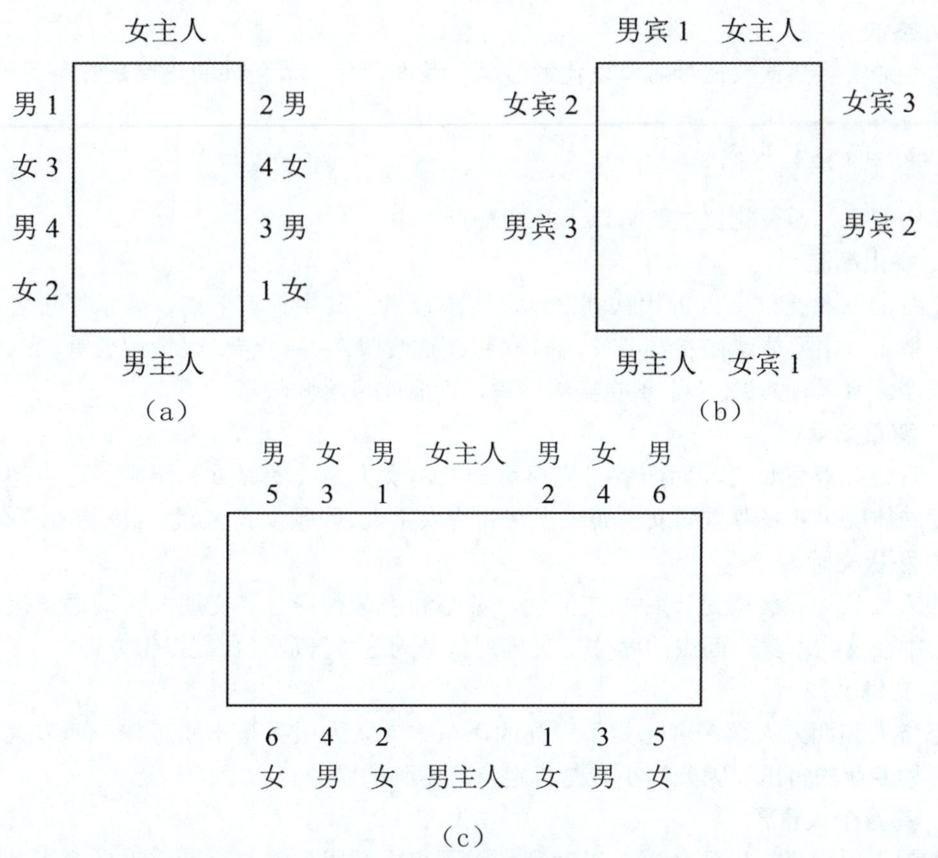

图 6-5　西餐席位排列

1. 头盘

头盘也称为开胃菜，一般有冷头盘和热头盘之分。常见的品种有鱼子酱、鹅肝酱、熏鲑鱼、鸡尾杯、奶油鸡酥盒、焗蜗牛等。味道以咸和酸为主，数量少，质量较高。

2. 面包

西餐正餐中的面包以切片面包为主，个人根据自己的口味可在面包上涂抹黄油、果酱、奶油或奶酪等。

3. 汤

和中餐不同的是，西餐的第二道菜就是汤。西餐的汤大致可分为清汤、奶油汤、蔬菜汤和冷汤等四类。开始喝汤标志西餐正餐的正式开始。

4. 菜

西餐的菜有主菜和副菜之分，副菜又叫白肉，品种包括各种淡水鱼类、海水鱼类、贝类、禽类菜肴及软体动物类。副菜吃完了，就会上主菜，主菜又叫红肉，原料取自牛、羊、猪等各个部位的肉。红肉味比较浓，比较厚重，吃了之后耐饥耐饿，其中最有代表性的是牛肉或牛排。蔬菜类菜肴在西餐中称为沙拉，可以安排在肉类菜肴之后，也可以和肉类菜肴同时上桌。

5. 甜品

甜品放在主菜之后，意在使没有吃饱的人填饱肚子，一般包括冰淇淋、水果、干果、坚果以及各种各样的布丁、炸薯条、三明治、曲奇饼、烤饼等。

6. 热饮

西餐通常将热饮放在最后，以化解油腻，帮助消化。最正规的热饮是红茶或黑咖啡。

（四）西餐礼仪特点

和中餐比，西餐礼仪主要有以下几个特点。

1. 举止高雅

正统的西餐礼仪出自古代欧洲宫廷，要求极多，其中最重要的，要求用餐者严格约束个人举止。主要体现在衣着考究、修饰避人、进食噤声、防止异响、慎用餐具、正襟危坐、吃相干净。所以有人说："中餐吃美味佳肴，西餐吃风度和气氛。"

2. 尊重妇女

中餐讲究尊重长者，而西餐讲究尊重妇女，女士处处受尊重和照顾，这也是西方绅士风度的体现。西餐尊重妇女主要表现在礼待女主人、照顾女宾客、禁用女侍者三个方面。

3. 积极交际

西方人认为聚餐就是一种社交活动，务必利用这种场合多交朋友，沟通交流，焦点不是集中在食物本身，西餐的席位交叉排列就是为这种开放式社交提供方便。

4. 支付小费

东方人和西方人很多观念是不一样的，东方人认为服务是本职工作，西方人认为服务是一种专业的付出，因此给小费是肯定自己得到的服务。

5. 尊重个人意愿

中国人用餐喜欢以酒助兴，以劝酒、闹酒来提升用餐气氛。西方人敬酒不劝酒，劝菜不夹菜，低饮浅酌必随己意绝不勉强。

【拓展阅读】

小费礼仪

小费起源于18世纪的英国伦敦。当时酒店餐桌中放着一只碗，上面写着"保证服务迅速"，顾客将零钱放入碗中，将会得到招待员迅速而周到的服务。这种做法不断延续，逐步成为世界多数国家的一种约定俗成的习惯。东方人和西方人很多观念是不一样的，西方人认为服务是一种专业的付出，因此给小费是肯定自己得到的服务。东方人认为服务是工作，是应该的。一般说来，亚洲国家如日本、新加坡、韩国等均没有付小费的习惯。澳大利亚也不流行小费，但如果延时服务，如晚上24点以后，通常还是给一点小费。

1. 支付小费的对象

支付小费的对象主要是餐厅里的侍者、打扫房间卫生的清洁工、出租汽车司机、给汽车加油的工人、搬运工、剧场引座员、博物馆解说员等。公交车司机、商店售货员、戏院服务员以及警察、政府官员、公务员不必支付小费。

2. 付小费的一般标准

给小费要有艺术。给钱过多，超过了一般标准或拿着钞随便乱给，会被看成是故意炫耀自己的富有。给得太少又会看成是小气，甚至会被骂成吝啬鬼。一些游客还会由于给少了小费而得到低劣的服务。按照什么样的标准支付小费，各国比例不一，但出入也不很大。计算方式有以下 3 种。

① 按消费金额的 15% 左右计算，一般不低于消费的 10%。

② 按件数计算：国外大多数机构，付给搬运工（力士）的小费是按件计算的。对酒店的行李员，也可以按照这个标准支付。

③ 按服务次数计算。

3. 给小费的时机

给小费的时机也很重要。如果你刚一到达就递过去一张钞票，以此表示自己对服务员的一点心意和对他工作的鼓励是比较合适的。假如在临别时才给，是不能补偿所出现的种种不快的。

4. 给小费的方式

给小费的方式多样。一般将小费放在茶盘、酒杯底下；或在感谢服务人员时直接塞在其手里；或在付款时，只将找回的整款拿走，零钱就算作小费；或者多付钱，余钱不拿走。给小费时要低调，如对进房间清扫卫生的服务员，可用礼貌的眼色、手势或简明短语表示一下小费所放的位置，让对方领会其意为佳。对代表官方的接待人员，因其不收小费，可酌情赠送小纪念品。

任务三 酒水礼仪

【课堂讨论】

情景：黄宋毕业后就职于当地较为有名的广告公司当秘书。除了写得一手好文章外，他还有一个特长就是能喝酒，性格也是极为豪迈。一天，该公司接待一位从浙江来的重要客户，这可是表现自己的好机会，黄宋自告奋勇承担了这次接待任务。浙商到达当天，公司设宴招待。双方餐厅就座后，黄宋大喊一声："服务员，把最好的酒拿来。"客人表示不喝酒时，黄宋仍热情地向对方劝酒。当经理站起为浙商敬酒并说祝酒辞时，黄宋为表示热情，抢在经理前面高举起自己的杯子碰向对方的杯子，一饮而尽，然后极其豪迈地"砰"的一声放下酒杯。

宴席结束后，浙商对经理说："贵公司的秘书可真是太豪爽了！"经理显得有些尴尬。

讨论：经理为什么会尴尬？黄宋到底哪里做错了？

一、饮酒礼仪

（一）酒的类型

1. 按制造方法划分

酒有蒸馏、发酵、配制三种制造方法。

（1）蒸馏酒　将经过发酵的原料（发酵酒）加以蒸馏提纯后获得的含有较高度数酒精的液体。

（2）发酵酒　又称为非蒸馏酒，在生产过程中不经过蒸馏，便可形成最终产品。

（3）配制酒　又称再制酒，是以发酵酒、蒸馏酒或者食用酒精为酒基，通过浸泡、混合、勾兑等方法得到的酒。配制酒主要有两种配制工艺，一种是在酒和酒之间进行勾兑配制，另一种是以酒与非酒精物质进行勾调配制。

2. 按酒的特性划分

酒主要可分为白酒、黄酒、啤酒、葡萄酒、香槟酒、威士忌酒和白兰地酒、伏特酒、朗姆酒、金酒、特吉拉酒等 11 种类型。

（1）白酒　白酒，又称烧刀子、烧酒、老白干等。是以高粱、玉米、甘薯等粮食，或某些果品，经过发酵、蒸馏制成的一种酒类。它通常没有任何颜色，而且酒精含量比较高，属于典型的烈性酒。

（2）黄酒　黄酒又称米酒、老酒。是以大米、黍米、粳米、籼米等为原料发酵制成的酒类，因其酒液颜色黄亮而得名。

（3）啤酒　啤酒，又叫麦酒，是用大麦和啤酒花为主要原料，发酵制成的酒类。它含有大量的泡沫和特殊的香味，味道微苦，酒精含量较低，一般在 4° 左右。有促进血液循环，帮助消化，促进食欲的作用。

（4）葡萄酒　以葡萄为主要原料，发酵酿制而成的一种酒类。它的酒精含量不高，味道纯美，富含营养。根据其色彩的不同，葡萄酒有白葡萄酒、红葡萄酒、桃红葡萄酒之分。

（5）香槟酒　香槟酒是法文 champagne 的音译，是以法国东北部马恩河谷名为“香槟”地区的葡萄酿造而成，所以得名。

（6）威士忌酒　威士忌，英文名称为 whiskey 或 whisky，是以大麦、黑麦、燕麦、小麦、玉米等谷物为原料，加酵母菌发酵，经过蒸馏获得的烈性酒，再经木桶长期贮存、陈化而成。

（7）白兰地酒　白兰地是英文 Brandy 的译音，是以水果为原料，经过发酵、蒸馏、贮藏陈酿而成的蒸馏酒。通常讲的白兰地是以葡萄为原料酿制而成的，而以其他水果为原料酿成的白兰地会冠以水果的名称。

（8）伏特加　伏特加是以土豆、玉米和小麦等原料经过发酵、蒸馏后制作而成，是俄罗斯有代表性的白酒。

（9）朗姆酒　朗姆酒又叫糖酒，是以蔗糖汁或糖浆为原料经过发酵、蒸馏加工而成的酒。

（10）金酒　金酒又叫杜松子酒，是用玉米、麦芽等谷物为原料经过糖化、发酵、蒸馏后，加入杜松子和其他一些芳香原料再次蒸馏而制成的酒。

（11）特吉拉酒　特吉拉酒又叫仙人掌酒，是墨西哥独有的名酒。是以热带仙人掌植物龙舌兰的汁糖化、发酵、蒸馏而成的酒。

（二）饮酒礼仪

1. 酒水的选用

（1）酒品应该与宴会的档次相配　高档宴会若选用低档酒品，会破坏整个筵席的名贵气氛。若在低档宴会上用高档酒品，酒会抢去菜肴的风采，让人感到食之无味。

（2）在酒席上，上酒先后顺序有讲究　一般按照先普通酒后高档酒、先低度酒后高度酒、先新酒后陈酿、先淡雅后浓郁、先白葡萄酒后红葡萄酒的顺序安排。

（3）西餐讲究不同的用餐时间饮用不同的酒，不同的菜肴搭配不同的酒　西餐餐前饮开胃酒，进餐中饮用葡萄酒，餐后饮用甜酒、白兰地酒。食用红肉时，由于这类食品脂肪多、肉味香，需配味浓的酒，如红葡萄酒；食用白肉时，需配饮清淡的酒，如白葡萄酒。喝汤的时候喝雪利酒，上最后一道菜或甜品时饮用香槟。

2. 斟酒

（1）斟酒顺序　为防止冰镇后酒瓶外面形成的水滴及瓶口的酒液洒在客人身上，斟酒前要准备垫布及餐巾。酒瓶要当场打开，酒杯大小要一致，斟酒前，要用干净的布巾将瓶口擦净。然后按先尊后卑或顺时针方向的顺序，依次斟酒。当他人为自己斟酒时，要起身或俯身，以手扶杯或欲扶状，以示恭敬。

（2）持瓶姿势　持瓶姿势正确与否是斟酒准确、规范的关键。正确的持瓶姿势应是：右手叉开拇指，并拢四指，掌心贴于瓶身中部、酒瓶商标的另一方，四指用力均匀，使酒瓶握稳在手中。采用这种持瓶方法，可避免酒液晃动，并防止手颤。

（3）斟酒时的站位　站在客人的左后侧，右脚在前，右手持瓶，左手持餐巾，在客人左侧斟酒。当酒液斟满时右手利用腕部的旋转将酒瓶逆时针方向转向自己身体一侧，同时左手迅速、自然地将餐巾盖住瓶口以免瓶口溜酒。退时先使左脚掌落地后，右腿撤回与左腿并齐，使身体恢复原状。

（4）斟酒时的用力技巧　斟酒时的用力要活而巧。正确的用力应是：右侧大臂与身体呈 90° 角，小臂弯曲呈 45° 角，双臂以肩为轴，小臂用力运用腕子将酒斟至杯中。斟酒及起瓶均应利用腕子的力量旋转来掌握。

3. 饮酒禁忌

① 给他人敬酒时酒杯要低于对方的杯子。碰到需要举杯的场合，不要拿着酒杯边说边喝酒。

② 忌赌酒与强行劝酒，对外交往中尤其要注意。如果在与人赌酒或强行劝酒，就会把文明的交际变成粗俗无礼的行为。

③ 在工作前不能饮酒，以免与人谈话时满口酒气。

④ 忌吵闹、喧嚣。公共场合不得划拳，家庭私人酒会一般也不宜划拳。

⑤ 忌好酒贪杯，以免酒后言行失控。

二、咖啡饮用礼仪

【课堂讨论】

情景：李林和一个客户在咖啡馆里谈论合作事宜，在那里，他俩各点了一杯咖啡。咖啡刚上来的时候很烫，一向没有喝过咖啡的李林端起咖啡杯不停地吹，想让咖啡早点冷却下来好尝尝什么滋味。可是尝了咖啡以后，李林皱起了眉头，心想：怎么这么难喝，太苦了！于是他又用手伸进桌上的糖缸里，取了两粒方糖扔进咖啡杯里，用咖啡匙搅拌后，然后一勺一勺舀着咖啡喝。最后李林还独出心裁地把咖啡当成酒要与客户碰杯。客户见此情景皱起了眉头，露出不悦的神情。

讨论：客户为什么不高兴，李林哪些地方做错了？

（一）咖啡的种类

（1）巴西咖啡　苦味较淡，以平顺的口感著称。这种咖啡品质优良，口感圆滑，带点中度酸，还有很强的甘味，因此是做混合咖啡不可缺少的原料。

（2）哥伦比亚咖啡　具有独特的厚重味，以丰富独特的香气受到人们的青睐。

（3）蓝山咖啡　产于牙买加西部的蓝山山脉。蓝山咖啡略带苦味，口感调和，风味极佳。

（4）炭烧咖啡　这是一种烘焙咖啡，味道焦、苦而不带酸味。

（5）摩卡咖啡　摩卡咖啡风味独特，含有巧克力的味道，具有贵妇人的气质，是极具特色的一种纯品咖啡，以也门所生产的咖啡为最佳。

（6）意大利咖啡　意大利咖啡具有浓郁的香味和强烈的苦味。

（7）曼特宁咖啡　主要产于印度尼西亚的爪哇、苏门答腊及苏拉威岛。它有丰富醇厚的口感，不涩不酸，醇度、苦味和香度高，相当具有个性。

（二）咖啡饮用礼仪

1. 喝咖啡的时间

喝咖啡往往安排在用早餐及午餐后。西式宴会，咖啡往往是“压轴戏”，而一些正式的西餐宴会一般在晚上举行，所以在宴会上喝咖啡通常是在晚上。喝咖啡时，为了不伤肠胃，往往会同时准备一些糕点、果仁、水果之类的小食品。

2. 喝咖啡的常见地点

喝咖啡最常见的地点有客厅、餐厅、写字间、花园、咖啡厅等。在客厅里喝咖啡，主要适用于招待客人；在写字间里喝咖啡，主要是在工作间歇自己享用，为了提神；如果在自家花园喝咖啡，适合和家人休闲，也适合招待客人。西方有一种专供女士社交的咖啡会，就是在主人家的花园或庭院中举行的。

3. 喝咖啡的时候，一定要注意个人举止

主要是在饮用的数量、配料的添加、品饮的姿态等方面要多加注意。

（1）正式场合，咖啡只是休闲或交际的陪衬与手段，不是为了充饥解渴　所以饮用咖啡时，杯数要少，最多不要超过 3 杯；咖啡要小口饮用，并且浓度不要过高。

（2）饮用咖啡的工具主要有咖啡杯、碟子和咖啡匙　碟子的作用，主要是用来放置咖啡匙，并接住溢出杯子的咖啡。喝完咖啡后应当立即把咖啡杯放回咖啡碟子中，不要使杯、碟二者“分家”。添加咖啡时，不要把咖啡杯从咖啡碟中拿起来。

咖啡匙的作用主要是加入牛奶、奶油和方糖后，用来轻轻搅动，使之与咖啡相互融合。咖啡匙的使用，我们要特别注意一些禁忌：咖啡匙是专门用来搅拌咖啡的，饮用咖啡时应当把它取出来，不要用咖啡匙去舀咖啡喝；不用咖啡匙的时候，应将它平放在咖啡碟里，不要立在咖啡杯里；不要用咖啡匙来捣碎杯中的方糖。

（3）给咖啡加糖时，砂糖可用咖啡匙舀取，直接加入杯内。也可先用糖夹子把方糖夹在咖啡碟的近身一侧，再用咖啡匙把方糖加在杯子里。如果直接用糖夹子或手把方糖放入杯内，有时可能会使咖啡溅出，从而弄脏衣服或台布。

（4）饮用咖啡时，用右手拿着咖啡杯的杯耳，左手轻轻托着咖啡碟，将咖啡杯慢慢地移向嘴边轻轻地啜饮，不宜满把握杯，也不宜伏下身去喝。

（三）喝咖啡的注意事项

（1）在未征得女主人同意之前，不可为自己或别人斟咖啡　这是女主人的义务与权利。在没有征得别人允许之前，不可替别人加糖或牛奶。

（2）喝咖啡时，要适时地和交往对象进行交谈　这时候，要注意与环境氛围相协调，务必要细声细语，不可大声喧哗，乱开玩笑，更不要和人动手动脚。否则，只能破坏喝咖啡的现场氛围。

（3）不可一直端着咖啡杯子说个不停，或者端着咖啡满屋跑　如果有事需要绕场处理，最好将杯子放下。

（4）正式开始喝咖啡之前，最好先喝一口冰水　冰水能帮助咖啡味道鲜明地浮现出来，让舌头上的每一颗味蕾，都能充分感受咖啡的美味。喝咖啡时最好能趁热，因为咖啡中的单宁酸很容易在冷却的过程中起变化，使口味变酸，影响咖啡的风味。

【实训练习】

实训情景：海天集团李经理与翔飞贸易公司刘董事长经过磋商，成功签订了第一批合同。为了庆祝这一大宗合同的签订，并为两公司今后更好地开展合作，当晚李经理设宴招待刘董事长一行。出席宴请的人员有：海天集团李经理，财务总监赵先生，谭工程师，经理秘书小徐；翔飞贸易公司刘董事长、销售部经理、董事长助理小刘和小张。

实训目的：通过模拟比较完整的商务宴请流程，使学生掌握商务宴请的一般礼仪程序和方法。

实训设计：1. 学生分组，每 8 ～ 10 人为一组为宜；

2. 抽签确定演出组的顺序；
3. 按抽签顺序以组为单位进行角色展示；
4. 一组学生操作时另一组评议，轮流对每一个学生完成宴请礼仪的结果评定成绩；
5. 评议组组长统计出本组对每位同学操作结果的平均评定成绩；
6. 教师结合实际情况进行综合点评，实训结束；
7. 学生写出实训心得和体会。

模拟场景：1. 以组为单位制订完整的宴请计划，包括宴请的时间、地点、参加人名单、座次安排、菜单、发言稿等；

2. 宴会厅门口，演示迎接客人、引导客人入场就座的过程；
3. 演示李经理、刘董事长分别致辞、敬酒的场面；
4. 演示席间谈话交流的情景；
5. 由于海天集团生产线上突然发生急需处理的技术问题，演示谭工程师中途离席的情景；
6. 演示送客的过程。

实训条件：教室或情景模拟实训室及宴会所需的相关器材

实训时间：2 课时

教师主要观测点：1. 学生准备工作是否充分，着装是否符合职业特点；

2. 席次安排是否符合礼仪要求，是否将主客方地位相当的人穿插安排在一起就座；
3. 学生是否充分体会角色特点，认真演示；
4. 演示过程是否自然连贯。

【复习思考题】

1. 名词解释：宴会、宴会礼仪、中餐、西餐。
2. 赴宴时需注意的礼仪问题有哪些？
3. 使用西餐的刀叉、餐巾时需注意哪些问题？
4. 比较：中西餐礼仪的区别。
5. 饮用咖啡时需注意哪些礼仪问题？

【参考文献】

[1] 金正昆．礼仪金说．西安：陕西师范大学出版社，2008.
[2] 李兰英．社交礼仪．上海：上海财经大学出版社，2007.
[3] 谢苏．旅游社交礼仪．武汉：武汉大学出版社，2006.
[4] 陈光谊．现代实用社交礼仪．北京：清华大学出版社，2009.

项目七　公共场所礼仪

【学习目标】

- ◆ 理解公共场所礼仪的含义及基本要求。
- ◆ 动态掌握公共场所礼仪的原则。
- ◆ 了解特定公共场合的礼仪要求。
- ◆ 培养正确运用公共场所礼仪的能力，塑造自身良好形象。

【项目架构】

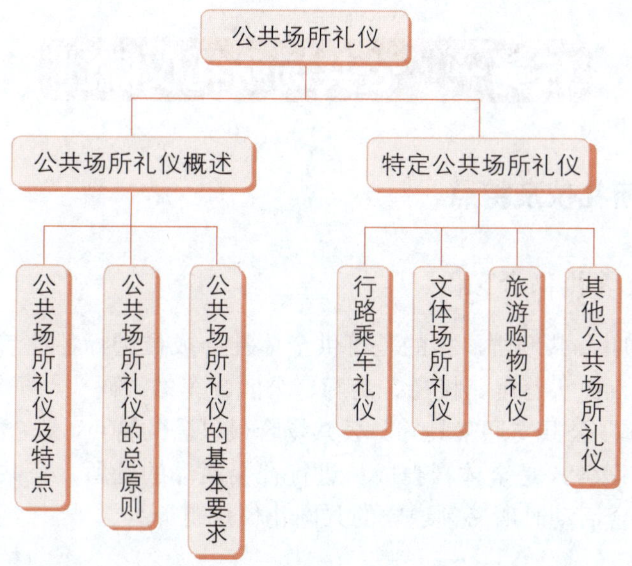

【工作任务】

情景：一个小伙子在某名牌大学毕业，曾参与的诸多社会实践使他具备了良好的工作能力。他的应聘简历获得了一家大型企业人力资源部的赏识。

面试那天，小伙子配上得体的服装上路了。可一大早公交站台上就排满了人。公交车还没停稳，他就一个箭步冲向车门，拼命挤上了车……

车在行驶过程中，突然一个急刹车，他“哎呀”一声！原来小伙子的脚被重重地踩了一下。“眼睛瞎了！”他张口就骂。旁边一位女士尴尬地跟他道歉“对不起，对不起…”，他正眼也没看她，继续不依不饶，女士一再的道歉才避免了事态的升级。

小伙子准时到达了这家企业，并被引领到面试的会议室里。

过了一会，人力资源总监与助理进来了。面试进行得非常顺利，小伙子的应答也是对答如流，人力资源总监一再点头。正当他扬扬自得的时候，助理说话了：“你的学习经历以及你的实际工作能力都让我们非常赏识，这个职位也非常适合你。但请允许我将今天早上公交车上发生的事情向总监做一个如实汇报。”原来这个助理恰巧是在公交车上被他骂的那位女士。

当总监听完情况汇报之后，坦诚地对小伙子说：“一个人的工作能力很重要，但是你知道吗？一个人成功的要素，能力和学识只占15%，更多的在于他的处事能力以及他的道德水平！”

任务：1. 分析：小伙子应聘失败的真正原因在哪里？

2. 当我们置身于公共场所时，该注意哪些礼仪问题？

点评：人是社会的人，除了个人生活、家庭生活之外，人们还必不可少地要置身于公共场合，参与社会生活。在这种情况下，与他人和睦共处，彼此礼让、包容、理解、互助，也是做人的根本。由于一个人在不同场合的行为举止可能是完全不一样的，而在无人监督和管理的情况下的言行最能够反映出一个人真实的礼仪内在素养，因此，公共场所又被称为“测试一个人心灵的实验室”。案例中的小伙子只注重个人的能力及礼仪，却忽略了无人监管的公共场所的礼仪和规范，最终，他没有能求职成功。

任务一　公共场所礼仪概述

一、公共场所礼仪及特点

（一）公共场所礼仪含义

公共场所，又叫公共场合，指的是可供全体社会成员进行各种活动的社会公用的公共活动空间。例如，街头巷尾、楼梯、走廊、公园、车站、码头、机场、商厦、卫生间、娱乐场所、邮政设施、公共交通工具等。公共场合最显著的特点，是它的公用性和共享性。它为全体社会成员服务，是全体社会成员进行社会活动的处所。公共场所礼仪是指人们在公共场所进行社会活动时所必须遵守的共同礼仪规范。

（二）公共场所礼仪特点

公共场所礼仪既有礼仪的共同特征，又具有个性特征。其个性特征主要如下。

1. 自觉性

在公共场所，人们多数情况下是萍水相逢、不期而遇，其言行如何很少会影响到个人发展问题。所以在无人监督和管理情况下的公共场所礼仪主要靠人们的行为自觉性。每一个正直、善良的人都应该自觉遵守公共礼仪。

2. 平等性

当人们身处工作、学习和家庭环境中时，交际双方的社会身份是确定的，有着明显的社会地位、职务方面的差别。如父母与子女、领导和职员、老师与学生等。而在公共场所，人们都是以一般的社会成员身份出现的，所以公共场所发生的人际交往就不再有这些辈分、职务方面的差别，每个人都是具有平等交际身份的社会“游客”。 一个人无论来自什么阶级、阶层，只要他到影剧院观看影剧，就只是一个观众；到公园游览，就只是一个游客；上了公交工具，就只是一个普通乘客。在公共礼仪面前，任何人都是没有任何特权的。比如，在商业交往中，一个社会地位高的男士在被介绍给社会地位比他低的女士时不需要起立，这是商务礼仪所允许的。但是在公交汽车上，一个社会地位高的男士不为一个社会地位低的孕妇让座则是违反礼仪的。

3. 广泛性

公共礼仪是建立在社会公共道德的基础上的，是对人们言行对人最基本、最起码的要求。它既体现了全体社会成员的共同愿望，也要求全体社会成员共同遵守，具有广泛性。一个人在社交、商务活动中特立独行未必招致众人反感，但如果违反了公共礼仪就一定会引起公众的谴责。

二、公共场所礼仪总原则

公共场所礼仪涉及范围很广泛，具体要求纷繁复杂。但是只要把握好基本原则，就可以很好地实践公共礼仪。公共场所礼仪主要在以下两原则指导下进行。

1. 遵守社会公德

社会公德，又叫社会公共道德，它是人们在长期社会生活中，根据客观需要形成的，用以维护公共生活秩序，调节人们在公共生活中相互关系的一种约定俗成的行为规范。

公共礼仪与社会公道有着十分密切的关系。在社会公共生活中，公共道德只是一种一般的行为规范，它还需要一些与现实结合得更为紧密的行为细则和行为形式予以补充，公共礼仪就是适应这种要求而产生的。公共礼仪从属于社会公德，在现实生活中，二者总是水乳交融地结合在一起的。

遵守社会公德，就是要求人们在公共场合活动时，要有公德意识，要自觉、自愿地遵守、履行社会公德。不讲社会公德，遵守公共礼仪将无从谈起。

2. 勿碍他人

与私人交际有所不同，人们置身于公共场合时，或为过客，或为休闲，或为生活需求，人们在公共场合所面对的，往往多半是一些自始至终不会与自己发生正面接触的人，不妨碍他人的原则，是人们在公共场合面对他人时的基本规范。勿碍他人的基本含义是：在公共场合，每个人都应当有意识地检点、约束个人行为，并尽一切可能，自觉防止自己的行为影响、打扰、妨碍到其他任何人。比如上厕所、进餐厅，需要依次等候座位时，不要紧盯在别人身后或前方。上厕所时站在正“方便”的人跟前候位，在餐厅或饭店站在正在进餐的人身边候座，会造成他人的极大不方便。又如在公共场所，不要未经许可就移动别人的东西、使用别人的器具、把自己的东西压在别人包裹上或坐在别人的行李上，这都是妨碍他人的表现。

三、公共场所礼仪的基本要求

1. 遵守秩序

恩格斯在《在爱北菲特的演说》中曾指出，“只有维护公共秩序、公共安全、公共利益，才能有自己的利益。”遵守公共秩序是对人们最简单的要求。但是在社会生活中却占

有重要的地位，是保持社会和谐稳定的重要因素。如到车站买票，需要排队。排队时人与人之间应保持合适的距离，不要与前面的人贴得太近，更忌在贴近时咳嗽、吐烟、摇动、摩擦。排队地点有变更或改变队形时，不要乘机制造混乱抢占好的位置。

2. 尊老爱幼

尊老爱幼是我们处理长幼关系的基本准则，也是我们中华民族的传统美德。因为老人为家庭和社会贡献了大半生，值得尊敬；而儿童是国家的未来和希望，理应爱护。同时，老人年老体衰，儿童年幼体弱，都属于社会的“弱势群体”，都需要全社会给予他们特别的照顾。因此，在公共场所中我们应该尽量地为老人和儿童提供方便。如在公共场所行走时遇到老人、孕妇、带幼儿的妇女、残疾人等，应主动让路，必要时应搀扶帮助，忌利用对方弱点而抢路线、抢行道、抢时间。尊老爱幼不但是一个人道德高尚的表现，也是社会风尚健康向上的反映。

3. 讲究卫生

讲卫生、爱清洁既是个人身体健康的需要，也是对社会环境应有的关心和责任。卫生状况良好的环境不仅能够展示一个民族的思想道德水平，还能够促进生产力的发展和人民生活质量的提高。

在 2003 年春天，中国科协罗列了 15 种常见的人们深恶痛绝的生活恶习，它们是：乱抛垃圾倒污水、随地吐痰擤鼻涕、咳嗽喷嚏不掩饰、饭前便后不洗手、公共卫生不维护、随地便溺传疾病、混用餐具同饮食、滥捕食野生动物、共用毛巾洗脸盆、赤膊外出随地卧、公共场所吐烟雾、大声喧哗扰他人。我们要努力克服上述生活恶习，既做到注意个人卫生，又做到讲究公共环境卫生。

4. 爱护公物

公物就是社会全体成员或集体成员共同拥有的财产。公物包括国家的土地、森林、河流、海洋等自然资源；铁路、公路、桥梁等交通设施；通信、邮电、广播、电视等通讯设备；文艺、体育等文化设施；电路、水管、煤气管道、住房等物业设施；厂房、机器等企业财产；动物、花草、树木等自然生灵和风景名胜、文物古迹等。在公共场所不仅要谦恭文雅，而且还要爱护公共财物，如在公交车上、地铁里、公园里、草坪绿地、旅游观展场所、文物古迹、车站码头等处不要折损花草、攀墙上树，更不要往墙上、树上、文物上乱写乱画。爱护公物体现的不仅是人与物的关系，还进一步反映着人与人的关系，是现代文明人应该具备的德行和礼仪修养。

5. 注意形象

公共场所要注意个人形象。在公共场所的穿戴要做到整齐、干净、朴素，不穿拖鞋、内衣或赤膊出现于公共场所。不要在饭店以外的地方吃东西。

在公共场合要保持自己身体无异样气味，如散发脚臭、狐臭，吃生蒜、生葱、生韭菜等的气味。有些人不注意这些，明明下午有集体活动或到公共场所去，午饭还是吃大蒜，走到哪里，哪里就是一股刺鼻的生蒜臭味，令人反感。

青年情侣在公共场所忌勾肩搭背，搂搂抱抱，显得不太雅观。不论是什么关系，男女之间的亲密动作最好避开大众的视听，这才是有涵养、有修养的表现，也是中华民族的优秀传统之一。

6. 保持安静

在公共场所，要说话小声，保持安静，不制造过大声响。在应该雅静的场合，忌兴奋评论，影响他人。在公共场所的进出，一定要做到轻、缓、静，不要慌慌张张，毛手毛脚，以免引起不必要的误解。在出入有门的公共场所时，不要用脚踢门，要轻轻把门开开，然后轻轻把门掩上。

在公共场所还要保持自己身体的平稳、安静，身体尽量不要发出声响。如肠鸣、打嗝儿、放屁、打哈欠、打喷嚏等。

任务二　特定公共场所礼仪

【课堂讨论】

情景：一天傍晚，法国巴黎的一家餐馆迎来了一群中国人，餐厅老板特地派了一名中国籍侍者去为他们服务。侍者向他们介绍了一些法国菜，他们不问菜的贵贱，一下子点了几十道。点完菜，他们开始四处拍照留念，兴高采烈地嬉闹着。一对男女恋人在大家的怂恿下互相亲吻，让朋友给他们拍下这一幸福时刻。等到用餐时，大家津津有味地吃着丰盛的食物，嘴里还不时发出咀嚼的声音，而且还弄得桌子、地毯上到处是油渍和污秽。邻座的外国客人忍无可忍，向老板提出了抗议。

讨论：请指出这群中国客人在公共场所的失礼之处。

一、行路乘车礼仪

（一）行路礼仪

步行是最常见的一种出行方式。人在路上行走，会碰到各种各样的情况。正因如此，就必须遵循行路的礼仪。

1. 遵守交通法规是文明行路礼仪的最低底线

基本的交通规则有：靠右侧通行；行路要走人行道，过马路要走人行横道，自觉避让来往车辆；红灯停绿灯行，在没有交通标志的情况下要一停二看三通过；不要翻越栏杆，不要任意穿越安全岛；行走宜有序而行，忌走反道或三人以上联臂横行，阻挡他人行道。

2. 要互相礼让

青少年应主动给年长者让路；健康人应给老弱病残者让路；一般行人遇到负重的人或孕妇、儿童等，要让他们先行。在“狭路相逢”时，尤其要注意这一点，不能以强凌弱，抢道行走。走到人群特别拥挤的地方，要有秩序地依次通过。

3. 路遇熟人，要主动打招呼问候，不能视而不见

但如果在路上碰到久别的亲友，想多交谈一会儿，应靠边站立。不要站在马路中间或人挤的地方，以免妨碍交通，自己也不安全。

4. 撞了别人或踩了别人的脚，要主动向人道歉

如果是别人踩了自己的脚或碰掉了自己所带的东西，应表现出良好的修养和充分的

自制力，不要斥责对方或口出怨言。而应和气地说："请你慢一点，不要太着急。"

5. 行路时目光前视，不要左顾右盼、东张西望

遇到面容姣好、穿着时髦的女性时，不宜久久地注视，甚至掉过头去追视。那样会显得缺乏教养，同时也容易酿成交通事故。

6. 走路不要饮食

这既不卫生，又不雅观。如确实饥渴，需要用点饮食，可以在路边找个适当的地方，等吃完之后再赶路。

7. 走路时也不要抽烟

一边行走，一边抽烟，是很不好的习惯。烟灰可能烫坏别人的衣服或烫到别人的身体，是行路的大忌。

（二）乘车礼仪

1. 公共汽车乘坐礼仪

（1）上下车辆时　上车依次排队，不要拥挤，有序地上车。碰到老人、小孩和残疾人要帮助他们；下车提前走到后门，便于迅速下车，不至于耽误大家的时间；物品安放在车架或者比较隐蔽的地方，不要放在通道上，影响别人上下车。

（2）购买车票　使用月票，要主动出示月票;用智能卡，要主动刷卡，按照里程刷够;没有月票和智能卡的人上车要主动购买车票，不要恶意逃票；无人售票车，乘客上车后要主动投币。

（3）座位选择　如果有座号，要对号入座，不要随意乱坐，以免引起纠纷；如果没有座位号，自由择座，不能占用特殊座位，遇到老人、孩子和孕妇等特殊人群，要主动让座。

（4）乘车举止　在乘车过程中，不要大声喧哗、吃东西、吸烟;尽量避免挤贴别人身体、踩脚、碰头，如果因不谨慎而"侵犯"了别人，特别是"侵犯"了异性时，应该互道"对不起"、"请原谅"，忌怒目瞪视或出言不逊。

2. 火车乘坐礼仪

候车时应保持安静，不大声喧哗。自觉遵守公共卫生，不随地吐痰，乱扔废弃物；检票时排队依次行进，不要拥挤、推搡。

上车后要持票就座，不要见座就坐，甚至抢座。若未持有坐票，就座前应礼貌地征求邻座的同意后再坐。使用行李架时，不要独占太多的空间。当移动别人行李时应征得同意。往行李架上放行李时，不要穿鞋直接踩踏座位。行李安放好后，应礼貌地向邻座的乘客打招呼点头示意，坐定并待时机成熟后再与邻座交谈。在交谈时，不要打听对方隐私，不要冒失地索要对方地址、电话。

在卧铺车厢，不要盯视他人的睡前准备和睡相。自己脱衣就寝时，应背对其他乘客。当乘务员来打扫卫生和提供其他旅途服务时，应主动予以配合，提供方便并表示谢意，必要时应给予帮助。当看到不良行为、不法行为时，要协助乘警、乘务员制止、抵制不法行为。

3. 乘飞机礼仪

（1）登机　乘飞机通常是起飞前半小时到 45 分钟左右登机，要按时登记。如耽误了登机时间，会延误大家的行程。行李最好入行李舱，不要大包小包提在手中。这样除了不方便登机，形象也会很狼狈。

上机时不得携带有碍飞行安全的物品。乘机通常的规定是：任何乘客均不得携带枪支、弹药、刀具以及其他武器，不得携带易燃、易爆、剧毒、放射性物质等危险物品。

登机时每位乘客都要通过安全门，随身携带的行李需要通过监测器，应当认真配合例行的安全检查。在进行安检时，如有必要对乘客或行李使用探测仪进行检查或手工检查时不应当拒绝合作，或无端指责工作人员。

（2）乘机　进入机舱后，应将登机牌交给乘务员过目，以便为你指引座位方向，或让乘务员带领你入座。手提行李不要到处乱放，应保持走道畅通。男性应主动帮助邻近的女性放置行李。入座后，要查看自己的手提电脑和手机是否关掉，以免干扰航空信号。飞机起降时，座椅靠背务必放直，收起小桌板，并将安全带扣紧。飞机降落、信号灯未熄灭前不要站立，更不要随意走动拿行李，应等乘务员招呼后再按次序开箱拿行李，耐心按顺序下机。下飞机前，要归还飞机书报袋内的杂志。

（3）个人举止　在飞机上不要谈论撞机等空难事件。因为乘飞机的人或多或少都对空中飞行有一些恐惧心理，此时谈论会非常惹人讨厌。就餐时，把靠背放直，以方便后座的人用餐。高空氧气较少，最好不要喝酒，极易造成头痛等诸多不适。

【拓展阅读】

汽车的驾驶礼仪

行车上路，不论是在宽敞的马路，还是在狭窄的胡同，经常遇到一些不守规矩的司机和不文明的驾车方式。或是在不允许拐弯的地方拐弯，在不允许掉头的地方掉头，或是违章超车，随意停车等。在一些没有红绿灯的十字路口，你争我强，谁也不让，结果是犬牙交错，挤成一团，谁也动不了。这些不文明的驾车方式通常都违反了交通规则，许多争端和车祸也由此产生。

随着我国的民用车辆数量的剧增，汽车已经进入寻常百姓家，司机和准司机在全国人口中的基数巨大。这些人是否遵纪守法，能否做到文明驾驶，对整个国家的道路交通安全，人民的生命安全，乃至全社会的文明进步，都起着举足轻重的作用。那么，怎样才能成为一个合格的汽车驾驶员呢？

做一个合格的汽车驾驶员，首先要有法治观念，要熟知各项与道路交通安全有关的法律、法规，并且模范地予以执行和遵守。《中华人民共和国道路交通安全法》是统率其他各项交通法规的总纲。这部法律有许多新内容，不管是老司机还是新司机，都要下工夫学好和精通这部法律。

其次，要有熟练的驾驶技术并对自己驾驶的汽车了如指掌。在驾校学了几十天，拿到了驾照，是远远不够的。在平时的驾车实践中，要多与老司机交流，多向他们学习。学习如何在气候恶劣的情况下和特殊路况下驾驶，如何处理紧急情况。同时，也要多了解自己的爱车，多看几遍汽车说明书，了解每个按钮和开关的功能、作用，了解显示屏每个符号代表什么意思。

第三，要养成良好的驾驶习惯，文明驾驶。并线超车，要留有足够的提前量，并要打灯提示别人。不要开“霸王车”，不能强行超车、并线。在一些狭窄路段，先让对面的车过去。在行车中，充分尊重他人，这样也能赢得他人的尊重，与人方便，自己方便。如果人人都能文明驾驶，交通事故一定会大大减少，道路拥堵也会大大缓解，驾车出行更加方便快捷，岂不是皆大欢喜吗？

第四，要充分照顾交通弱势群体的利益。相对于发达国家，中国的汽车保有量很低，并且许多道路是汽车与非机动车、汽车与行人混行。由于国情所限，未来几十年汽车的保有量也是有限的。绝大多数中国人无车可驾，他们也要出行，也要上路，而道路是有限的。因此，每一个驾驶员都有义务和责任，平等对待行人和非机动车驾驶员这一交通弱势群体，与他们和平共处。

第五，要有平和的驾驶心态。遇到堵车，想一想大家都在堵，又不是你一个人，也就心平气静了。旁边的车并线不打灯，抢道而去，由他去吧！反正遵守交规不吃亏。开车时始终保持一种平和的良好心态，也是检验一个驾驶员是否成熟的重要标志。

二、文体场所礼仪

（一）图书馆、阅览室礼仪

在衣着服饰上，要求衣着整洁，不能穿拖鞋、背心进入图书馆、阅览室。

在行为举止上，进馆要依次排队，循序进入，保持安静和卫生。图书馆、阅览室的桌椅板凳等都属于公共财产，应该注意爱护，不要随意刻画、破坏。查阅图书目录卡的时候，不要把卡片翻乱撕坏，也不应在卡片上涂画。要爱护图书，轻拿、轻翻、轻放，不能因自己需要某些资料而损坏图书，私自剪裁图书是极不道德的行为。对开架书刊应逐册取阅，不要同时占有多份。阅后立即放回原处，以免影响他人阅读。

借阅图书应按期归还。

（二）体育馆的礼仪

去体育馆观看比赛和活动时，也有特殊的礼仪要求。

准时到场，在比赛开始前就对号入座，以免入座时打扰别人；在介绍运动员时，要用掌声表示鼓励；不要辱骂对方队员，不要嘘、哄、辱骂裁判；最好到吸烟区吸烟。饮食也同样要到饮食区去；尽量不要打手机，如果确实有事建议用短信交流。

在比赛结束后，除特殊情况外，要等场内所有仪式包括颁奖结束之后离场。退场时不要推挤，出场后自动离开。

（三）在影剧院和音乐厅观看演出时的礼仪

要提前预订座位或买票。要在音乐会或电影开场前 20 分钟左右到达。如果是自己做东，应手持门票走在被邀请者前面，以免他们受到检票者的阻拦，并替每位被邀请者购置一份节目单，使客人了解音乐会的曲目、乐队和指挥等。如果迟到，要服从工作人员的安排，在一曲演奏完后，或者中场休息时方可进入。

演出正式开始前 5 分钟，观众应该对号就座，保持安静。就座时，应由女士或长辈走在前面，从左侧走向自己的座位。如果自己的座位在一排座位中间，应面对已就座者通过，并且要对其致以歉意。千万忌讳背对已就座者走向自己的座位。落座时动作要轻缓，不要使座椅发出太大的响声。

演出正式开始后，要保持安静：不能使用手机，不能发表评论，不能进进出出，不能吃零食、吹口哨、喝倒彩、敲打座椅，不能随便拍照、录音或录像。每一场剧或每一个节目结束时可以鼓掌，一般演出中途不能鼓掌，电影不必鼓掌。鼓掌时，应面带微笑，双手掌位于齐胸的高度，以平稳的节奏用右掌轻拍左掌的中部。如果要向演职人员敬献鲜花，应请工作人员代劳，或者征得有关方面的同意后，在音乐会结束后自己亲自上台献花。没有特殊的原因，不应中途退场。如确实要中途退场，也应该尽量在一曲结束之时轻轻离开。

演出全部结束后，等演职人员谢幕完，全体听众应起立鼓掌，祝贺演出的成功。离场时应保持秩序，不能拥挤。走出影剧院后，如果同行者是自己的长辈或客人，应将其送回住处。

三、旅游购物礼仪

（一）宾馆礼仪

宾馆，又叫酒店，它是指规模较大、设备较好、档次较高的旅馆。从广义上说，它属于公共场所；从狭义上说，它是私人居所。宾馆礼仪，指客人在这两种不同的活动空间的具体要求和行为规范。

1. 确定目的地后，最好提前打电话预约宾馆

预约的时候，要告诉宾馆服务员入住的时间及人数，住多长时间，需要什么规格的房间，以及申请住宿人的姓名和电话等，同时要问清房价以及行车路线等。一般宾馆都会在一定的时间内保留你的预订，万一你有事不能入住或比预订时间晚得多到达，要及时用电话通知宾馆方。现在的宾馆越来越注重个性化服务，如果你对房间有什么特殊的要求，也可以在预约时提出。

2. 到达后，要尽快到前台登记办理入住手续

这时需要出示身份证或其他证件，例如结婚证或护照等。如果前面有正在登记的顾客，那就应该静静地与其他客人保持一定的距离按顺序等待。在登完记并拿到钥匙后，就可以乘电梯去房间了。如果你带了大量的行李，门童会帮助你搬运行李到房间，你应该礼貌地道谢。

3. 客房并不是私有财产

不要随地吐痰，不要在墙上乱画，不要弄脏家具。要爱护客房内提供的设施和物品，不要用毛巾或者床单擦皮鞋。如果不小心弄坏了饭店的物品，不要隐瞒抵赖，应承担责任并加以赔付。遇到雨雪天气，要收好雨伞，把脚上的泥去干净再进入宾馆。

4. 在宾馆饭店住宿要注意不妨碍他人

出入自己的房间要轻声关门，没事时不要将房门大开，更不要窥视陌生人的房间。电视的音量要适中，更不可太早或太晚开电视。不要站在走廊里交谈，不要大声说话和吵闹，也不要乱跑乱跳。自己休息时，可以在门外悬挂“请勿打扰”的牌子。

5. 宾馆会提供一些一次性的洗漱用品，不要抱有占便宜的心理，无节制使用或者浪费

应该多从环保的角度考虑，减少梳子、拖鞋等一次性物品的使用。毛巾、浴巾如果没用或仅仅使用了一两次，可以晾干继续用，而不必让服务员天天换洗。

6. 在房间用餐完毕，要用餐巾纸将碗、碟擦干净，放在客房外的过道上方便服务人员收拾

服务员打扫房间时要主动配合，打扫完毕离开房间时，应对服务员致谢。

7. 大厅和走廊是宾馆生活中的主要公共场合

在客房内可以穿着睡衣、内衣和拖鞋，但在这些场所，一定要换上相应的服饰，以免失礼。

8. 在准备走之前，可以先给前台打个电话通告一声

如果行李很多，就可以请他们安排一个人来帮你提行李。结完账，礼貌地致谢，道别。出门时，如有服务员为你开门，应微笑地致谢。

（二）银行

顾客进入银行后，应先到排号机处领号等候，根据数位顺序选择自己的座位。在等候期间，不要轻易离开银行大厅，否则错过了，还要重新排队。如果遇到问题，可找咨询台，不要加塞儿。在他人办理业务时，要站在“一米线”之外，以免干扰他人。有些顾客会把自己的宠物带到银行，这样是不恰当的。一方面，自己在办理业务时要分神照顾宠物；另一方面，宠物的叫声也会影响其他人。

在填写银行凭单时，应注意格式规范、字迹工整。如有问题，可参照范例或向工作人员询问。在别人填写凭单过程中，不要离得太近，耐心等候再进行填写。多余的凭单以及使用过的笔应放回原处，以便其他顾客继续使用。

（三）超市

在超市购物，选取后又决定不要的商品，应及时放回到货架上，尤其是那些冷冻商品。选购水果等食用商品时，不要随手乱翻、乱捏，那样会让水果过早腐烂。当看见商品掉在通道上，无论是什么原因，你都要把它捡起来，放回原处，这是为其他的购物者提供方便。当在选购货架上的货物时，注意你所推的手推车停放的位置，以便其他的人可以推车从容通过。当把满车的货物结完了账，应将手推车放回原处。

如果带孩子一起进超市，要看好你的孩子。当你推着手推车经过一条狭窄的走廊的时候，不要让你的孩子随手从商品架上拿东西，也不要允许他们把东西扔得到处都是，或者是在你没付钱以前，让孩子打开包装。同时也要注意孩子的安全。

若因不慎而损坏超市的物品，则需如实说明，主动承担责任并照价赔偿。不应若无其事，溜之大吉。趁人不备的顺手牵羊、小偷小摸或多拿少付等卑劣行径更是文明社会所不容的。

四、其他公共场所礼仪

（一）医院

医院是救死扶伤的地方，是特殊的公共场所。无论是就医，还是探望病人，都应遵循基本的礼仪。

1. 就诊时的礼仪要求

（1）去医院就诊时要自觉遵守医院的规定，自觉维护就诊环境。如不在候诊室及挂号区吸烟，不随地吐痰，乱丢垃圾，保持安静，排队候诊等。如果患上了感冒或其他流行性传染病，就诊时要自觉戴上口罩。打喷嚏或者咳嗽的时候也要回避他人。

（2）候诊时不要围观病人，这样容易妨碍医生就诊，而且别人的病情也属于个人隐私。

（3）既然来到医院，就要信赖医生。病人或家属不该对医生的工作指手画脚，或是希望医生给自己一些特殊照顾。如实回答医生的询问，不要夸大或缩小自己的病情和症状，当然更不要去隐瞒或者胡乱编造。就诊时如果忽然有电话打来，最好不要接听，或者以最简洁的方式告知对方不方便接听电话。

2. 探望病人

（1）了解情况　同事或亲朋好友生病住院，应予关心。在去医院探望前，要对病人所患疾病和病情有所了解，以便有针对性地与病人交流。还要了解病人所在医院的探视制度，做到文明探视。

（2）恰当的探望时机　要在病人所在医院允许的探病时间探视，最好等病人病情好转时探视。同时，探视也不可太过频繁，影响病人休养。

（3）轻松的探病话题　在和病人闲聊的时候，要尽量选择轻松愉快的话题，传达愉快的情绪和乐观的精神，让病人心情愉悦，摆脱孤独、苦闷的情绪。交谈时声音应该轻柔亲切，从而让病人感到温馨、温暖。

（4）合适的探病礼物　水果是比较理想的选择。通常送苹果象征“平安”，送桃子象征“逃过此劫”。送鲜花时要考虑病人是否对花粉过敏或者有什么特别的忌讳。对刚刚做过手术，身体比较虚弱的病人，最好不要送高热量的营养品。看望长期住院的病人可以投其所好，带去一些病人偏爱的杂志或书籍，帮助病人打发枯燥乏味的时间。

（5）探视时间宜短　为保证病人的正常休息，谈话时间一般应控制在半小时内。如果是探望挚友，或病人精神较好、颇感寂寞时，时间可稍长些。探病时如恰逢病人的亲朋好友在场，尤其是爱人在身边时，应及早告辞。一次探病的人数不宜太多，探望次数也不要太频繁，否则会使病人频频应酬，休息不好。告别时，应婉谢病人送行。

（二）洗手间

【课堂讨论】

杨澜的一次难堪经历

情景：著名电视节目主持人杨澜曾讲过她在国外经历的一件事：她在一个发达国家排着长队等候上卫生间时，有几个看上去像是亚裔的女青年旁若无人地不排队直接进了卫生间，致使排队的人相当有意见。在这几个女青年离开卫生间时，忽然看见了正在排队的杨澜，便大声叫她，和她打招呼。当时的杨澜并没有想到她们是自己的同胞，感觉特别尴尬。正在排队的当地人，也知道了女青年的国籍，她们鄙视地说“Chinese”。杨澜说她自己当时的感觉是无地自容。

讨论：杨澜当时为什么感觉无地自容?

不论男女，如果在洗手间均被占用的情况下，后来者必须排队。而排队的方法是在整排的洗手间最靠外处按先来后到的顺序排成一排。一旦其中有某一间空出来时，排在第一位之人自然拥有优先使用权。

洗手间最忌讳肮脏，所以使用洗手间时要尽量小心，避免污染。用完后一定要冲水。在无人排队的情况下，用毕不必把洗手间门关好，应该留下一点细缝，让后来者不需猜疑就可以知道其中一定是空的。

上完洗手间一定要洗手。洗手台旁如有擦手纸与吹手机，一般习惯是先用擦手纸擦干手，把用完之纸扔入垃圾桶后再用吹手机把手吹干。

稚龄儿童一般是可以和父亲或母亲一起使用洗手间的。但是不成文的规定是，母亲可以带着小男孩一起上女厕，而父亲则不可以带女孩上男厕。

由于清洁工人会不断的巡视各洗手间并清洁，此时可能会把洗手间暂停使用。若遇此情形，不可坚持使用以免影响清洁工人的正常工作，但可以向其询问最近的洗手间在何处。

在洗手间如遇熟人，要尽量和对方搭话，不要刻意回避，更不要装作没看见把头低下。尽量避免与上司在同一时间上洗手间，特别是洗手间小的情况下。

（三）电梯内

等候电梯时，不要站在电梯门口正前方，以免阻碍别人的出路。电梯门开了，要等电梯内的人出来后，才可以进入，即使有急事，也不应争先恐后。

电梯内由于空间狭小，要尽量站成“凹”字形，挪出空间，以便让后进入者有地方可站。进入电梯后，正面应朝电梯口，以免造成面对面的难堪。当超载铃声响起，最后上来的人要主动下来等后一趟。

保持电梯内的安静整洁。在电梯内不要大声交谈、喧哗；不要抽烟、乱丢垃圾。

当电梯到达目的地时，如你站在后排而要先走出电梯，在请别人让路前应先说声“对不起”。即使电梯中的人都互不认识，站在开关处者，也应为别人服务。遇有残障人员搭乘电梯，应特别加以扶助。

【实训练习】

实训项目：案例分析及讨论

训练目的：1. 通过训练，使学生理解公共场合礼仪的含义及尊重公共场合礼仪的重要性；

2. 掌握公共场合基本礼仪规范，成为一个遵守公德的合格公民。

实训设计：1. 学生分析案例提出的问题，拟出案例分析提纲；

2. 分组讨论，形成小组案例分析报告；

3. 各组选派一名代表进行组间交流；

4. 回答评判组提问（各组派一名代表组成评判组），学生比较研究；

5. 老师点评，实训结束。

实训条件：教室、必要的文具

实训时间：1 课时

任务情景：

时间：× 月 × 日

地点：公园门口

人物：男青年及其女朋友

情景：男青年在街头打电话给女朋友，邀请她一起去逛公园。由于女朋友还没到，男青年跷着二郎腿坐在公园外面的石椅上，一边抽烟一边听手机的外放歌曲。不一会女朋友来了，男青年从包里取出卤食、鸡爪、花生等，十分亲昵的你一口我一口喂食，一边吃一边扔下方便面的袋子、果皮等，毫不顾忌。随后，男士斜倚靠在女士身上，双脚放在椅上，把座位挤占得满满的。

这时，来了一对老年夫妇，大娘似乎不太舒服，不时发出咳嗽声。老大爷左右环顾却找不着座，老人走到这对年轻人面前几次欲言又止。这对年轻人就当没看见似的继续有说有笑……

讨论：1. 男、女青年行为有哪些不当之处？

2. 按照公共场所礼仪的基本要求，男女青年的行为应该如何改进？

教师主要观测点：1. 观测各小组的合作状态以及成员的参与性；

2. 观测学生是否全面、熟练、准确地掌握公共场所礼仪的基本规范；

3. 观测代表的演讲水平和礼仪规范，为后续训练搜集信息。

【复习思考题】

1. 名词解释：公共场所、公共道德、勿碍他人。
2. 举例说明公共场所礼仪的自觉性、平等性、广泛性特点。
3. 公共场所礼仪有哪些基本要求？
4. 行路乘车的礼仪规范是怎样的？
5. 在影剧院和音乐厅观看演出时要注意哪些礼仪问题？

【参考文献】

[1] 金正昆．礼仪金说．西安：陕西师范大学出版社，2006.

[2] 张岩松．现代交际礼仪．北京：经济管理出版社，2004.

[3] 李海强，吴存德．社交礼仪．北京：国防工业出版社，2011.

[4] 张锡东．社交礼仪．北京：清华大学出版社，2008.

第三篇 礼仪知识拓展

项目八　求职就业礼仪

【学习目标】

- 初步掌握自我定位的方法和技巧。
- 了解求职资料的准备方法及求职途径。
- 掌握面试前、中、后的礼仪规范。
- 了解报到入职礼仪及职场人际关系处理技巧。

【项目架构】

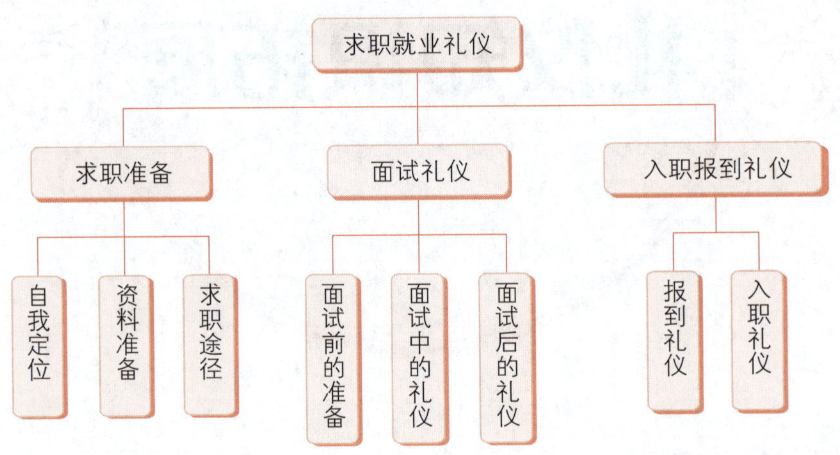

【工作任务】

情景：小于就读于一所没有多大名气的普通大学，找工作时他知道奇迹不会出现在自己身上，于是整整半年，他都不停地投简历、面试。半年下来，他一共参加了 28 场招聘会，投了近 200 份简历，获得了 18 次面试机会，7 次闯入最后一关，被其中 6 家企业“一笔勾销”，另外一家则迟迟没有回音。离毕业还有一个月的时候，小于终于收到了最后一家公司最后一轮面试的邀请。尽管做了大量的准备工作，小于对面试还是没什么把握，因为他打听到一同参加面试的还有好几个名牌大学的研究生。

面试那天，小于忐忑不安地坐在会议室里等待命运的召唤，终于，有人过来喊他进去面试。会议桌对面坐了一排人，主考官仔细看了他的简历后，提了几个简单的问题，小于都很镇定地作了回答。最后，主考官问他：“每年来应聘我们公司职位的不乏名牌大学的毕业生，你们学校没什么名气，和他们相比，你认为自己的优势在哪里？”小于低头想了几秒，大脑一片空白，放弃了回答。面试结果可想而知，小于不得不继续奔走在求职的路上。

任务：1. 小于面试失败的根本原因是什么？

2. 如果你是小于，你会怎样回答考官的提问？

点评：找到一份好的工作是所有大学毕业生的心愿。但近年来，就业形势日趋严峻。临近毕业，面对就业难的现实，我们到底该怎么办呢？

就业难，但并非难于上青天。求职不顺，一方面是由于职场竞争日趋激烈，另一方面也有求职者自身的原因。正确认识自己并掌握一定的交往技巧和求职礼仪，就能脱颖而出，找到适合自己的工作。

求职准备和面试礼仪是求职过程中关系求职成功与否的两个重要因素。希望本项目的内容能为大家的求职提供一定的帮助。

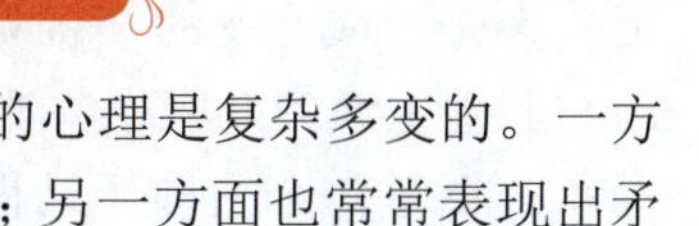

任务一 求职准备

求职是每个大学生都会面临的问题。临近毕业，大学生的心理是复杂多变的。一方面为即将走出社会，实现自己的人生价值而感到由衷的高兴；另一方面也常常表现出矛盾畏缩心理。在择业竞争中，决定胜败的因素很多，正确的掂量个人的实际能力并做好充分的应战准备是求职成功的前提和基础。

一、自我定位

每个人都想谋得一份好的职业，但不是所有的职业都是自己可以适应和胜任的。在择业过程中，只有认真地审视自己，客观地分析环境，才能正确地自我定位。

【案 例】

晓晓的烦恼

武汉某大学毕业生晓晓在大学期间学习成绩一直名列前茅，三年来年年都获得一等奖学金；同时，晓晓还积极参加社团活动，是多个社团的骨干；毕业时晓晓还被评为优秀毕业生。在选择工作时，面对几家用人单位主动伸来的橄榄枝，晓晓左思右想十分烦恼，总是下不定决心。眼看身边一些平时并不十分出色的同学一个个落实好工作单位，心急火燎的晓晓也匆匆忙忙地跟一家单位签了合同。“我不知道自己到底适合做什么工作”、“我觉得我干什么都行，我对什么都感兴趣”。

【分 析】

很多人在求职时只是一厢情愿地希望自己将来能够从事某种工作，却没有仔细考虑一下自己是否真的适合这份工作，自己是否真的喜欢这份工作。之所以出现这种现象，根本原因在于求职者对自己缺乏正确的认识。

求职前该如何正确认识和评价自己呢？主要应考虑以下四个维度。

1. 知晓知识结构

知识结构，是指一个人所掌握的知识类别，各类知识相互影响而形成的知识框架以

及各类知识的比例。知识结构主要从以下几个方面进行分析：一是自然科学知识和社会科学知识的比例；二是普通知识和特殊知识的比例；三是基础知识和专业知识的比例；四是传统知识和现代知识的比例。在求职之前，知识结构的分析至少对你有两方面的作用：一是根据自己的知识结构，选择适宜的职业；二是针对拟任岗位所需的知识结构，尽快弥补不足，使自己的现有知识结构得以改变，以适应职位的变化。

2. 把握个性心理特征

个性是决定人心理和行为的普遍性和差异性的那些特征和倾向的较稳定的有机组合，主要包括性格和气质两个方面。

性格是人对现实的稳定态度和与之相适应的习惯化了的行为方式中表现出来的个性心理特征的总和。一定的性格适合从事一定的职业，如果自己的性格与所从事的职业需要的性格相反，工作时就会遇到很大的心理冲突。虽然性格一旦形成就具有一定的稳定性，但并不是一成不变的，客观环境的变化和个人的主观调节都会使性格发生改变。所以性格与职业生涯的对应也并非是绝对的，而是具有一定弹性的。

气质是与个人神经过程的特性相联系的行为特征，一般分为胆汁质、多血质、黏液质和抑郁质四种类型，不同气质的人适合从事不同类型的职业。

【拓展阅读】

性格和气质的类型

1. 性格的类型

美国职业指导专家霍兰德提出了性格类型——职业匹配理论。他将人的性格分为六种：现实型、研究型、艺术型、社会型、企业型和常规型。

（1）现实型　这类人通常喜欢有规则的具体劳动和需求基本技术的工作，他们擅长技术性职业，但缺乏社交能力；情绪稳定，不激进，倾向于用简单的观点看待事物，适合的职业主要是 需要用手工工具或机器进行工作的手工工作和技术工作。

（2）研究型　这类人喜欢智力的、抽象的、分析的、推理的定向任务，他们喜欢独立，不愿受人督促；擅长解决抽象问题，尊重客观事实而不愿毫无疑问地接受传统；具有创造精神，但缺乏领导能力，这类人擅长科学研究和实验工作。

（3）艺术型　这类人喜欢通过艺术作品来表达自己的情感，爱想象、有创造力，擅长艺术、文学方面的工作，但缺乏办事员的能力，适合的职业主要是艺术创作工作。

（4）社会型　这类人喜欢社会交往，喜欢有组织的工作，喜欢能让他们发挥骨干作用的工作；关心他人利益，关心社会问题，愿为团体活动工作，对教育活动感兴趣。适合的职业主要包括教师、医生、服务员等为大众做事情的工作。

（5）企业型　这类人喜欢竞争，自信心强，善于说服别人，喜欢权力、地位和财富；性格外向，爱冒险，喜欢担任领导角色，这类人比较擅长管理、销售等工作。

（6）常规型　这类人喜欢有系统、有条理的工作，具有务实、友善和服从的特点，此类人适宜从事办公室职员、办事员、出纳员、会计、秘书等工作。

2. 气质的类型

（1）胆汁质　胆汁质的人行为具有较高的反应性与主动性。这类人情感和行为产生得迅速而强烈，有极明显的外部表现；性格开朗、热情、坦率，但脾气暴躁，好争论；精力旺盛，经常以极大的热情从事工作，但有时缺乏耐心；思维具有一定的灵活性，但对问题的理解具有粗枝大叶、不求甚解的倾向；意志坚强、果断勇敢，注意稳定而集中但难于转移；行动利落而敏捷，说话速度快且声音洪亮。比较适合做反应迅速、应急性强、危险性较大、与人打交道、难度较高的工作，如导游、营销、地质勘探、外事接待人员、节目主持人等。

（2）多血质　多血质的人行动具有较高的反应性，情感和行为动作发生得较快，变化的也快，但较为温和；善于结交朋友，容易适应新的环境；语言具有表达力和感染力，有明显的外倾性特点；机智灵敏，思维灵活，但常表现出对问题不求甚解；在意志力方面缺乏忍耐力，毅力不强。比较适合从事社交性、文艺性、多样化、要求反应敏捷且均衡的工作，如外交人员、管理者、律师、新闻记者、运动员、干警、服务员、演员等。

（3）黏液质　黏液质的人反应性低，情感和行为动作进行得迟缓、稳定，缺乏灵活性；这类人情绪不易发生，很少产生激情；注意力稳定、持久，很难转移；思维灵活性较差，但比较细致；在意志力方面具有耐性，对自己的行为有较大的自制力；态度持重，好沉默寡言，办事谨慎细致，对新的工作较难适应，行为和倾向都表现出内倾型，可塑性差。比较适合从事要求稳定、细致、按部就班的工作，如会计、文员、出纳、法官、外科医生等。

（4）抑郁质　抑郁质的人情感和行为动作进行得相当缓慢，柔弱；情感容易产生，而且体验相当深刻，易多愁善感；往往富于想象，聪明且观察力敏锐，善于观察他人观察不到的细微事物，敏感度高，思维深刻；在意志力方面常表现出胆小怕事、优柔寡断，受到挫折后常心神不安，但对力所能及的工作表现出坚忍的精神；不善交往，较为孤僻，具有明显的内倾性。比较适合细致、持久、敏锐的工作，如编辑、校对、打字、排版、理论研究、化验员、仓库保管员等。

3. 认识个人兴趣

兴趣是个体探究事物的，带有稳定性、主动性、持久性的认识倾向。人的兴趣可以是精神的、物质的、社会的等。如果一个人对某种工作产生兴趣，工作时就会具有高度的自觉性和积极性，反之，则会影响积极性的发展。

兴趣对未来的活动起着准备的作用，是职业生涯选择的重要依据。大学生在择业过程中一定要适当考虑自己的兴趣和爱好，不能为了暂时的眼前利益而选择不适合自己兴趣的职业，这样不仅不能充分施展自己的才能，可能还会贻误终生。

但也应该看到，兴趣在职业选择时只是一个参考因素，并不是一种决定因素，有时还可能给择业带来困惑。如有的人对什么都感兴趣，但没有形成自我特色，在择业时就没有竞争优势；有的人兴趣面太窄，不能满足社会的需要；还有的人个人兴趣与所学专业不一致，也造成职业选择的困难。所以，大学生在择业时要对自己的兴趣进行一个客观的分析，找到适合自己兴趣的职业。同时还要树立正确的人生志向，调整自己的兴趣，适应社会的需要，使自己的才智得到最大程度的发挥。

4. 清楚职业能力

职业能力通常可以分为一般语言能力、数理能力、空间判断能力、察觉细节能力、书写能力、运动协调能力、动手能力、社交能力、组织管理能力等9个方面。如教师、播音员、记者等职业要求有较高的语言能力；统计、测量、会计等职业要求有较强的数理能力；而画家、建筑师、医生等职业对形态知觉能力要求较高；手指灵活能力较强的人则适于从事外科医生、乐师、雕刻家等职业。

职业能力与择业的关系十分重要，是择业的重要依据，是求职者开启职业大门的钥匙。大学生在求职时，应该结合自己的职业能力扬长避短，这样才容易在竞争中胜出。

【案　例】

杨澜成功的求职经历

1990年，在北京外国语大学读大四的杨澜参加了中央电视台《正大综艺》节目主持人的竞聘。

在经过初试进入复试后，面试方对她的综合表现评价很高，但却嫌她不够漂亮。当杨澜和另一位连她自己也不得不承认"的确非常漂亮"的女孩子成为最后的竞争者时，她全部的倔强、好胜心都被激发出来了，她想"即使今天你们不选我，我也要证明我的素质。"

最后的面试题目：一是你将如何做这个节目的主持人；二是介绍一下你自己。杨澜是这样开始的："我认为主持人的首要标准不应是容貌，而是要看她是不是有强烈的与观众沟通的愿望。我希望做这个节目的主持人，因为我特别喜欢旅游。人与大自然相亲近的感觉是无与伦比的，我要把这些感受讲给观众听……。"杨澜侃侃而谈，一口气讲了半个小时，没有一点文字参考。讲完后，所有的面试官都被她征服了，他们不再关注杨澜是否是一个漂亮的主持人了。杨澜胜出了！

【分　析】

从杨澜求职成功的经历，我们发现杨澜赢在自信，赢在客观地看待自己，并巧妙烘托出了自身的优势。

二、资料准备

求职信和简历是求职必备的资料，是求职应聘的敲门砖，是求职者给用人单位的第一印象，对成功择业至关重要。

（一）求职信

求职信也叫自荐信，是求职者在应聘时所用的一种特殊信件。一封真诚且有说服力的求职信，会赢得求职单位的好感，使求职有一个良好的开端。求职信主要用来表达个人求职意向和优势特长，证明自己的能力，以引起用人单位的兴趣。写求职信的礼仪要求如下。

（1）书写规范　求职信要做到格式规范、内容正确、条理清楚、版面整洁。电脑打印出来的求职信，要注意排版美观；而手写的求职信，则要注意字迹工整。

（2）态度诚恳　求职信既要表达出对所求职位的渴望，又要表现出胜任这份工作的自信，同时语气要真情恳切。

（3）实事求是　即实事求是地介绍自己的求职条件和优势，尽量用事实和数据表达，避免假、大、空的描述。

（4）突出特点　求职信要结合求职意向，充分展示自己的特点，包括专业知识、工作经历、社会实践、所获奖励等。

【例　文】

求职信

尊敬的领导：

您好！感谢您能在百忙之中过目此信！

我叫 ×××，是 ×× 大学文秘专业的毕业生。大学四年转瞬即逝，我即将走出校园，踏入"社会"这个更加博大的课堂。我欲谋求贵公司商务助理一职，现在满怀着真诚和自信，向您呈上我的简历。

在学校，我是一名具有较强的独立意识和进取心的学生。大学期间，我一直严格要求自己，四年的努力学习使我积累了扎实的专业知识。"一分耕耘，一分收获"，我的付出也有了回报：×××× 年我因表现优秀，被评为"院三好学生"；×××× 年我又继续努力，获得了"校优秀三好学生"的荣誉。我想成绩虽然只能说明过去，但它却是我努力的印记！

大学生活是丰富多彩的，在学习之外我还注重自己实践能力的培养，积极主动地参加校内外各种社会活动，也取得了不错的成绩：×× 年，我在担任学院学生会组织部干事期间表现优秀，被评为"优秀学生会干部"；×× 年，在学院元旦晚会中因表现突出被评为"文艺先进个人"。同时，在校外我曾在多家公司做过不同性质的兼职工作，将我所学用于实践，并在了解社会的基础上增强了自己的工作能力，为现在的求职打下坚实的基础。

"长风破浪会有时，直挂云帆济沧海"！如今怀着自信的我向您推荐自己，如果能有幸成为贵公司的一员，我愿从小事做起，从现在做起，虚心尽责、勤奋工作，在实践中不断学习，发挥自己的主动性、创造性，竭力为公司的发展添一份光彩。我将用实际行动证明：我因为选择了您而幸运，而您也会因为选择了我而自豪！

最后，衷心祝愿贵公司在竞争中独领风骚，也祝您领导的事业蒸蒸日上！

此致

敬礼！

求职者：××

× 年 × 月 × 日

（二）简历

1. 简历的内容

（1）基本情况介绍　包括姓名、性别、年龄、民族、籍贯、政治面貌、专业、毕业学校、联系方式、个人照片等。

（2）学习情况介绍　包括专业课程开设、取得成绩、所获奖项及职业资格证书等。

（3）实践情况介绍　包括学生会、社团、班级以及校外兼职的经历和奖项等。

（4）专长爱好介绍　宜选择最能突出自身特长的、与用人单位需求相关的特长，不可弄虚作假。

（5）其他　包括参加的科研情况以及特别要说明的问题等。

2. 写作要求

（1）实事求是　根据用人单位的需要和性质有选择地填写自己的经历，充分展示自己的优势，但不要夸大和作假。

（2）简洁明了　简历应当避免大段的段落文字，内容尽量精简，突出重点，层次分明。

（3）排版精美　简历的版面最好控制在一个页面，同时还要注意版面设计合理、美观，制作精良，用标准格式的优质纸张打印。

【拓展阅读】

简历制作五项注意事项

1. 注意不要使用不实的言论

在简历中过度吹嘘会让人觉得反感，求职材料的造假，其实是对自己的不负责任。编造的事实永远不等于事实，一旦弄巧成拙，只会害人害己，尤其是到外企应聘，他们会通过严格的笔试和面试来选拔人才，简历写得再好，如果不能通过考试，也只是枉费心机。如果你的简历中充斥着夸张的内容和美丽的词句，在可能给你颜面增光的同时，也有可能预先埋下了窘迫的伏笔。在面试中，招聘者虽然会按招聘要求进行提问，但如果招聘者的简历中提到了一些新奇的话题、突出的成绩或者明显不合逻辑的工作内容，极有可能被问个清楚。切记，简历中的任何字句，都有可能成为面试中的话题。

2. 注意不要过分谦虚卑微

没有工作经验其实是应届毕业生的优势，用人单位看中的正是毕业生的潜力，太过谦虚会让人觉得你的自信心有问题。如果在校时已学过许多与所聘工作有直接关联的知识，就一定要在简历中体现出来，以证明你有挑起岗位职责的实力。如果你有各种各样的社会实践和经历也不要省略，这些即使与所聘职位关系不大或没有直接关系，但这至少能够证明你有学习、实践并尽快适应各种工作的能力。

3. 注意不要太“假大空”

“给我一个支点，我将撬起整个地球”、“给我一个机会，我会还公司一个奇迹”……，这样的豪言壮语在大学生的求职简历中比比皆是，这样的言语听了虽然能让人感受到你的豪情壮志，但不免显得有些虚伪和做作。还有的应届毕业生在简历中把自己写成全才，无所不通、无所不会、无所不能，看到这样的简历，招聘者往往会摇摇头将其淘汰。

4. 注意不要太啰唆烦琐

简历之所以叫简历，就是要简洁明了地介绍自己，如果像写自传一样，一定过不了简历评审关的。同时，简历的主要目的是介绍自己能够胜任所聘工作的优势和特长，所以事实和数据胜过长篇大论。最后，简历一定要打印整齐、装订仔细，要让人一看到简历就能感觉到你是个井井有条的人。

5. 注意不要随意选择证明人

简历中一般可列举3～5个证明人作为你竞聘的资格、工作能力和个人情况的证明人。

证明人的选择要慎重，最好选择具有一定的权威性和知名度的人来担任。注意最好不要选择自己的父母或亲戚作证明人，因为在别人眼里，他们的保证通常是不可信的。

三、求职途径

1. 人才招聘会

人才招聘会是由人力资源服务机构为用人单位和人才之间双向选择提供交流洽谈场所和相关服务的中介活动。通常在毕业季，各层次的招聘会会层出不穷，为毕业生提供大量的求职信息。所以每位求职者一定要按照自己的职业规划来选择职位，以提高求职的成功率。

2. 学校推荐

每所学校都设有毕业生就业指导中心，负责全校毕业生的就业工作。用人单位可以直接到学校进行人才招聘，学校也可以推荐合适的人选给用人单位。这种方式成功率高、针对性强也更安全可靠。很多职业院校与用人单位签订了“订单班”培养协议，学生毕业后就可以直接上岗就业。

3. 报刊招聘

每个城市都会有专门的招聘类报纸杂志，求职者购买后就可以获取最新的招聘信息。此种途径的招聘信息具有很强的针对性，一般在刊登之日起一段时间内有效。由于在报刊上发布招聘广告需要一定的资金投入，故相对网络招聘来说，此种方法可以有效杜绝虚假招聘。

4. 网络招聘

网络招聘是企业通过自己公司的网站、第三方招聘网站等机构，使用简历数据库或搜索引擎等工具来完成招聘过程。这种方式可以迅速、快捷地传递信息，而且还可以瞬间更新信息。这种基于招聘双方主动性的网上交流，提高了求职的效率。目前在国内，主流的招聘网站主要是智联招聘、前程无忧、中华英才网等。

任务二　面试礼仪

一、面试前的准备

（一）带齐相关资料

（1）招聘广告的相关资料　面试时，你可能随时要翻阅招聘广告上的资料，所以最好随身携带一份。

（2）个人求职相关材料　包括个人简历、求职信等。面试时考官通常会针对求职材料上的相关信息发问，或者你还需要分发给其他到场的面试官，所以备齐 3 ～ 5 份为宜。

（3）个人相关证件　包括身份证原件、所获证书的原件、复印件以及个人证件照等。

（4）笔和笔记本　一方面，可查看准备面试时的相关记录，同时，可以有针对性地记录重要信息。

（二）求职形象设计

美国形象设计大师罗伯特·庞德曾经说过："服装是视觉工具，你能用它达到你的目的。你的整体展示——服装、身体、面部、态度等为你打开凯旋、胜利之门，你的出现向世界传递你的权威、可信度、被喜爱度。"在如今激烈竞争的社会环境下，个人职业形象日益成为一种核心竞争力，它不仅能够彰显个人的专业实力和职业素养，更能够整体影响所在组织的公众形象和综合实力。因此，求职形象设计已经成为大学毕业生在求职活动中继学历、证书、社会实践经验等硬件条件准备之外的又一个不可或缺的必备要素。

1. 求职形象设计的原则

（1）整洁原则　在任何情况下，个人形象都应该给人以整洁的印象，包括发型整洁、服饰整洁等。尤其是夏天，人容易出汗，求职者要特别注意保持干净整洁。

（2）整体性原则　求职者的发型、服饰以及妆容都应该整体统一、互相协调，体现出和谐的整体美。

（3）个性化原则　求职者的个人形象要体现个人的气质和特点，发型的选择、服饰的选择以及搭配都能体现个人特点，以便给考官留下深刻的印象。当然，过于标新立异和哗众取宠的个人形象在求职中是不受欢迎的。

2. 男士职业形象设计

干净整洁是对男士的基本要求。头发要无汗味、无头屑，不要弄太多的发胶把头发弄得像刺一样硬；发型的款式也要自然大方，不怪异、不太长也不太短；胡须要每日一理，刮干净；嘴巴、牙齿清洁干净、无食物残留、无异味；指甲剪短并精心修理，手指头干净，没有多余的死皮。

男士的服装选择比较简单，大部分情况下可以一套西服"走天下"。西服的选择以藏青色为最好，搭配的正装衬衣以白色、蓝色或灰色为宜，领带可选真丝的材质，皮鞋以黑色为宜，袜子应是与西服同色系的深色棉袜，再配以深色公文包。

3. 女士职业形象设计

职场女性要追求端庄大方。女士的发型要文雅、庄重，梳理整齐，不要染鲜艳的颜色；化妆要自然、通透，切忌浓妆艳抹或一味追求时尚艳丽；指甲要干净、整洁，修剪得体，长度适中，不要涂成彩色；配饰要大方得体，不要佩戴夸张的首饰。

女士最好选择职业装参加面试，一方面体现对考官的尊重，另一方面可以展示自己的职业感。虽然女士职业装款式多样，但一般不要选择鲜艳、暴露和紧身的服装。女士职业装以裙装为宜，切记一定要穿丝袜。同时，可以选择一些小巧、精致的饰品来进行搭配。最后，选择风格稳重的手提包就可以了。

【拓展阅读】

面试着装五忌

禁忌一：着装过于褶皱或者有污渍

衣服褶皱或者有污渍是面试官最不能容忍的事情。会让主考官觉得你没有信心，准备不充分，对这个面试不够重视。此外，时下流行仿脏污、故意抓皱褶的前卫风服装，也许看起来很“酷”，绝不适合穿去面试，会让主考官对你留下个性吊儿郎当、没有诚意等一系列的负面印象。

禁忌二：着装过于可爱或艳丽

着装过于可爱或艳丽会把主考官的眼光都吸引到你的衣服上去，这样不但分散了主考官的注意力，也会让自己有种坐立不安的不确定感觉。多数企业都要求员工踏实稳重，而太过可爱或艳丽会给人以太孩子气和太花哨的错觉，从而降低了职业信任度。

禁忌三：着装搭配不当

服饰搭配的恰当与否是确定一个人个人素质的起码考量。混搭的个性时装是不适合面试的。太过抢眼的着装，某些单位可能会对你的个性表示认可，可是这并不表示你获得了这份工作。要大方得体，适合自己和面试要求！

禁忌四：浑身名牌

浑身名牌的穿着，会让面试考官觉得你不踏实，是个很败家的形象。毕竟你是去面试的，不能给人以高高在上的压迫感，这样会给考官留下你不是来面试而是来做官的错觉。面试要诚恳，所以拜金的形象还是留给以后你有资格的时候，面试时就放弃吧！

禁忌五：着装不合体

不合体是面试着装里最常见的问题之一。很多人没有做好准备，就想着向同学或者朋友借衣服，还有的向父母借。虽然没有衣着不恰当的情况，可是很多人却因为衣服不合体而大出洋相。所以，为自己准备1～2套适合面试穿的衣服还是很必要的。

二、面试时的礼仪

有句话叫做：“细节决定成败。”被通知参加面试就等于求职者获得了这个岗位50%的机会，而最后的成功就掌握在面试的表现上。因此求职者不仅要展现自己的才华，还要遵循面试时的礼仪，留心每一个细节，争取给面试官留下最好的形象，从而获得工作的机会。

1. 守时

守时是职业道德的基本要求。如果你面试迟到，无论什么理由都会被视为缺乏自我管理能力。求职者以提前5～10分钟到达面试地点为宜，这样表示自己的诚意；同时也有时间调整自己的心态，作一些简单的仪表准备，以免仓促上阵、手忙脚乱。为了避免迟到，求职者应该提前知道面试的地点，熟悉交通路线。如果面试官迟到了，不要因为这点而影响自己的情绪。

2. 耐心

不是每个求职者进入面试单位后都可以马上开始面试。一般来说，求职者需要先填写相关表格，然后在等候室等待面试。在这个过程中，要审视自己的仪容仪表是否符合礼仪，时刻注意自己的站姿和坐姿。不要四处张望或者随意与其他求职者搭讪，因为你的言行对周围人的影响是难以把握的，这也许会导致应聘失败。

3. 礼貌

接到面试通知后，如果面试房的门关着，应先敲门，得到允许后再进入。开关门的动作要轻，以从容、自然为好。进去后，应面带微笑、主动问好，在得到面试官示意后方可入座。注意自己的坐姿，不要大大咧咧、左顾右盼。

4. 技巧

面试的各个阶段都有很多技巧，要做到沉着冷静、机智幽默并不是一件很容易的事情。一般在开始阶段，因为首因效应的影响，求职者可能已经被面试官定型了，求职者需要做的就是逐渐将面试官朝自己所希望的方向引导。在面试初期，考官的提问一般很自然、随意，目的是消除求职者的紧张和焦虑情绪。核心交谈阶段，求职者要时刻保持举止优雅大方，谈吐谦虚谨慎，态度热情积极。面试尾声时，面试者也许会问一些尖锐的问题来深入了解求职者或者考察求职者的抗压能力。总的来说，面试的制胜关键就是把自己最光彩、最亮丽的地方以恰当的语言和行为表现出来。

5. 告辞

面试不是闲聊，时间也不是无限的。面试官认为已经达到自己的目的时，往往会说一些暗示的语言来结束面试。比如“很感谢你对我们招聘工作的支持”、“我们会尽快通知你面试结果的”等。这时，求职者应微笑起立，感谢用人单位给予自己的面试机会，但不要主动握手告别（除非面试官先伸出手来），然后大方转身离开。

【拓展阅读】

企业面试考核关注重点

1. 仪表风度

这是指应聘者的外貌体型、衣着举止、精神状态等。像教师、公关人员、文秘等职位，对仪表风度的要求较高。对应聘者来说，在面试过程中，要做到仪表端庄、衣着整洁、举止文雅，这样才能给面试官留下做事有规律、注意自我约束、责任心强的良好印象。

2. 专业知识

企业会了解求职者掌握专业知识的深度和广度，其专业知识更新是否符合招聘岗位的要求，作为对专业知识笔试的补充。面试对专业知识的考查更具灵活性和深度，所提的问题一般也更接近空缺岗位对专业知识的要求。

3. 实习实践经验

企业一般会根据求职者的个人简历或求职登记表所提供的实习实践经历，作相关的提问。主要了解求职者有关实习背景及过去的实习实践经历情况，以补充、证实其所具有的实践经验，通过对实习经历与实践经验的了解，还可以考察应聘者的责任感、主动性、思维力、口头表达能力及遇事冷静与否等。

4. 口头表达能力

主要考察求职者是否能将自己的思想、观点、意见或建议清晰明了地用语言表达出来。考察的具体内容包括：表达的逻辑性、准确性、感染力等。不同的公司、不同的职位对应聘者口头表达能力的要求也不同。对外资企业来说，英文的口语表达能力几乎是面试过程中的必考项目。

5. 综合分析能力

考察求职者是否能对面试官所提出的问题，通过分析抓住本质，并且说理透彻、分析全面、条理清晰。

6. 反应能力与应变能力

主要考察求职者对面试官所问的问题理解是否准确，回答是否迅速、准确等，对突发问题的反应是否机智敏锐、回答恰当，对意外事情的处理是否得当、妥帖等。

7. 人际交往能力

在面试中，面试官通过询问求职者经常参与哪些社团活动，喜欢同哪种类型的人打交道，在各种社交场合扮演什么角色等，可以了解求职者的人际交往倾向和与人相处的技巧。

8. 自我控制能力与情绪稳定性

自我控制能力对一些在服务性岗位的工作人员来说是非常重要的，他们一方面要面对自上而下的工作压力，同时还要应对不同的服务对象，所以在工作中保持克制、容忍和理智是十分重要的。

9. 工作态度

面试官在面试过程中一是考察求职者对过去学习、工作的态度，二是了解其对所应聘职位的态度。在过去的学习或实习实践中态度不认真，做好做坏无所谓的人，在新的工作岗位也很难做到勤勤恳恳、认真负责。

10. 上进心、进取心

上进心、进取心强烈的人，一般都有事业上的奋斗目标，并会为之而积极努力。表现为努力把现有工作做好，且不安于现状，工作中常有创新。这是深得面试官喜欢的品质。

11. 求职动机

面试官希望了解求职者为何希望来公司工作，对哪类工作感兴趣，在工作中追求什么，判断本公司所能提供的职位或工作条件等能否满足其工作要求和期望等。

三、面试后的礼仪

许多大学生求职者只留意面试时的礼仪，而忽略了面试后的完善工作。实际上，面试结束并不意味着求职过程的完结。求职者不应该只是翘首企盼聘用通知的到来，还有以下 3 件事情要做。

1. 致谢

面试结束并不意味着求职过程的结束。为了加深招聘人员的印象，增大求职成功的可能性，面试结束后两三天内，最好给主考官打个电话、发条信息或写封电子邮件表示感谢。致谢的内容可以是感谢招聘单位给自己的面试机会，也可以是感谢他们在面试过程中给自己的教诲，这样做一般可以体现求职者的良好教养。另外，致谢时一定要提及自己的姓名及简单情况，也可以再次强调对招聘单位浓厚的兴趣。

2. 礼貌地询问结果

一般情况下，用人单位要经过研究、讨论来确定最终录用人员。这一过程短则三五天，长则十天半个月，求职者在这段时间内一定要耐心等待。面试结束后的两个星期左右，如果还没有得到任何回音，或者已经过了许诺的答复时间，就可以给用人单位打个电话，询问一下面试结果。打电话询问一定要礼貌，询问时长也应有所控制，无论是否被录用，都应向对方表示感谢。

3. 自我反省和总结

一次面试只是完成了求职中的一个阶段，一般来说，求职者会同时参加几家单位的面试。所以，在一次面试之后，求职者应该对着自己的面试表现作个总结。对自己发挥较好的地方要继续发扬，对自己表现不足的地方要吸取教训，避免再犯。

【案　例】

两块钱的故事

在一次招聘会上，北京某单位的人事经理说，他们本想招一名有丰富工作经验的资深会计，结果却破例招了一位刚毕业的女大学生，而且是位大专生。让他们改变主意的起因只是一个小小的细节：这个学生当场拿出了两块钱。

人事经理说，当时，女大学生因为没有工作经验，在面试一关即遭到拒绝。但她并没有气馁，一再争取参加笔试，结果以第一名的成绩通过了笔试，由人事经理亲自复试。可是，复试时人事经理有些失望，因为女孩说自己刚大专毕业，没有工作过，唯一的工作经验是在校学生会掌管过财务。找一个没有工作经验的人做财务会计不是他们的预期，经理决定收兵："今天就到这里，如有消息我会打电话通知你。"女孩从座位上站起来，向经理点点头，从口袋里掏出两块钱双手递给经理："不管是否录取，都请给我打个电话。"

经理很诧异，追问道："如果你没被录取，我打电话，你想知道些什么？""请告诉我，在什么地方我不能达到你们的要求，在哪些方面不够好，我好改进。""那两块钱……"女孩微笑道："给没有被录用的人打电话不属于公司的正常开支，所以应该由我付电话费，请您一定打。"经理笑了："请把两块钱收回，我不会打电话了，我现在就通知你，你被录用了。"

后来有人问："仅凭两块钱就招了一个没有经验的人，是不是太感情用事？"经理说："不是，她的衣着和举止非常得体，许多面试细节反映了她作为财务人员所应具有的良好素质和人品，人品和素质有时比文凭和经验更为重要。"

【分　析】

女孩能够被录用，主要有四个方面的原因：一是她不轻易放弃的坚毅品质，是从事繁杂的财务工作必备的；二是她坦言自己没有工作经验，显示了从事财务工作不可或缺的诚信品质；三是即使不被录取，也希望得到别人的评价，说明她具有追求卓越、不断进步的精神；四是女孩自掏电话费，反映了她公私分明的良好品德，这也是财务工作者的特质。

任务三　入职报到礼仪

当用人单位最终发出录用通知，这标志着一个求职者的求职历程取得了关键性"胜利"，但紧接着一个全新的环境又将摆在求职者面前。要想在职场中站稳脚跟并做到可持续性发展，仅有过硬的工作能力是远远不够的。作为一个职场新人，还必须具备一定的礼仪修养。

一、报到礼仪

1. 了解工作单位

正式到用人单位报到前，求职者一定要先对将要供职的单位有所了解。了解用人单位的基本情况，了解自己未来岗位的要求等。了解得越全面，越有利于入职后较快进入角色，适应新环境，胜任新岗位。

2. 按时报到上班

求职者一定要确认好职场报到的具体时间、地点、联系人以及要求携带的材料，并在报到那天按照要求准时报到，千万不可迟到。报到后开始正式上班，作为新人应该遵守单位和部门的各项规定，按时到岗、遵章守纪；同时要表现得稳重大方、干净利落，遇到不明白的地方要虚心好学、不耻下问；特别注意要尽可能地了解和熟悉管理各项业务工作的负责人，尤其是顶头上司和同事的姓名、职责等。一定要仔细听清并记住同事的姓名，尽早记住，以便区分。

二、入职礼仪

（一）营造一流工作环境

有些人认为工作环境乱点没关系，其实不是这样的，工作环境常常和工作效率联系在一起。保持工作环境的干净是对职场新人起码的要求。

1. 保持卫生

卫生的办公环境能提高工作效率，又体现了对人的尊重。所以要对办公环境勤打扫、勤擦拭，妥善处理清扫后的垃圾，尤其要注意保持各种办公设备和必备生活用品的卫生。要保持办公环境的卫生还应经常消毒，因为办公环境也是各种病毒、细菌较为活跃的地方。

2. 保持整齐

首先要将办公桌椅和其他较大办公用具尽可能倚墙靠角呈直线放置。其次对办公所需的各种小件，如钢笔、信笺、胶水、订书机等，应根据使用频率合理放置在不同位置，对生活用品如废纸篓等应放在不显眼的地方。

3. 保持明亮

在明亮的办公室办公，人们的心情更舒畅、行为更自然，有利于提高工作效率。首先要注意采光好，并合理选择人工光源；其次要注意墙壁等处的布置，做到整洁干净，不张贴无用的装饰品等。办公室的明亮也是保持卫生和整齐的基础。

4. 保持安静

安静的办公环境能够使人心情平稳，高效地工作。置身其中的人要自觉创造、保持和维护安静的状态，不大声叫嚷，不废话连篇，即使进行必要的交谈，也应该做到不影响他人。在使用办公设备时，要注意尽量减少声音的强度。

（二）职场人际关系礼仪

1. 树立团队合作意识

团队精神是现代企业文化的重要内容，是现代企业团结和凝聚员工精神的因素。职场中，员工只有通过最佳的合作才能达到资源的最佳组合，进而为企业带来更多的效益。职场新人上岗后要主动融入组织之中，与大家共同营造互动互惠的同事关系。具备积极的团队合作意识和精神是新人上岗后处理好人际关系的基础条件。

2. 积极运用沟通技巧

善于沟通是处理好职场人际关系的必备条件。不论身处何位，职场新人都应该努力使自己成为职场的沟通专家，善于使所在的职场环境处于一种良好的沟通状态，能够在适当的时机、用适当的语言和适当的态度说话。这就要求新人上岗后管理好自我情绪，建立个人处事风格，使自己能与外界融洽相处。

3. 不要玩弄阴谋诡计

职场充满竞争，但这种竞争应该是公开的、透明的。上岗新人切记：职场忌讳那些搬弄是非、玩弄阴谋的行为；讨厌那些暗地里使绊子、背地里损人的做法。职场鼓励在合作基础上的竞争行为，而且这种竞争行为应是富于竞争者人格魅力的，不是拉帮结伙或任人唯亲。

4. 不要带入个人好恶

每个人都有着自己的好恶，因为每个人都有着不同于他人的个性，都有着不同于他人的眼光。但在职场生涯中，千万不要将个人的好恶带入职场，更不能将自己的好恶标准强加于人。同处某一职场，你可能不喜欢某一同事的穿着服饰，可能不同意某一同事的观念看法，最好做法是保持沉默，不要妄加评论，也不能以个人好恶标准去人为地划分异同。职场中多一分包容就会多赢得一分尊重和支持。

5. 不要涉及他人隐私

每个人都会有个人隐私，也有保护个人隐私的权利，职场中随意侵犯他人隐私应该说是一个大忌。不论上司、同事，还是有着某种人际关系的其他人，职场中人都不要轻易侵入对方隐私的“领地”，即使对方和自己是最要好的朋友。职场中以窥探他人隐私为乐的人被视为没有修养的、低素质的人。所以职场新人在工作上、生活上讲究互惠互助，但一定不要介入他人隐私，要时刻把握好交往的尺度。

6. 创建健康的异性关系

职场中人必须面对并处理好同事间的异性关系。男女在工作中各有优势，而且异性相处和谐愉快，也能促进工作效率的提高。但是，在处理职场异性关系时，一方面要注意性别互补、发挥各自优势、取长补短；另一方面更要注意异性交往的尺度，避免异性之间交往过密，更不能将私人感情带入职场办公环境中来，否则会带来诸多工作、生活上的不必要的麻烦；另外，身处职场，必须增强自我防范意识和自我保护能力，避免性骚扰，使异性同事关系向着健康方向发展。

【实训练习】

一、**实训情景：**某公司招聘办公室主任助理，由于待遇优厚，应聘者甚多，文秘专业应届毕业生小王信心满满地前往面试。在大学三年中，小王取得了丰硕的成绩：连年获得一二等奖学金、多次被评为三好学生和优秀学生干部、在院学生会担任要职、多次策划组织大型活动、英语表达流利、文字功底也很强，多次在各级刊物上发表文章。还有，小王五官端正，身材高挑、匀称，可谓“才貌双全”。

面试时，招聘者拿着小王的材料等她进来。小王戴着两个硕大的吊坠耳环，穿着迷你裙，涂着鲜艳的唇膏，轻盈地走到一位考官面前，不请自坐，随后跷起了腿，笑眯眯地等着问话。孰料，三位招聘者互相交换了一下眼色，主考官说：“王小姐，请回去等通知吧。”她喜形于色，挎起小包飞跑出门。请问：小王会得到这份工作吗？

训练目的：通过对小王面试情景的分析，明确面试时的礼仪要点。

实训设计：1. 学生分小组讨论小王面试中存在的问题；

2. 选拔学生代表每人模拟一个角色，针对面试场景进行表演；

3. 各组派一名代表组成评判组评判面试同学的表现；

4. 教师点评，实训结束。

实训条件：教室或情景模拟实训

实训时间：1 课时

教师主要观测点：本实训主要考查学生对面试礼仪要点的掌握。学生一方面要在实训中分析小王面试的正误点，同时置身情景中进行模拟面试体验。教师可通过学生的讨论、表达和表演三个维度考查学生对面试技巧的掌握程度。

二、**实训情景：**某职业学院学生小许参加了某公司面试。现在是面试后的第二天，小许准备给当天面试他的人力资源总监刘经理表达一下谢意。他可以通过两种方式表达谢意：一是给刘经理打个电话；二是给刘经理发封 E-mail。

训练目的：通过本实训的角色扮演，让学生更好把握面试后的礼仪。

实训设计：1. 学生分小组角色扮演小许电话向刘经理致谢的情景；

2. 每位同学代小许写封感谢信；

3. 小组交流及互评；

4. 教师点评，实训结束。

实训条件：教室或情景模拟实训室

实训时间：1 课时

教师主要观测点：1. 学生电话致谢之前准备工作是否充分，是否有清晰的表达要点；

2. 打电话时礼仪规范是否到位；

3. 面试后的感谢书信是否正确规范，简洁明了；

4. 最后还应注意 E-mail 发送的礼仪。

三、**实训项目：**案例阅读与讨论

案例：毕业于外贸学院的小静刚进入一家公司工作不久，便签下了一笔数额不小的订单。之后她的聪明与才能在工作中得到了充分发挥，令人不可小觑，她的顶头上司在大会小会上对她大加赞赏。在工作之余，喜欢享受生活的上司开始约她出入酒店、咖啡屋等场所，小静为自己刚进公司就遇到赏识自己的上司而高兴。不久，小静发现上司对自己做出一些亲密的举动，比如送一些小礼物、拍拍肩膀、碰碰手臂等，小静深感为难，但又无法拒绝，再接下来，风言风语就传开了。小静觉得很冤枉，她全身长满嘴也解释不清，最后她只能辞职，远离了是非之地。

讨论：1. 从小静的身上你吸取了什么教训？

2. 如果你是小静，你会如何处理和异性同事的关系？

训练目的：本实训通过小组讨论，让学生把握职场新人人际关系处理技巧。

实训设计：1. 学生分析案例提出的问题，拟出案例分析提纲；

2. 分组讨论，形成小组案例分析报告；

3. 各组选派一名代表进行组间交流并回答评判组提问（各组派一名代表组成评判组）；

4. 教师点评，实训结束。

实训条件：教室或情景模拟实训室

实训时间：1 课时

教师主要观测点：1. 观测各小组的合作状态以及成员的参与性；

2. 观测学生对职场人际关系礼仪的把握程度，为后续训练搜集信息。

【复习思考题】

1. 常用的求职途径有哪些？求职前应如何做好自我定位？
2. 结合自身实际，谈谈面试前在个人形象上要注意哪些问题？
3. 面试中要注意哪些礼仪规范？
4. 结合自身性格特点，谈谈初入职场的你将如何处理人际关系？

【参考文献】

[1] 史锋．商务礼仪．北京：高等教育出版社，2012.

[2] 杜海忆，鄢向荣．人际关系与通用礼仪．天津：天津大学出版社，2011.

[3] 应届生求职网．应届生求职面试全攻略．上海：上海交通大学出版社，2012.

[4] 王珺之．通用就业力——大学生求职通行证．北京：中国计量出版社，2010.

[5] 金常德．现代交际礼仪．大连：大连出版社，2012.

项目九　生活中的礼仪习俗常识

【学习目标】

- 动态掌握涉外礼仪基本通则并能在涉外活动中灵活运用。
- 了解我国主要客源国的礼仪习俗。
- 了解我国部分民族礼仪习俗。
- 了解各国、民族礼俗禁忌。

【项目架构】

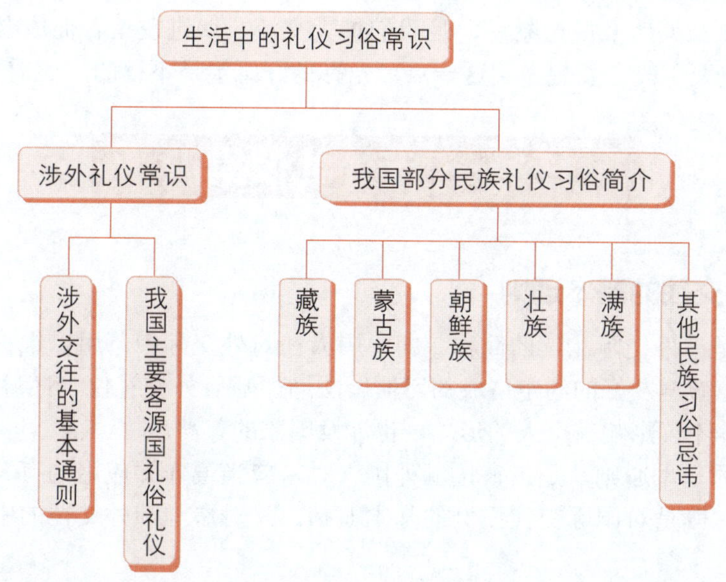

【工作任务】

情景：某日是国能电力公司与美国 PALID 公司在多次谈判后达成协议，准备正式签字的日期。国能电力公司将公司总部十楼的大会议室作为签字现场，并做好了签字仪式的现场准备工作。在会议室摆放了鲜花；长方形签字桌上铺设了深绿色的台呢布，摆放了中美两国的国旗。美国国旗放在签字桌左侧，中国国旗放在右侧；签字文本一式两份放在黑色塑料的文件夹内，签字笔、吸墨器文具分别置放在两边；会议室空调温度调至 20℃……办公室陈主任检查了签字现场，觉得一切安排妥当，他让办公室张小姐通知国能电力公司董事长、总经理等我方签字人员在会议室等待，自己到楼下迎接客商。

上午 9 点，美方总经理一行乘坐的轿车准时驶入国能电力公司总部，陈主任在门口迎候。他见副驾驶座上是一位女宾，陈主任先为前排女宾打开车门，并做好护顶姿势，同时礼貌地问候对方。紧接着，陈主任迅速走到右后门，准备以同样动作迎接后排客人，不料，前排女宾已经先于他打开了后门，迎候后排男宾。陈主任急忙上前问候，但明显感觉女宾和后排男宾有不悦之色。陈主任一边引导客人进入大厅，来到电梯口，一边告知客人，董事长在会议室等待。电梯到达十楼后，陈主任按住电梯控制开关，请客商先出，自己后出，然后引导客人到会议室。在会议室等待的国能电力公司的签字人员在客人进入会议室时，马上起立鼓掌欢迎，刘董事长从座位上站起，主动向对方客人握手。不料，美方客人在扫视了会议室后，不肯就座，好像是临时改变了主意，不想签字了。问题出在哪里呢？

任务：1. 国能电力公司安排的这次签字活动有不当之处吗？请对其进行评判。

2. 外方客人不悦和临时变卦的主要原因是什么？

点评：《礼记》云“入境而问禁，入国而问俗，入门而问讳”。人类的交际文明是建立在恪守人类数千年来形成的常规习俗这一基础之上的。国能电力公司的相关工作人员有良好的合作愿望，由于对涉外交际的有关礼节规范缺乏了解，导致他们在交际中陷入尴尬困难的境地。

在经济全球化的今天，掌握涉外礼仪常识和规范，了解并尊重不同国家、不同民族的传统文化、风土人情及民俗禁忌，是我们扩大交流、增进友谊、促成合作，更好地融入国际社会的重要手段。要想做到这一点，光有良好愿望是不行的，还需要系统的学习。

任务一 涉外礼仪常识

一、涉外交往的基本通则

涉外礼仪是涉外交际礼仪的简称。即中国人在对外交际中，用以维护自身形象、对外交对象表示尊敬与友好的约定俗成的习惯做法。它包括：外交礼仪、习俗礼仪、宗教礼仪。个人的礼仪修养不仅影响着个人的形象，也涉及国家的尊严。

涉外交往的基本通则，是指在接触外国人时，应当遵守并应用的有关国际交往惯例的基本原则。它既是对国际交往惯例的基本概括，又对参与涉外交往的中国人具有普遍的指导意义。

（一）不卑不亢

礼者，敬人也，礼仪的第一要旨是尊重，同时强调，尊重从来都是相互的。不卑不亢，就是对对方表现出一种节制和礼节，热情时不殷勤，冷淡时不失礼，愤怒时不失控。不卑不亢是涉外交往的基本原则。

【案　例】

周恩来总理的外交故事

周恩来总理在几十年的外交生涯中，一直以德高望重，幽默风趣著称。不管在何种场合，遇到什么样的对手，周总理都能以超人的智慧，应酬自如。

1. “派克”的来历

20 世纪 50 年代，有一次，周恩来总理在办公室接待一位美国记者。记者看到总理办公桌上有一支“派克”钢笔，便带着几分讽刺，得意地发问：“总理阁下也迷信我国的钢笔吗？”周恩来总理听了风趣地说：“这是一位朝鲜朋友送给我的。这位朋友对我说：‘这是美军在板门店投降签字仪式上用过的，你留下作个纪念吧！’我觉得这支钢笔的来历很有意义，就留下了贵国的这支钢笔。”美国记者的脸一直红到了耳根。

2. 18元8角8分

新中国成立初期，中国的经济还比较困难。在一次记者招待会上，一个西方记者不怀好意地问：“请问，中国人民银行有多少资金？”周恩来总理委婉地说：“中国人民银行的货币资金有18元8角8分。”当他看到众人不解的样子，又解释说：“中国人民银行发行的面额为10元、5元、2元、1元、5角、2角、1角、5分、2分、1分的10种主辅人民币，合计为18元8角8分”……

【分　析】

不卑不亢是涉外交往的基本原则。上述案例中，面对个别外国记者的挑衅，周恩来总理都能以超人的智慧，有礼有节，落落大方的进行了还击；又没有妄自尊大、嚣张放肆，很得体地维护了中国的国际形象。

（二）入乡随俗

各国的文化传统与我国有很大不同，在礼仪习俗上与我国相比很自然地存在着差别。即使欧美国家之间，不同的国度、民族间，甚至同一个国家的不同区域间，礼仪习俗也有区别。这就要求在与外国客商进行交往时首先要了解对方的一些礼仪习惯，因人施礼，才不至于造成误会甚至闹出笑话。

【案　例】

日本客人怎么了?

国内某家旅行社，有一次接待日本旅行团。在旅行结束之时，他们准备送每人一件小礼品。考虑到中国丝织品闻名于世，于是，该旅行社订购了一批苏州制作的纯丝手帕。在精致的木质盒子里放着四块手帕，每块手帕上分别绣着代表春夏秋冬四季的图案，十分美观大方。旅行社想这样的礼品会受到客人的喜欢。

旅游接待人员带着盒装的纯丝手帕，来到机场为客人送行。出乎意料的是，看到礼物的日本游客一片哗然，议论纷纷，显出很不高兴的样子。有的人还特别拿出一条绣着荷花图案的手帕，表现极为气愤。送行的旅游接待人员感到非常诧异：好心好意送人家礼物，不但得不到感谢，还出现这般景象。一向彬彬有礼的日本客人怎么了？

【分　析】

首先，在日本，数字“4”的发音和“死”相同，故在赠送礼品时，切勿赠送数字为“4”的礼物，否则会产生误会。而某些日本游客特意指的那条绣有荷花图案的手帕，是因为荷花在中国是出淤泥而不染的象征，但是在日本却是妖花。本案例告诉我们：涉外交往中，

了解外国人的风俗习惯是对他们最大的尊重。

（三）信守约定

信守约定，是国际交往中的一种社会规范。国际社会认为，不遵守承诺，不履行承诺，胡乱许诺是没有教养的行为。为此要做到以下 3 点。

（1）必须谨慎许诺　一切从自己的实践能力以及客观可能性出发，切勿草率从事，轻易承诺。凡承诺和约定必须慎之又慎，一定要字斟句酌，考虑周全。

（2）必须如约而行　承诺一旦做出，就必须要兑现，要如约而行。应尽可能地避免对已有的约定任意进行修正变动，只有这样才能赢得交往对象的好感与信任。

（3）必须失约致歉　如果由于遭受不可抗力，致使自己单方面失约，或是有约难行，需要尽早向有关各方通报，如实地解释，并且还要郑重其事地向对方致以歉意，并主动负担给对方造成的损失。

【案　例】

一次难忘的赴宴经历

李燕刚刚来到英国留学，这一天，她接到一位同学的邀请，去参加她的生日宴会。李燕非常高兴，准备了礼物和鲜花前去赴宴。考虑到外国人的时间观念都很强，李燕提前 15 分钟来到同学家门口，她觉得提前一点儿到，可以表示对主人的尊敬。但是，按了门铃好久，也没有人给她开门。她以为同学没有听到，就又一次按了门铃。过了一会，门打开了，同学出现在门口，但是接过李燕送上的礼物的同学显得不太高兴，她对李燕说："你这么早就到了？我还没有化好妆呢！"

【分　析】

英国人的时间观念非常强，而且照章办事。若到英国人家去赴宴，不能迟到，也不能早到，以防主人还未准备好，导致失礼。

（四）实事求是，不必过谦

实事求是是涉外交往中必须坚持的一个重要礼仪原则。中国人在待人接物时，奉行的是"满招损，谦受益"的古训。在对自己的所作所为进行评价时，大都主张自谦、自贬，不提倡多作自我肯定，尤其是反对自我张扬。外国人特别是西方人往往喜欢直率的谈吐，而禁忌那些言不由衷的客套。

【案　例】

一次尴尬的对外宴请

清朝时，大臣李鸿章有一次宴请美国官员，地点是在美国的一家饭店，备下的酒菜十分丰盛。李鸿章依照中国的惯例对来宾说："粗茶淡饭，薄酒一杯，不成敬意，多多包涵。”美国来宾望着桌上琳琅满目的酒菜，对他说的话大惑不解。这倒不要紧，美国饭店的老板可大为不满了，这岂不是影响饭店的声誉？因此，非要李鸿章说出饭菜粗在哪里，酒薄在哪里？

【分　析】

上述案例虽说是一则逸闻趣话，却也说明了东西方礼仪习俗的不同。西方人的习惯是：既然诚心诚意地宴请客人，当然应竭尽全力。所以“粗茶淡饭”、“薄酒”怎不使美国人大惑不解，使饭店老板“抗议”呢？所以在外国人面前实事求是是十分必需的。

（五）讲究次序

涉外交际中，对出席活动的国家、团体、人士的位次按某些规则和惯例进行排列，这种排列的先后次序被称为礼宾次序。为使国际交往顺利进行，必须讲究礼宾次序。

礼宾次序的排列规则多样：有时按宾客的身份与职务高低依次排列；有时按参加国的字母顺序（一般以英文字母为准）排列；有时按代表团组成日期的先后顺序排列；有时则按代表团抵达活动地点的时间先后排列，等等。不论按什么样的规则进行排列，礼宾次序排列应遵循的总原则是“以右为尊”。即以右为大、为长、为尊；以左为小、为次、为卑。

（六）尊重隐私

所谓隐私，就是指一个人出于个人尊严和其他某些方面的考虑，不愿意公开，不希望被外人了解或是打听个人秘密、私人事宜。在涉外交际中，人们普遍讲究尊重个人隐私。并且将尊重个人隐私与否，视作一个人在待人接物方面有没有教养，能不能尊重和体谅交际对象的重要标志之一。

在涉外交际中，要避免涉及个人隐私，要做到“八不问”：年龄不问、收入不问、婚姻不问、工作不问、住址不问、经历不问、信仰不问、健康不问。

（七）女士优先

“女士优先”是国际社会成年异性间进行社交活动时公认的一条重要礼仪原则。其含义是：在一切社交场合，每一位成年男子，都有义务主动自觉地去尊重、照顾、体谅、关心、保护女性，并且想方设法为女士排忧解难，只有这样才能体现出绅士风度。外国人强调“女士优先”并非因为妇女被视为弱者，值得同情、怜悯。最重要的原因是，他们将妇女视为“人类的母亲”，处处对妇女给予礼遇，是对“人类母亲”的感恩之意。男士在讲究“女士优先”时，要注意以下两点。

（1）一视同仁　“女士优先”要一视同仁。不仅对待同一种族的妇女要如此，对待其他种族的妇女也要如此；不仅对待熟悉的妇女要如此，对待陌生的妇女也要如此；不仅对待年轻貌美的妇女要如此，对待年老色衰的妇女也要如此；不仅对待有权势的妇女要如此，对待一般的妇女也要如此……，不能区别对待。

（2）注意场合 “女士优先”主要适用于社交场合。在商务场合，人们强调的是“男女平等”，或是“忽略性别”，因而是不太讲究“女士优先”的。

二、我国主要客源国礼俗礼仪

（一）韩国

1. 礼貌礼节

韩国人一般都采用握手作为见面礼节。在行握手礼时，讲究使用双手，或单独使用右手。当晚辈、下属与长辈、上级握手时，后者伸出手来之后，前者须先以右手握手，随后再将自己的左手轻置于后者的右手之上。韩国人的这种做法，是为了表示自己对对方的特殊尊重。与他人相见时，韩国人有时也同时采用先鞠躬、后握手的方式。韩国妇女在一般情况下不与男子握手，代之以鞠躬或者点头致意，韩国小孩子向成年人所行的见面礼，也大多如此。

同他人相见或告别时，若对方是有地位、身份的人，韩国人往往要多次行礼，行礼三五次，也不算多，有个别的韩国人甚至还会讲一句话，行一次礼。称呼他人时爱用尊称和敬语，喜欢称呼对方能够反映其社会地位的头衔，很少直接叫出对方的名字。与外人初次打交道时，韩国人非常讲究预先约定，遵守时间，并且十分重视名片的使用。

韩国人在交际应酬之中通常都穿着西式服装。在某些特定的场合，尤其是在逢年过节的时候，喜欢穿本民族的传统服装。其民族传统服装是：男子上身穿袄，下身穿宽大的长裆裤，外面有时还会加上一件坎肩，甚至再披上一件长袍。过去韩国男子外出之际还喜欢头戴一顶斗笠。妇女则大都上穿短袄，下着齐胸长裙。进屋之前需要脱鞋时，不准将鞋尖直对房间之内，否则会令对方极度不满。

2. 饮食习惯

韩国人饮食的主要特点是辣和酸。主食主要是米饭、冷面，爱吃的菜肴主要有泡菜、烤牛肉、烧狗肉、人参鸡等。一般都不吃过腻、过油、过甜的东西，并且不吃鸭子、羊肉和肥猪肉。韩国人的饮料较多，男子通常喜爱烧酒、清酒、啤酒等，妇女则多不饮酒。在用餐的时候，韩国人是用筷子的。与长辈同桌就餐时晚辈不许先动筷子，不可用筷子对别人指指点点，在用餐完毕后要将筷子整齐地放在餐桌的桌面上。

3. 节庆习俗

韩国节庆较多。农历正月初一日至正月十五日的节日活动类似我国春节；农历正月十五日为元宵节，传统饮食是种果（栗子、核桃、松子等）、药膳、五谷饭、陈茶饭等；农历四月八日为佛诞节及颂扬女性的春香节；农历五月五日为端午节，家家户户都以食青蒿糕、挂菖蒲来过节；农历八月十五日为中秋节，农历九月九日为重阳节，清明扫墓，冬至吃冬至粥（有掺高粱面团子的小豆粥）。除上述传统节日外，韩国人还很重视圣诞节、儿童节(5 月 5 日)、恩山别神节(3 月 28 日至 4 月 1 日)。群众喜闻乐见的体育活动有射箭、摔跤、拔河、秋千、跳板、风筝、围棋、象棋等。

4. 禁忌

由于发音与“死”相同的缘故，韩国人对“4”这一数目十分厌恶，与韩国人交谈时，发音与“死”相似的“私”、“师”、“事”等几个词最好不要使用。受西方礼仪习俗的影响，也有不少韩国人不喜欢“13”这个数。将“李”这个姓氏按汉字笔画称为“十八子”，也不合适。需要对其国家或民族进行称呼时，不要将其称为“南朝鲜”、“南韩”或“朝鲜人”，而宜分别称为“韩国”或“韩国人”。

韩国人的民族自尊心很强。他们强调所谓“身土不二”，在韩国，一身外国名牌的人，往往会被韩国人看不起。需要向韩国人馈赠礼品时，宜选择鲜花、酒类或工艺品，但是，最好不要送日本货。

在民间，仍讲究“男尊女卑”。进入房间时，女人不可走在男人前面；进入房间后，女人须帮助男人脱下外套；男女一同就座时，女人应自动坐在下座，并且不得坐得高于男子。通常，女子还不得在男子面前高声谈笑，不得从男子身前通过。

（二）日本

1. 礼节礼貌

日常交往中，日本人通常都爱以鞠躬作为见面礼节。在行鞠躬礼时鞠躬的度数的大小、鞠躬时间的长短以及鞠躬次数的多少，往往会同向对方所表示的尊敬的程度成正比。妇女与别人见面时，是只鞠躬而不握手的。在行见面礼时，必须同时态度谦恭地问候交往对象。与他人初次见面时，通常都要互换名片，否则被理解为是不愿与对方交往。称呼日本人时，可称之为“先生”、“小姐”或“夫人”，也可以在其姓氏之后加上一个“君”字，将其尊称为“某某君”。在交际场合，日本人的信条是“不给别人添麻烦”，忌讳高声谈笑。

日本人在正式场合，通常穿西式服装；在隆重的社交场合或节庆日，时常穿着自己的国服和服。到日本人家里做客时，进门前要脱下大衣、风衣和鞋子。脱下的鞋要整齐放好，鞋尖向着房间门的方向，这在日本是尤其重要的。

2. 饮食习惯

日本饮食，一般称之为和食或日本料理。主食以大米为主，多用海鲜、蔬菜，讲究清淡与味鲜，忌讳油腻。典型的和食有：寿司、拉面、刺身、天妇罗、铁板烧、煮物、蒸物、酢物、酱汤等，其中，尤以刺身，即生食鱼片，最为著名。

日本人非常爱喝酒。西洋酒、中国酒和日本清酒，统统都是他们的所爱，斟酒讲究满杯。人们普遍爱好饮茶，特别喜欢喝绿茶。讲究“和、敬、清、寂”四规的茶道，有一整套的点茶、泡茶、献茶、饮茶的具体方法。

3. 节庆习俗

日本多节庆，法定节日就有13个。新年1月1日，庆祝方式似我国春节。前一天晚上吃过年合家团圆面，“守岁”听午夜钟声，新年第一天早上吃年糕汤，下午举家走亲访友。1月15日是成人节，庆祝男女青年年满20周岁，从此开始解禁烟酒，女子过成人节时都要穿和服。女孩节是3月3日，又称“雏祭”，凡有女孩子的家庭要陈设民族服装和玩具女娃娃。3月15日至4月15日是樱花节，此期间人们多出动赏花游园，饮酒跳舞，喜迎春天。5月5日是男孩节，旧称“端午节”，习俗似我国的端午节，此时家家户户都要挂菖叶、吃粽子。9月15日是敬老节，社会各界和晚辈会向高龄者赠送纪念品。

4. 禁忌

日本人忌讳绿色，认为是不祥的颜色。探望病人时忌讳送菊花、山茶花、仙客来花、白色的花和淡黄色的花。忌荷花图案，对金色的猫以及狐狸和獾极为反感。在三人并排合影时，日本人谁都不愿意在中间站立。他们认定，被人夹着是不祥的征兆。

日本人很爱给人送小礼物，但不宜送下列物品：梳子、圆珠笔、T恤衫、火柴、广告帽。在包装礼品时，不要扎蝴蝶结。同他人相对时，日本人觉得注视对方双眼是失礼的，通常只会看着对方的双肩或脖子。

日本人不给别人敬烟。在宴客时，忌讳将饭盛得过满，并且不允许一勺盛一碗饭。还忌讳用一双筷子让大家依次夹取食物。饮食禁忌是不吃肥猪肉和猪的内脏。

（三）泰国

1. 礼节礼貌

泰国人一般不喜欢与人握手，最多的见面礼节，是带有浓厚佛教色彩的合十礼。行合十礼的最大讲究，是合十于身前的双手所举的高度不同，给予交往对象的礼遇便有所不同。通常，合十的双手举得越高，越表示对对方的尊重。目前，泰国人所行的合十礼大致可以分为四种规格：其一，是双手举于胸前，它多用于长辈向晚辈还礼。其二，是双手举到鼻下，它一般在平辈相见时使用。其三，是双手举到前额之下，它仅用于晚辈向长辈行礼。其四，是双手举过头顶，它只用于平民拜见泰王之时。行合十礼时，身份、地位低的人要先向身份、地位高的人行礼。对方随后亦应还之以合十礼，否则即为失礼，只有佛门弟子可以不受此例限制。

在交际场合，习惯以“小姐”、“先生”等国际上流行的称呼彼此相称。在称呼交往对象的姓名时，为了表示友善和亲近，不惯于称呼其姓，而是惯于称呼其名。

在正式一些的场合，泰国人都讲究穿着自己本民族的传统服饰，服饰喜用鲜艳之色。在泰国，有用不同的色彩表示不同的日期的讲究。在参观王宫、佛寺时，穿背心、短裤和超短裙是被禁止的。去泰国人家里做客，或是进入佛寺之前，务必要记住先在门口脱下鞋子。另外，在泰国人面前，不管是站是坐，忌讳把鞋底露出来，尤其不能以其朝向对方。

2. 饮食习惯

泰国人主食为稻米饭，副食主要是鱼和蔬菜。喜食辛辣、鲜嫩之物，不爱吃过咸或过甜的食物，也不吃红烧的菜肴。最爱吃的食物，当数具有其民族特色的“咖喱饭”。在用餐之后，喜欢吃上一些水果，但不太爱吃香蕉。一般不喝热茶，通常喜欢在茶里加上冰块，令其成为冻茶。在喝果汁的时候，还有在其中加入少许盐末的偏好。

3. 节庆习俗

泰历1月1日，是泰国人的元旦，这一天举国欢庆。泰历4月13～15日为宋干节，即求雨节，也叫泼水节，此时正当干热时节，急需降雨，可以毫无顾忌地互相泼水。泰历5月9日是春耕节，这一天由国王主持典礼，农业大臣开犁试耕，祈求风调雨顺、五谷丰登。泰历12月15日是水灯节，也叫佛光节，人们用香蕉叶或香蕉树皮和蜡烛做成船形灯，放进河里，让其随波逐流，以感谢水神，祈求保佑。

4. 禁忌

与泰国人进行交往时，千万不要非议佛教，或对佛门弟子有失敬意，向僧侣送现金，被视作一种侮辱。参观佛寺时，进门前要脱鞋，摘下帽子和墨镜。在佛寺之内，切勿高声喧哗，随意摄影、摄像。不要爬到佛像上去进行拍照，抚摸佛像；妇女接触僧侣，也在禁止之列。在泰国，人们认为“左手不洁”，所以绝对不能以其取用食物。比较忌讳褐色，忌讳用红色的笔签字，或是用红色刻字。睡觉忌头朝西，因日落西方象征死亡。在举止动作上的禁忌有“重头轻脚”的讲究。

（四）英国

1. 礼节礼貌

英国人十分重视个人的教养，极其强调所谓的“绅士风度”，主要表现在对妇女的尊重与照顾、仪表整洁、服饰得体和举止有方。握手礼是英国人使用最多的见面礼节，“请”、“谢谢”、“对不起”、“你好”、“再见”一类的礼貌用语，他们是天天不离口的。在进行交谈时，对英国人要避免说“Englih”（英格兰人），而要说“British”（不列颠人），因为他可能是苏格兰人或爱尔兰人。英国人，特别是那些上年纪的英国人，喜欢别人称呼其世袭的爵位或荣誉的头衔，至少，也要郑重其事地称之为“阁下”或是“先生”、“小姐”、“夫人”。

在正式场合的穿着，英国人十分庄重而保守。男士要穿三件套的深色西装，女士则要穿深色的套裙，或者素雅的连衣裙，庄重、肃穆的黑色服装往往是英国人优先的选择。英国男子讲究天天刮脸，留胡须者往往会令人反感。

2. 饮食习惯

英国人的饮食具有“轻食重饮”的特点。“轻食”，主要是因为英国人在菜肴上没有特色，日常的饮食基本上没有变化。除了面包、火腿、牛肉之外，英国人平时常吃的基本上是土豆、炸鱼和煮菜。“重饮”，即讲究饮料，英国名气最大的饮料当推红茶与威士忌。绝大多数英国人嗜茶如命。在饮茶时，他们首先要在茶杯里倒入一些牛奶，然后才能依次冲茶、加糖；早上醒来先要赖在床上喝上一杯“被窝茶”；在上班期间，还要专门挤出时间去休“茶休”，即去喝“下午茶”。在英国，喝“下午茶”既是午餐与晚餐之间的一顿小吃，而且也是“以茶会友”的一种社交方式。苏格兰生产的威士忌，曾与法国的干邑白兰地、中国的茅台酒并列为世界三大名酒。

3. 节庆习俗

英国除了宗教节日外还有全国性和地方性的节日。在全国性的节日中，国庆和除夕之夜是最热闹的。按历史惯例英国国庆日定在英王生日那一天。除夕之夜全家团聚、举杯畅饮，欢快地唱“辞岁歌”。除夕之夜必须瓶中有酒，盘中有肉，象征来年富裕有余。丈夫在除夕还赠给妻子一笔钱，作为新的一年缝制衣物的针线钱，以表示在新的一年里能得到家庭温暖。在苏格兰，人们提一块煤炭去拜年，把煤块放在亲友家的炉子里，并说一些吉利话。

4. 禁忌

英国人十分忌讳被视为死亡象征的百合花和菊花，不喜欢大象、孔雀与猫头鹰，厌恶黑色的猫。遇上碰洒了食盐或是打碎了玻璃一类的事情，都是认为很倒霉的。反感的色彩主要是墨绿色。他们还忌用人像作商品装潢，在握手、干杯或摆放餐具时忌讳无意之中出现了类似十字架的图案。忌讳的数字是“13”与“星期五”，当二者恰巧碰在一起

时，不少英国人都会产生大难临头之感。英国人还忌讳“3”这个数字，特别忌讳用打火机和火柴为他们点第三支烟。在英国，动手拍打别人，跷起“二郎腿”，右手拇指与食指构成“V”形时手背向外，都是失礼的动作。饮食禁忌主要是不吃狗肉，不吃过辣或带有黏汁的菜肴。

（五）法国

1. 礼节礼貌

法国人性格比较乐观、热情，爱自由，纪律性差。谈问题开门见山，爱滔滔不绝地讲话，说话时喜欢用手势加强语气。法国人的见面礼节主要有握手礼、拥抱礼和吻面礼。吻面礼，使用得最多、最广泛。法国人与交往对象行吻面礼，为了表示亲切友好，他们往往彼此要在对方的双颊上交替互吻三四次，而且还讲究亲吻时一定要连连发出声响。常用的敬称主要有三种：其一，是对一般人称第二人称复数，其含义为“您”。其二，是对官员、贵族、有身份者称“阁下”、“殿下”或“陛下”。其三，是对陌生人称“先生”、“小姐”或“夫人”。“老人家”、“老先生”、“老太太”，都是法国人忌讳的称呼。

在正式场合，法国人通常要穿西装、套裙或连衣裙。法国人所穿的西装或套裙多为蓝色、灰色或黑色，质地则多为纯毛。在他们看来，棕色、化纤面料的这类服装，是难登大雅之堂的。在选择发型、手袋、帽子、鞋子、手表、眼镜时，法国人都十分强调要使之与自己着装相协调。妇女在参加社交活动时，一定要化妆，并且要佩戴首饰。佩戴首饰的话，一定要选“真材实料”。男士对自己仪表的修饰相当看重，在正式场合亮相时，剃须修面，头发“一丝不苟”，身上略洒一些香水。

2. 饮食习惯

在西餐之中，法国菜可以说是最讲究的。平时，法国人爱吃面食，在法国，面包的种类之多，令人难以计数。在肉食方面，他们爱吃牛肉、猪肉、鸡肉、鱼子酱、蜗牛、鹅肝，不吃肥肉、宠物、肝脏之外的动物内脏、无鳞鱼和带刺带骨的鱼。口味喜欢肥浓，偏爱鲜嫩，选料要新鲜，而且烹饪也大多半生不熟，有不少菜，他们甚至还直接生食。法国人特别善饮，他们几乎餐餐必喝酒，而且讲究在餐桌上要以不同品种的酒水搭配不同的菜肴。对鸡尾酒，法国人大都不太欣赏。

3. 节庆习俗

法国节日以宗教节日为主，每天都是纪念某一圣徒之日。1 月 1 日是元旦，这一天也是亲友聚会的日子，家中酒瓶里不能有隔年酒，否则被认为不吉利，元旦的天气还被认作新年光景的预兆。春分所在月份月圆后第一个星期天为复活节，复活节后 40 天为耶稣升天节，复活节后 50 天为圣灵降临节。4 月 1 日为愚人节，这一天人人都可骗人。11 月 1 日为万灵节，祭奠先人及为国捐躯者。12 月 25 日为圣诞节，是法国最重大的节日。重要的世俗节日有：7 月 14 日为国庆节，全国放假一天，首都将举行阅兵式；5 月 30 日是民族英雄贞德就义纪念日；11 月 1 日是第一次世界大战停战日；5 月 8 日是反法西斯战争胜利日；3 月中旬第一个星期天是体育节，人们都自愿地为心脏健康而跑步。

4. 禁忌

菊花、牡丹、玫瑰、杜鹃、水仙、金盏花和纸花，一般不宜随意送给法国人。仙鹤被视为淫妇的化身，孔雀被看做是祸鸟，大象象征着笨汉，它们都是法国人反感的动物。法国人对核桃十分厌恶，认定它代表着不吉利，以核桃招待法国人，将会令其不满。他们所忌讳的色彩，主要是黄色与墨绿色。法国人所忌讳的数字，是“13”与“星期五”。在一般情况下，法国人绝对不喜欢13日外出，不会住13号房、坐13号座位，或是13个人同桌进餐。给法国妇女送花时，宜送单数，但要记住避开“1”与“13”这两个数目。在接受礼品时若不当着送礼者的面打开包装，则是一种无礼的、粗鲁的行为。

（六）美国

1. 礼节礼貌

在一般情况下，同外人见面时，美国人往往以点头、微笑为礼，或者只是向对方“嗨”上一声作罢。不是特别正式的场合，美国人甚至连国际上最为通行的握手礼也略去不用了。若非亲朋好友，美国人一般不会主动与对方亲吻、拥抱。在称呼别人时，美国人更喜欢交往对象直呼其名，以示双方关系密切。若非官方的正式交往，美国人一般不喜欢称呼官衔，或是以“阁下”相称。对能反映其成就与地位的学衔、职称，如“博士”、“教授”、“律师”、“法官”、“医生”等，他们却是乐于在人际交往中用作称呼的。在一般情况下，对一位拥有博士学位的美国议员而言，称其为“博士”，肯定比称其为“议员”更受对方的欢迎。

美国人穿着打扮的基本特征是尊尚自然，偏爱宽松，讲究着装体现个性。在日常生活之中，美国人大多是宽衣大裤。

2. 饮食习惯

一般情况下，美国人以食用肉类为主，牛肉是他们的最爱，鸡肉、鱼肉、火鸡肉亦受其欢迎。若非穆斯林或犹太教徒，美国人通常不禁食猪肉。喜食“生”、“冷”、“淡”的食物，不刻意讲究形式与排场，强调营养搭配。美国人不吃狗肉、猫肉、蛇肉、鸽肉，动物的头、爪及其内脏，生蒜、韭菜、皮蛋等，爱吃羊肉者极其罕见。

美国人的饮食日趋简便与快捷。热狗、炸鸡、土豆片、三明治、汉堡包、面包圈、比萨饼、冰淇淋等，老少咸宜，是其平日餐桌上的主角。爱喝的饮料有冰水、矿泉水、红茶、咖啡、可乐与葡萄酒，新鲜的牛奶、果汁，也是他们天天必饮之物。

3. 节庆习俗

美国的节日比较多。7月4日为美国独立日，美国的政治性节日还有国旗日、华盛顿诞辰纪念日、林肯诞辰纪念日、阵亡将士纪念日等。2月14日为情人节，在这一天，恋人之间都要互赠卡片和鲜花。5月第二个星期日为母亲节，6月第三个星期日为父亲节，是美国的法定节日。11月第四个星期四是感恩节，也叫火鸡节，是美洲特有的节日，这一天也是家人团聚、亲朋欢聚的日子，还要进行化装游行、劳作比赛、体育比赛、戏剧表演等活动，十分热闹。12月25日为圣诞节，是美国最盛大的节日，全城通宵欢庆，教徒们跟随教堂唱诗班挨户唱圣诞颂歌，装饰圣诞树，吃圣诞蛋糕。

4. 禁忌

美国人忌讳黑色，蝙蝠被视为吸血鬼与凶神。最讨厌的数字是“13”和“3”，不喜欢的日期则是星期五。忌讳在公共场合和他人面前，蹲在地上，或是双腿叉开而坐。忌用下列体态语：盯视他人、冲着别人伸舌头、用食指指点交往对象、用食指横在喉头之前。在美国，成年的同性共居于一室之中、在公共场合携手而行或是勾肩搭背、在舞厅里相

邀共舞等，都有同性恋之嫌。不宜送给美国人的礼品有香烟、香水、内衣、药品以及广告用品。跟美国人相处时，与之保持适当的距离是必要的。他们认为，个人空间不容冒犯，因此在美国碰了别人要及时道歉，坐在他人身边先要征得对方认可，谈话时距对方过近则是失敬于人的。美国人忌讳打探个人隐私，询问他人收入、年龄、婚恋、健康、籍贯、住址、种族等，都是不礼貌的。美国人大都认定“胖人穷，瘦人富”，所以他听不得别人说自己“长胖了”。

（七）加拿大

1. 礼节礼貌

对关系普通者，加拿大人一般以握手致意作为见面礼节；亲友、熟人、恋人或夫妻之间以拥抱或亲吻作为见面礼节。加拿大人在称呼别人时，在一般场合往往喜欢直呼其名，而略去其姓；只有在非常正式的情况之下，才会对对方连姓带名一同加以称呼，并且彬彬有礼地冠以“先生”、“小姐”、“夫人”之类的尊称；对交往对象的头衔、学位、职务，加拿大人只有在官方活动中才会使用，在日常生活里，他们绝对不习惯像中国人那样，以“主任”、“局长”、“总经理”、“董事长”之类，去称呼自己的交往对象。

与加拿大土著居民进行交际时，不宜将其称为“印第安人”或“爱斯基摩人”。前者被认为暗示其并非土著居民，后者的本意则为“食生肉者”，因而具有侮辱之意。对前者，宜以对方具体所在的部族之名相称；对后者，应当称之为“因纽特人”。

加拿大人的着装以欧式为主。上班的时间，他们一般要穿西服、套裙。参加社交活动时，他们往往要穿礼服或时装。在休闲场合里，他们则讲究自由穿着，只要自我感觉良好则可。每逢节假日，尤其是在欢庆本民族的传统节日时，大都有穿着自己的传统民族服装的习惯。

2. 饮食习惯

加拿大人对法式菜肴较为偏爱，并且以面包、牛肉、鸡肉、鸡蛋、土豆、西红柿等物为日常之食。在口味方面，比较清淡，爱吃酸、甜之物。在烹制菜肴时极少直接加入调料，而是惯于将调味品放在餐桌上，听任用餐者各取所需，自行添加。从总体上讲，加拿大人以肉食为主，特别爱吃奶酪、黄油及烤制的食品。在饮品方面，喜欢咖啡、红茶、牛奶、果汁、矿泉水，还爱喝清汤，并且爱喝麦片粥。忌食肥肉、动物内脏、腐乳、虾酱、鱼露，以及其他一切带有腥味、怪味的食物。动物的脚爪和偏辣的菜肴，他们也不太喜欢吃。一日三餐中最重视的是晚餐。

3. 节庆习俗

加拿大的主要节日有：国庆日 7 月 1 日；元旦，人们将瑞雪作为吉祥的征兆。哈德逊湾的居民在新年期间，不但不铲平阻塞交通的积雪，还将雪堆积在住宅四周，筑成雪岭，他们认为，这样就可以防止妖魔鬼怪的侵入；加拿大盛产枫树，其中以东南部的魁北克和安大略两省枫叶最多最美，每年三四月间，一年一度的“枫糖节”就开始了，几千个生产枫糖的农场装饰一新，披上节日的盛装，吸引了无数的旅游者；在加拿大东南部港口城市魁北克，每年从 2 月份的第一个周末起，都举行为期 10 天的冬季狂欢节，狂欢节规模盛大，活动内容丰富多彩。

4. 禁忌

白色的百合花主要用于悼念死者，因其与死亡相关，所以绝对不可以之作为礼物送给加拿大人。“13”被视为“厄运”之数，“星期五”则是灾难的象征，加拿大人对于二者都是深为忌讳的。在老派的加拿大人看来，打破了玻璃，请人吃饭时将盐撒了，从梯子底下经过，都是不吉利的事情，都是应当竭力避免发生的。与加拿大人交谈时，不要插嘴打断对方的话，或是与对方强词夺理。在需要指示方向或介绍某人时，忌讳用食指指指点点，而是代之以五指并拢、掌心向上的手势。

（八）澳大利亚

1. 礼节礼貌

澳大利亚人时间观念强，女性较保守，接触时要谨慎。见面礼节，既有拥抱礼、亲吻礼，也有合十礼、鞠躬礼、握手礼、拱手礼、点头礼。土著居民在见面时所行的勾指礼极具特色。做法是：相见的双方各自伸出手来，令双方的中指紧紧勾住，然后再轻轻地往自己身边一拉，以示相亲、相敬。

澳大利亚人平时的一般穿着，大都是T恤、短裤，或者牛仔装、夹克衫，由于阳光强烈，他们在出门之时，通常喜欢戴上一顶棒球帽来遮挡阳光。澳大利亚的土著居民平时习惯于赤身露体，至多是在腰上扎上一块围布遮羞而已。在极为正式的场合要穿西装、套裙。

2. 饮食习惯

澳大利亚人的饮食习惯多种多样，就主流社会而言，人们一般喜欢英式西餐。其特点是口味清淡，不喜油腻，忌食辣味。澳大利亚人一般不吃狗肉、猫肉、蛇肉，不吃动物的内脏与头、爪，大都爱吃牛、羊肉，对鸡肉、鱼肉、禽蛋也比较爱吃。他们十分厌恶加了味精的食物，认定味精好似“毒药”，令人作呕，还不吃味道酸的东西。澳大利亚人的主食是面包，爱喝的饮料则有牛奶、咖啡、啤酒与矿泉水等。澳大利亚土著居民目前大多数尚不会耕种粮食、饲养家畜，他们靠渔猎为生，并且经常采食野果。他们的食物品种繁多，制作方法也各具特色。在进食的时候，经常生食，并且惯于以手抓食。

3. 节庆习俗

澳大利亚的主要节日有：国庆日（每年的1月26日）；圣诞节时，澳大利亚正处盛夏，商店橱窗里特意装扮的冰雪及圣诞老人和满街的夏装形成鲜明的对照，人们带着饮料到森林里举行“正别居”野餐，吃饱喝足后，就跳起“迪斯科”或“袋鼠舞”直到深夜，然后在森林中露宿，迎接圣诞老人的到来；南太平洋艺术节每隔四年举行一次，是南太平洋地区的国家为“庆祝太平洋的觉醒”，鼓励“太平洋传统文化的保持和新生”，并在“整个太平洋地区加强团结”的口号下举行的具有浓厚地方色彩的节日。

4. 禁忌

在澳大利亚人眼里，兔子是一种不吉利的动物，他们认为，碰到了兔子，可能是厄运将临的预兆。他们对“13”与“星期五”普遍反感。在人际交往中，爱好娱乐的澳大利亚人往往有邀请友人一同外出游玩的习惯，他们认为这是密切双方关系的捷径之一，对此类邀请予以拒绝，会被他们理解成不给面子。澳大利亚人不喜欢将本国与英国处处联系在一起，不喜欢听“外国”或“外国人”这一称呼。对公共场合的噪声极其厌恶，在公共场所大声喧哗者，尤其是门外高声喊人的人，是他们最看不起的。

（九）埃及

1. 礼节礼貌

在人际交往中，埃及人所采用的见面礼节，主要是握手礼。与跟其他伊斯兰国家的人士打交道时的禁忌相同，同埃及人握手时，最重要的是忌用左手。除握手礼之外，埃及人在某些场合还会使用拥抱礼或亲吻礼。埃及人所采用的亲吻礼，往往会因交往对象的不同，而采用亲吻不同部位的具体方式。其中最常见的形式有三种：一是吻面礼，它一般用于亲友之间，尤其是女性之间。二是吻手礼，它是向尊长表示敬意或是向恩人致谢时所用的。三是飞吻礼，它则多见于情侣之间。埃及人在社交活动中，跟交往对象行过见面礼节后，往往要双方互致问候。“祝你平安”，“真主保佑你”，“早上好”，“晚上好”等，都是他们常用的问候语。

为了表示亲密或尊敬，埃及人在人际交往中所使用的称呼也有自己的特色。在埃及，老年人将年轻人叫作“儿子”、“女儿”；学生管老师叫“爸爸”、“妈妈”；穆斯林之间互称“兄弟”。跟埃及人打交道时，除了采用国际上通行的称呼，倘若能够酌情使用一些阿拉伯语的尊称，通常会令埃及人更加开心。

去埃及人家里做客时，应注意以下三点：其一，事先要预约，并要以主人方便为宜，通常在晚上 18 点后以及斋月期间不宜进行拜访。其二，按惯例，穆斯林家里的女性，尤其是女主人是不待客的，故切勿对其打听或问候。其三，就坐之后，切勿将足底朝外，更不要朝向对方。

埃及人的穿着主要是长衣、长裤和长裙。又露又短的奇装异服，埃及人通常是不愿问津的。埃及城市里的下层平民，特别是乡村中的农民，平时主要还是穿着阿拉伯民族的传统服装——阿拉伯大袍，同时还要头缠长巾，或是罩上面纱。埃及的乡村妇女很喜爱佩戴首饰，尤其是讲究佩戴脚镯。

2. 饮食习惯

在通常情况下，埃及人以一种称为“耶素”的不用酵母的平圆形面包为主食，并且喜欢将它同“富尔”、“克布奈”、“摩酪赫亚”一起食用。“富尔”即煮豆，“克布奈”即“白奶酪”，“摩酪赫亚”则为汤类。埃及人很爱吃羊肉、鸡肉、鸭肉、土豆、豌豆、南瓜、洋葱、茄子和胡萝卜。口味较淡，不喜油腻，爱吃又甜又香的东西，尤其喜欢吃甜点。在饮料上，埃及人酷爱酸奶、茶和咖啡。埃及人有在街头的咖啡摊上用午餐的习惯。用餐的时候，埃及多以手取食，在正式一些的场合习惯于使用刀、叉和勺子。用餐之后，他们一定要洗手。埃及人在用餐时，忌用左手取食，忌在用餐时与别人交谈，因为他们认为那样会浪费粮食，是对真主的大不敬。忌食的东西有：猪肉、狗肉、驴肉、骡肉、龟、鳖、虾、蟹、鳝，动物的内脏，动物的血液，自死之物，未诵安拉之名宰杀之物。整条的鱼和带刺的鱼是不喜欢吃的。

3. 节庆习俗

埃及的国庆节为 7 月 23 日。4 月下旬（科普特历 8 月中旬）是埃及传统节日——惠风节，人人都要吃象征春风绿地的生菜、象征生命开始的鸡蛋和有关崇拜的腌鱼。8 月，当尼罗河水漫过河堤时，举行泛滥节，欢庆尼罗河定期泛滥带来沃土。众人聚集在尼罗河边进行祈祷，唱宗教赞歌，跳欢快的舞蹈。6 月 17 日或 18 日是尼罗娶媳妇节，人们纷纷来到尼罗河边载歌载舞。穆斯林在斋月（伊斯兰教历9月）中实行斋戒，从日出到日落均不得进食。斋月结束后举行开斋节，连续三天，举行盛大庆祝活动，到清真寺做礼拜，亲友互相走访，这三天也是举行婚礼的吉祥日子。伊斯兰教历12月10日为宰牲节，也是盛大节日，各家各户根据自己的经济实力，宰牛杀羊，馈赠亲友，招待宾客，送给穷人。

4. 禁忌

讨厌猪之外，还有外形被认作与猪相近的大熊猫。黑色、蓝色在埃及人看来均是不祥之色。对信奉基督教的科普特人而言，“13”是令人晦气的数字。非常忌讳针，在埃及，“针”是骂人的词，在下午15～17点严禁买卖针，认为那会带来贫困与灾祸。在埃及不给人小费，往往会举步维艰。

与埃及人交谈时，应注意下述问题：一是男士不要主动找妇女攀谈；二是切勿夸奖埃及妇女身材窈窕，因为埃及人以体态丰腴为美；三是不要称道埃及人家中的物品。在埃及这种做法会被人理解为索要此物；四是不要与埃及人讨论宗教纠纷、中东政局以及男女关系。

【拓展阅读】

出国须知

一、护照

护照是各主权国家发给本国公民出入国境和在国外的身份证明。凡出国人员均应持有护照，以便有关当局检验时出示。任何国家都不允许没有护照的人进入其国境。各国对护照的检验也较严格，防止持有过期、失效，甚至伪造护照的人进入该国国境。

我国的护照分为：外交护照、公务护照和普通护照。因公出国人员的护照，由外交部或由外交部授权的机关办理。

拿到护照后，应核查姓名、出生年月、地点是否填写正确，并在签字格上签名。出国前要凭护照办理所去国家和中途经停国家的签证，凭护照购买国际航班机票和车船票等。在国外要凭护照住旅馆，办理居留手续等。

护照的有效期，一般为5年，期满后要办理延长手续。

二、签证

签证是一国官方机构对本国和外国公民出入国境或在本国停留、居住的许可证明。签证均做在护照或其他身份证件上。如前往未建交国，则用单独的签证，称另纸签证，与护照同时使用。

签证的等级分为外交、公务和普通签证。入出国境的签证分为入境、入出境、出入境、过境签证。另外尚有居留签证。

出国前必须办妥必要的签证，也就是办理所去国家的入境或入出境签证和中途经停国家的过境签证。如持有中国因私普通护照，还须向发照单位申办我国签证。办外国签证，须向有关国家驻华使领馆申请办理。在我国没有使领馆，也没有第三国使馆代办签证业务，则前往有办理该国签证机关的国家办理。在国外，如需办理签证，可请我驻外使领馆协助。

有些国家规定，凡停留不超过24小时或一定期限的，可以免办过境签证。有些国家之间订有互免签证的协议，则可不办签证。

各国的签证内容大体相同，都规定有效期和居留期限等。如途经一国的过境签证，有效期为一个月，过境逗留时间限3天。也就是说在有效期间的任何日子里均可入出该国国境，但只能逗留3天。又如，前往某国的入出境签证有效期为半年，居留期限为1个月，入出境一次。即在有效期半年内可入境并可在签证有效期内逗留1个月。如超过1个月，则须向有关单位再办理延长签证的手续。

去任何国家都要注意签证问题，否则会带来很多的麻烦。

三、黄皮书

黄皮书即预防接种书。为防止国际间某些传染病的流行，各国都对外国人进入本国国境所需某些接种作出规定。主要有种牛痘、防霍乱和防黄热病的接种等。这些接种的有效期限是：牛痘自初种后8日，复种后当日起3年内有效。预防霍乱自接种后6日起，6个月内有效。预防黄热病自接种后10日起，10年内有效。

根据不同时期、不同地区和疫情的分布情况，各国对预防接种的要求也有所不同。如天花，目前在世界范围内已基本得到控制，因此很多国家已开始不要求必须接种牛痘了。有时某一地区发现霍乱，凡出入该地区的人必须注射防霍乱疫苗。所以说，出国人员办理接种手续前，应作必要的了解。

四、入出境手续

各个国家（地区）对入出境旅客均实行严格的检查手续。办理这些手续的部门一般设在口岸和旅客入出境地点，如机场、车站、码头等。入出境手续如下。

1. 边防检查

这项检查很多国家由移民局（外侨警察局）负责。入出境者要填写入出境登记卡片（有时航空公司代发卡片，可提前填写），交验护照和签证。卡片的内容有姓名、性别、出生年月、国籍、民族、婚否、护照种类和号码、签证种类和号码、有效期限、入境口岸、日期、逗留期限等。护照、签证验毕加盖入出境验讫章。

2. 海关检查

海关检查人员一般仅询问有否需申报的物品，但有的国家要入出境者填写携带物品申报单。海关有权检查入出境者所携行李物品，有的海关对个人日用品、衣服等检查不十分严格。对持外交护照者可以免验。各国对入出境物品管理规定不一，烟、酒、香水等物品常常按限额放行。文物、武器、当地货币、毒品、动植物等为违禁品，非经特许，不得入出国境。有些国家还要求填写外币申报单，出境时还要核查。

3. 安全检查

近年来，由于劫持飞机事件不断发生，因此对登机的旅客采取安全检查措施越来越普遍，手续也日趋严格。主要是禁止携带武器、凶器、爆炸物、剧毒物等。检查方式包括过安全门，用磁性探测器近身检查，检查手提包，搜身等。我国也实行国际上通用的安全检查方法。

4. 检疫

很多国家对来往某些国家、地区的旅客，免验黄皮书。但对发生疫情地区，则检查特别严格，对未进行必要接种的旅客，则会采取隔离、强制接种等措施。

五、外汇

外汇通常指以外国货币为单位，在国际间结算中所使用的支付凭证。它包括外国的货币、银行支票、汇票、期票、信用证、息票、债券和其他可以在国外兑现的凭证。

自由外汇，是指在外汇市场上可以自由兑换的外汇。我们出国，一般均携带自由外汇。很多国家对外汇的管理很严格，有时限制外汇现钞的携带数量。入境时要登记，出境时要检查核对。有的国家对本国货币也有较为严格的管理规定，不准携出（入）国境。过去，我国人民币就是如此。但自1993年3月1日，按照中国实行的新政策，出入境者可随身携带人民币最多不超过6000元。

在各国的国内市场上，除某些国家有少数的外汇商店可直接使用自由外汇外，一般均使用本国货币。很多国际机场、大旅馆设有外汇兑换所。将自由外汇兑换为当地通用货币时，应考虑周到，根据实际需要，用多少兑换多少。要兑换些小面额的零钱，便于使用。回国时已兑换的当地货币还未用完，则应尽可能再换回自由外汇。

任务二　我国部分民族礼仪习俗简介

民族是由不同地域的各种族（或部落）在经济生活、语言文字、生活习惯和历史发展上的不同而形成的社会统一体。民族礼仪是各民族在衣食住行、生产生活、婚丧嫁娶、宗教、节庆习俗及禁忌方面形成的约定俗成的行为准则和习惯法则。了解和掌握一些少数民族的习俗礼仪和禁忌，可以避免我们在与这些民族进行交往时发发生不必要的误会。

【案　例】

春秋后期晋国有一位才干卓越的政治家、外交家，名叫范献子，一次，他应邀到鲁国出使访问。鲁国有两座非常有名的山——具山和教山，虽然这次出访不能亲自登临，一睹名山风采，但范献子对这两座山还是很感兴趣。所以他一到鲁国，就迫不及待地问起两座山的情况。令他不解的是，鲁国人并没有直接提及具山和教山的名字，而是用两座山的乡名进行了回答。为了解开心中的疑惑，范献子听完鲁国人介绍后，忙追问道："难道我所问的这两座山不叫做具山和教山吗？"被他询问的人回答道："您所说的，那是我们先君鲁献公、鲁武公的名讳啊。"范献子听后，懊悔不已。

【分　析】

《礼记·曲礼上》中有"入境而问禁，入国而问俗，入门而问讳"的说法。在我国古代，君王或尊亲为了显示威严，规定人们说话时避免直呼其名，在行文中避免直写其名，而以别的字代替。所以鲁国人为表示对鲁献公和鲁武公的尊敬，改用乡名称呼两座名山。范献子来到鲁国，没有问及鲁国有哪些民俗和禁忌，进而做出了犯忌的事情，其后悔也就可想而知了。

一、藏族

藏族主要分布在我国西藏自治区，以及青海、甘肃、四川、云南等地。

敬献“哈达”是藏民对客人最普遍、最隆重的礼节，献的哈达越长越宽，表示的礼节也越隆重。对尊者、长辈，献哈达的时候要双手举过头，身体略向前倾，把哈达捧到座前；对平辈，只要把哈达送到对方手里或手腕上就行；对晚辈或下属，就系在他们脖子上。如果不鞠躬或用单手送，都是不礼貌的。接受哈达的人最好做和献哈达的人一样的姿势，并表示谢意。

藏民在见面打招呼时，点头吐舌表示亲切问候，受礼者应微笑点头为礼。藏民们见到长者或尊敬的客人，要脱帽躬身45°，帽子拿在手上接近地面；见到平辈，头稍低就行，帽子拿在胸前，以示礼貌。

藏民对客人有敬献奶茶、酥油茶和青稞酒的礼俗。客人到藏族家里作客，主人要敬3杯青稞酒，不管客人会不会喝酒，都要用无名指蘸酒弹一下。如果客人不喝、不弹，主人会立即端起酒边唱边跳，前来劝酒。如果客人酒量小，可以喝一口，就让添酒；连喝两口酒后，由主人添满杯，客人一饮而尽。这样，客人喝得不多，主人也很满意。按照藏族习俗，主人敬献酥油茶，客人不能拒绝，至少要喝3碗，喝得越多越受欢迎。

敬酥油茶的礼仪是：客人坐在藏式方桌边，女主人拿一只镶着银边的小木碗放在客人面前，接着提壶或热水瓶给客人倒上满碗酥油茶，主客开始聊天。等女主人再提壶，客人就可以端起碗来，轻轻地往碗里吹一圈，然后呷上一口，并说些称赞茶打得好的话。等女主人第三次提壶时，客人呷上第二口茶。客人准备告辞，可以多喝几口，但不能喝干，碗底一定要留点漂着油酥花的茶底。

藏民最忌讳别人用手抚摸佛像、经书、佛珠和护身符等圣物，认为是触犯禁规，对人畜不利。藏民男女分坐，并习惯男坐左女坐右。

二、蒙古族

蒙古族，主要居住在内蒙古自治区。牧民爱穿滚边长袍，头上戴帽或缠布，腰带上挂着鼻烟壶，脚穿皮靴，多住蒙古包。

蒙古族传统礼节，主要有献哈达、递鼻烟壶、装烟和请安等，当然现在还有鞠躬礼和握手礼，献哈达的礼节和藏族一样。蒙古族牧民十分热情好客。请客人进入蒙古包时，总是立在门外两侧，右手放在胸部微微躬身，左手指门，请客人先走；客人跪坐后，主人按浅茶满酒的礼俗热情敬献上奶茶和美酒，并把哈达托着献给客人。

当接过主人的奶酒，最得体的是按照蒙古人敬酒的方式，左手捧杯，用右手的无名指蘸一滴酒弹向头上方，表示先祭天，第二滴弹向地，表示祭地，第三滴酒弹向前方，表示祭祖先，随后把酒一饮而尽。如果客人不会喝酒，只要把酒杯恭敬地放在桌上就可以了。

招待来客的佳宴有手抓羊肉和全羊席。如果你是贵客，主人会设全羊席来款待你，表示主人对你的尊敬。蒙古人忌讳吃狗肉，不吃鱼虾等海味以及鸡鸭的内脏和肥肉。送客的时候，主人送客人到蒙古包外面或本地边界。

路过蒙古包的时候，要轻骑慢行，以免惊动畜群；进蒙古包前，要把马鞭子放在门外，否则，会被视为对主人的不敬；进门要从左边进，入包后在主人陪同下坐在右边；离包的时候要走原来的路线；出蒙古包后，不要立即上马上车，要走一段路，等主人回去后，再上马上车。

如果蒙古包前左侧缚着一条绳子，绳子的一头埋在地下，说明蒙古包里有病人，主人不能待客。

那达慕大会是蒙古族传统节目，一般在农历七八月份举办，是蒙古族人民一年一度群众性的盛大集会。大年和小年是蒙古族比较重要的节日（大年就是春节，小年在腊月二十三）。

三、朝鲜族

朝鲜族主要分布在东北三省，多聚居于吉林延边朝鲜族自治州。他们在服饰装扮、生活起居、文体活动等方面都独具特色。

朝鲜族是一个能歌善舞的民族。每逢节假日和喜庆日，朝鲜族群众就会载歌载舞，欢腾雀跃。不论男女老少，不仅都能唱会跳，而且还都十分酷爱传统体育活动。

老人在家庭和社会上处处受到尊敬，儿孙晚辈都以照顾体贴祖辈为荣。晚辈不能在长辈面前喝酒、吸烟；吸烟时，年轻人不得向老人借火，更不能接火，否则便被认为是一种不敬的行为；与长者同路时，年轻者必须走在长者后面，若有急事非超前不可，须向长者恭敬地说明理由；途中遇有长者迎面走来，年轻人应恭敬地站立路旁问安并让路；晚辈对长辈说话必须用敬语，平辈之间初次相见也用敬语。

朝鲜族喜食米饭，做米饭时用水、用火都十分讲究。各种用大米面做成的片糕、散状糕、发糕、打糕、冷面等也是朝鲜族的日常主食。咸菜是日常不可缺少的菜肴。朝鲜族泡菜做工精细，享有盛誉。朝鲜有吃狗肉的习俗，婚丧、佳节期间不杀狗、不食狗肉。常用一种叫“麻格里”的家酿米酒来招待客人。

餐桌上，匙箸、饭汤的摆法都有固定的位置。如匙箸应摆在用餐者的右侧，饭摆在桌面的左侧，汤碗摆在右侧，带汤的菜肴摆在近处，不带汤的菜肴摆在其次的位置上，调味品摆在中心等。

四、壮族

壮族是我国少数民族人口最多的，主要分布在广西壮族自治区以及云南、广东、贵州三省。壮族信仰多神教，崇拜巨石、老树、高山、土地，祖先崇拜占有主要地位。每家正屋都供奉着“天地亲师”的神位，有的还信奉佛教。

尊老爱幼是壮族的传统美德。路遇老人要主动打招呼、让路，在老人面前不跷二郎腿，不说污言秽语，不从老人面前跨来跨去，杀鸡时，鸡头、鸡翘必须敬给老人。用餐时须等最年长的老人入席后才能开饭；长辈未动的菜，晚辈不得先吃；给长辈和客人端茶、盛饭，必须双手捧给，而且不能从客人面前递，也不能从背后递给长辈；先吃完的要逐个对长辈、客人说“慢吃”再离席；晚辈不能落在全桌人之后吃饭。

如果有客人来访，他们都会热情招待。由主人出面让座递烟，双手奉上茶。有客人在家，不可以大声讲话，进出要从客人身后绕行。和客人共餐，要两腿落地，和肩同宽，不能跷二郎腿。

壮族人忌讳农历正月初一这天杀牲。妇女生孩子的头三天（有的是头七天）忌讳外人入内，忌讳生孩子尚未满月的妇女到家里串门。壮族忌讳戴着斗笠和扛着锄头或其他农具的人进入自己家。火塘、灶塘是壮族家庭最神圣的地方，禁止用脚踩踏火塘上的三

脚架以及灶台。怀孕妇女不能进入产妇家，家有产妇，要在门上悬挂袖子枝条或插一把刀，以示禁忌。不慎闯入产妇家者，必须给婴儿取一个名字，送婴儿一套衣服，一只鸡或相应的礼物，做孩子的干爹、干妈。壮族青年结婚，忌讳怀孕妇女参加，怀孕妇女尤其不能看新娘。登上壮族人家的竹楼，一般都要脱鞋。

壮族饮食以大米、玉米、薯类等为主食。认为狗肉、野味是美味佳肴、珍品，不爱吃胡萝卜、西红柿、芹菜等。壮族是稻作民族，十分爱护青蛙，有些地方的壮族有专门的“敬蛙仪”，所以到壮族地区，严禁捕杀青蛙，也不要吃蛙肉。

壮歌久负盛名，定期举办对歌赛歌的“歌圩”盛会。壮族刺绣、竹芒编以及“干栏”建筑艺术等名扬远近。

五、满族

满族人大部分聚居在东北三省，以辽宁省最多。

满族非常重礼节。平时见面都要行请安礼，如果遇到长辈，要请安后才能说话，以示尊敬。最隆重的礼节是抱见礼，也就是抱腰接面礼，一般亲友相见，不分男女都行这个礼，表示亲昵。家里一般都有“万字炕”（即一房西、南、北三面都是土炕），西炕最尊贵，用来供奉祖宗，不能随意去坐。挂旗也是满族盛行的一种风俗。旗也叫门笺、窗笺，春节时每家都要在门楣上、窗户上贴上挂旗，有的还贴上对联，增加节日气氛。

满族以稻米面粉为主食，肉食以猪肉为主，常用白煮的方法烹制，如满族名菜“白肉血肠”。冬季寒冷，没有新鲜蔬菜，常以腌渍的大白菜（即酸菜）为主要蔬菜。用酸菜熬白肉，粉条是满族入冬以后常吃的菜。

过节的时候吃“艾吉格悖”（饺子），农历除夕时，要吃手扒肉等。他们还保留了饽饽、汤子、萨其玛等有民族特殊风味的食品。

满族接待客人，不避内眷，家庭女性成员都可参加对客人的敬酒等活动。给客人上菜必须成双成对，客人一旦接受妇女的敬酒，就必须喝干，否则被认为是不礼貌的。

满族最突出的禁忌是不准杀狗，禁吃狗肉，禁穿戴带有狗皮的衣帽。

满族信仰萨满教。祭天，祭神，祭祖先时，以猪和猪头为祭品。宰杀前要往猪耳朵内注酒，如猪的耳朵抖动，则认为神以接受，就可以宰杀了，俗称“领牲”。

六、其他民族的习俗忌讳

禁忌的重要来源是迷信。不同民族交往，不触犯对方的禁忌是一个尊重不尊重对方的问题。民族交往中，“入乡问禁”是不可或缺的一条基本礼则。

彝族的禁忌：禁食狗、马、熊等动物的肉；过年三天内禁忌新鲜蔬菜进屋，否则对祖先是最大的不敬；妇女忌食难产而死的家畜之肉；禁过年七天内推磨，不然会使家境贫困；忌用餐后把汤匙扣于碗盆的边沿上，因这是给死人敬食的方式；忌讳女人跨过男人的衣物，更不能从男子身上，头上跨过，忌讳女客上楼；忌讳妇女送自己的首饰、衣物给别人，否则会影响生育和孩子的顺利成长。

傣族的禁忌：忌讳外人骑马、赶牛、挑担和蓬乱着头发进寨子；进入傣家竹楼，要把鞋脱在门外，而且在屋内走路要轻；不能坐在火塘上方或跨过火塘，不能进入主人内室，不能坐门槛；不能移动火塘上的三脚架，也不能用脚踏火；忌讳在家里吹口哨、剪指甲；

不准用衣服当枕头或坐枕头；晒衣服时，上衣要晒在高处，裤子和裙子要晒在低处；进佛寺要脱鞋，忌讳摸小和尚的头、佛像、戈矛、旗幡等一系列佛家圣物。

佤族的禁忌：不能骑马进寨，须在寨门口下马；忌别人摸头和耳朵；忌送人辣椒和鸡蛋；忌任意进入木鼓房；忌讳送给少女装饰品；忌讳客人在家里坐妇女坐的鼓墩或数钞票；若门前放一木杆，说明家里有病人，忌外人进入；女性不准随便乱抓男性的头发，男性不能触女性的脚；忌讳别人摸自己的头和耳朵。

苗族的禁忌：做客的时候不能去夹鸡头吃，也不能夹鸡肝、鸡杂和鸡腿。鸡肝、鸡杂要敬老年妇女，鸡腿则是留给小孩的；忌跨小孩头顶，否则孩子长不高；禁忌妇女与长辈同坐一条长凳；忌杀狗、打狗，不吃狗肉；不能坐苗家祖先神位的地方，火炕上三角架不能用脚踩；不许在家或夜间吹口哨；不能拍了灰吃火烤的糍粑；遇门上悬挂草帽、树枝或婚丧祭日，不要进屋；路遇新婚夫妇，不要从中间穿过等。

哈萨克族的禁忌：年轻人不准当着老人的面喝酒，不准用手乱摸食物，绝对不准跨越或踏过餐布，不准坐在装有食物的箱子或其他用具上；忌讳当面数主人家的牲畜，不能跨过拴牲畜的绳子，也不能骑马进入羊群；忌讳别人当面赞美自己的孩子，尤其不能说“胖”，认为这样会给孩子带来不幸；忌客人在家门口下马和骑快马到家门口下马；忌食猪肉、狗肉、驴肉、骡肉和自死的畜禽肉及动物的血。

瑶家的禁忌：忌用脚踏火炉撑架；忌在火炉里烧有字的纸张；进入瑶家忌穿白鞋和戴白帽，因为象征丧事；忌坐门槛；穿草鞋不能上楼；不能坐主妇烧火的凳子；到木排上，忌“伞”，言及“雨伞”时，要说“雨遮”，因“伞”与“散”谐音；遇人伐木时，忌说“吃肉”、“死”之类不祥之语等。绝大部分瑶族禁食猫肉和蛇肉，瑶族祭神，忌用狗、蛇、猫、蛙肉。

羌族的禁忌：妇女分娩时在门外挂枷单或背篼，忌外人入内；家有病人时在门上挂红纸条，忌外人来访；不能跨火塘或用脚踩三角架，也不能在三脚架上烘烤鞋袜衣物；忌坐门槛和楼梯；饭后不把筷子横在碗上，也不能倒扣酒杯。

布依族的禁忌：到布依族人家做客，不得触动神龛和供桌，火塘边的三脚架忌讳踩踏。布依族习惯以酒敬客，客人或多或少都应喝一点。布依族村寨的山神树和大罗汉树，禁止任何人触摸和砍伐。布依族送礼必须送双数。

【实训练习】

实训项目：案例阅读与讨论

训练目的：通过实训，使学生对涉外礼仪基本通则、民族礼仪习俗有更深刻的认识和了解，进一步加深对掌握礼仪习俗重要性的认识。

实训设计：1. 学生分析案例提出的问题，拟出案例分析提纲；

2. 分组讨论，形成小组案例分析报告；

3. 各组选派一名代表进行组间交流；

4. 回答评判组提问（各组派一名代表组成评判组），学生比较研究；

5. 老师点评，实训结束。

实训条件：教室、必要的文具

实训时间：1 课时

案例：小姑妈的一个难忘的留学经历

章欣就要赴美国留学了，临行前她去拜访十多年前也曾经留学美国的小姑妈，攀谈中小姑妈向她讲述了一件留学中的经历:"那时，和我同宿舍的也是一个中国留学生，我们非常要好，可以说情同姐妹。出入总是肩并肩，手牵手，我们性格都比较活泼，喜爱交友，英语表达也不成问题。可奇怪的是，那些对别的中国学生表示友好的美国同学总是有意地和我们保持距离，后来我们终于弄清楚为什么了。"章欣好奇地问："为什么呀？"小姑妈哈哈大笑起来："因为我和我的室友总是手牵手，出双入对。"

讨论：那些对别的中国学生表示友好的美国同学和章欣小姑妈保持距离的实质原因是什么？从礼俗的角度谈谈这则故事给你的启示。

教师主要观测点：1. 观测各小组的合作状态以及成员的参与性；
2. 观测学生的对礼仪习俗的理解和掌握程度；
3. 观测代表的演讲水平和礼仪规范。

【复习思考题】

1. 涉外交往的基本通则主要有哪些?
2. 与外国人交往应做到哪"八不问"？
3. 女士优先有的具体要求和适用范围?
4. 通过民俗礼仪的学习，谈谈你对"入乡随俗"这个词的理解。
5. 判断正误

（1）韩国男子见面时习惯于微微鞠躬后握手。
（2）鞠躬礼是日本最普遍的施礼方式，一般初次见面时的鞠躬礼是30°。
（3）日本人喜欢双数，不喜欢单数。
（4）泰国人在一般交际应酬时喜欢握手。
（5）美国人是"自来熟"，与任何人都能交上朋友。
（6）英国妇女穿着较正式的服装时，通常配一顶帽子。
（7）向法国人赠送礼品，不宜送刀、剑、剪、餐具等。
（8）在公共场合大声讲话，法国人认为是十分无礼的。
（9）大多数澳大利亚男士不喜欢紧紧拥抱或握住双肩之类的动作。
（10）感恩节在每年11月第四个星期日。

【参考文献】

[1] 金正昆．礼仪金说．西安：陕西师范大学出版社，2006.
[2] 李晓红．现代礼仪规范教程．长春：东北师范大学出版社，2013.
[3] 金丽娟．旅游礼仪．武汉：天津大学出版社，2011.
[4] 张岩松．现代交际礼仪．北京：经济管理出版社，2004.

1. 鲜花的寓意

一、节日花语

1. 春节（农历正月初一）

松、竹、梅—岁寒三友；山毛榉树—昌盛、兴隆；火百合—喜气洋洋；水仙—清纯、自爱；桃花—宏图大展；黄百合—快乐、喜庆；白百合—百年好合；蝴蝶兰—高洁；淡红美女樱—家庭和睦。

2. 情人节（2 月 14 日）

通常在情人节时，以赠送一枝红玫瑰来表达情人之间的感情。将一枝半开的红玫瑰衬上一片形色漂亮的绿叶，然后装在一个透明的胶袋中，在花柄的下半部用彩带系上一个漂亮的蝴蝶结，形成一个精美秀丽的小型花束，以此作为情人节的最佳礼物。玫瑰是世界主要的礼品花之一，表明专一，情感和活力。玫瑰一般有深红、粉红、黄色、白色等色彩。著名品种有伊里莎白女王（红色）、初恋（黄色）等。情人节送红玫瑰的最多。1 枝取情有独钟之意；3 枝则代表“我爱你”；送 6 枝、8 枝代表吉祥数；送 11 枝，是将 10 枝送给最心爱的人，另一枝代表自己；至于送 24 枝则是国际性的常例。12 枝为一打，代表一年中的 12 个月，有追求圆满，年年月月献爱心之意。

3. 清明节（4 月 5 日）

金鱼花—悲哀；柳枝—悲伤、哀悼；柏枝—哀悼；文竹—永恒；三色堇—思念；花簪—同情、慰问；三轮草、满天星—想念。

4. 母亲节（每年 5 月的第二个星期日）

通常以大朵粉色的香石竹作为母亲节的用花。粉色是女性的颜色，香石竹的层层花瓣代表母亲对子女绵绵不断的感情。送花时既可送单枝，也可送数枝组成的花束，或插成造型优美别致的插花。

红色康乃馨—用来祝愿母亲健康长寿；黄色康乃馨—代表对母亲的感激之情；粉色康乃馨—祈祝母亲永远美丽年轻；白色康乃馨—除具有以上各色花的意思外，还可寄托对已故母亲的哀悼思念之情；茉莉—和蔼可亲；木樨草—品德高尚；粉牵牛花—纤纤柔情；毋忘我—永恒的爱；深山酢浆—慈母之爱。

5. 端午节（农历五月初五）

菖蒲—避邪镇灾；龙船花—争先恐后；菖蒲花—温顺、娇美；跳舞草—快乐。

6. 父亲节（每年 6 月的第三个星期日）

通常以送黄色的玫瑰花为主。在有的国家，把黄色视为男性的颜色。在日本，父亲节时必须送白色的玫瑰花。枝数和造型不限。

石斛兰—父亲之花，坚毅、勇敢；橘树—宽容大度；柳树—直率、坦诚；茴香—力量；

黄杨—坚定、冷静；款冬—正义；葡萄—宽容、博爱。

7. 中秋节（农历八月十五）

桂枝—学识渊博；芒草—秋意；胡枝子—优雅；月桂枝—荣誉；橘梗—纯洁；石楠花—庄重。

8. 教师节（9月10日）

木兰花—灵魂高尚；蔷薇花冠—美德；月桂树环—功劳、荣誉；蔷薇枝—严肃、朴素；悬铃木—才华横溢。

9. 圣诞节

12月25日，纪念耶稣的诞生，同时也是普通庆祝的世俗节日。现在的圣诞节，通常以一品红作为圣诞花，花色有红、粉、白色，状似星星，好像下凡的天使，含有祝福之意。在这个节日里，可用一品红鲜花或人造花插做成各种形式的插花作品，伴以蜡烛，用来装点环境，增加节日的喜庆气氛。

二、场合花语

（1）祝贺开业　可选红月季、牡丹、一品红等，表示开业大吉，生意兴隆。

（2）看望父母　可选剑兰花、康乃馨、百合花、菊花、满天星等插成花篮或花束，祝父母百年好和，幸福美满。

（3）探望病人　可选素净淡雅的马蹄莲、素色苍兰、剑兰、康乃馨表示问候，并祝愿早日康复。

（4）送别朋友　赠一束芍药花，表示依依惜别之情。

（5）迎接亲友　可选紫藤、月季、马蹄莲组成花束表示热情好客。

（6）夫妻之间　可互赠合欢花，合欢花的叶子两两相对合抱，是夫妻好合的象征。

（7）热恋的情人　可互送玫瑰花、蔷薇花或桂花，这些花以其美丽、雅洁、芬芳而成为爱情的信物和象征。

（8）祝贺新婚　可送花色艳丽、花香浓郁的鲜花，如百合、玫瑰、牡丹、月季等表示富贵吉祥，幸福美满。

（9）祝长辈华诞　可选送长寿花、大丽花、迎春花、兰花等寓意“福如东海，寿比南山”。

（10）祝同辈生日　可选石榴花、象牙花、红月季等，含有青春永驻、前程似锦的祝愿。

（11）送工商界朋友　可送杜鹃花、大丽花、常春藤等祝福其前程似锦，事业成功。

（12）送离退休同志　可选兰花、梅花、红枫、君子兰，敬祝正气长存，保持君子的风度与胸怀。

三、花枝数的寓意

数量	含义	数量	含义
1	你是惟一、一见钟情	20	生生世世的爱
2	心心相印、相亲相爱	22	爱相随、你中有我，我中有你
3	我爱你	24	时时刻刻的思念
4	海誓山盟	27	爱妻
5	无怨无悔	29	爱到永久

续表

数量	含义	数量	含义
6	一帆风顺	30	尽在不言中
7	喜相逢	51	我的心中只有你
8	兴旺发达、吉祥如意	66	爱无止境
9	长相守，永相随	99	天长地久、永沐爱河
10	美满幸福、实心实意	100	百年好合、白头偕老
11	一心一意、心中最爱	101	直到永远
12	全部的爱、一年好运	110	无尽的爱
16	一帆风顺	365	天天想你
18	青春美丽、财源广进	999	无尽的爱
19	爱到永久	1000	爱你一万年

四、花意花语

品名	花意花语	品名	花意花语
郁金香	爱的表白、荣誉、祝福、永恒	玫瑰	爱情
郁金香（紫）	无尽的爱、最爱	红玫瑰	热恋、热情、热爱着你
郁金香（白）	纯情、纯洁	粉玫瑰	初恋、求爱、特别的关怀
郁金香（粉）	美人、热爱、幸福	香槟玫瑰	我只钟情你一个
郁金香（红）	爱的宣言、喜悦、热爱	白玫瑰	天真、纯洁、尊敬、纯纯的爱
郁金香（黑）	神秘、高贵、忧郁的爱情	紫玫瑰	浪漫真情、珍贵独特
郁金香（黄）	高贵、珍重、道歉、财富	黑玫瑰	温柔真心
双色郁金香	美丽的你、喜相逢	蓝玫瑰	敦厚善良
高原郁金香	自豪、挺立、美的创造	橙玫瑰	初恋的心情、一份神秘的爱
百合	百年好合、事业顺利、祝福	黄玫瑰	珍重祝福、失恋、褪去的爱
粉百合	清纯、高雅	水 仙	高雅、清逸、芬芳脱俗
黄百合	财富、高贵、荣誉、胜利	风铃草	温柔的爱
火百合	热烈的爱	勿忘我	永恒的爱
香水百合	纯洁、富贵、婚礼的祝福	火鹤花	新婚、祝福、幸运、快乐
白百合	纯洁、庄严、心心相印	风信子	喜悦、爱意、浓情蜜意
葵百合	胜利、荣誉、富贵	爱丽丝	好消息、想你
姬百合	财富、高雅	小苍兰	纯洁、幸福、清新舒畅
康乃馨	伟大、神圣、慈祥、温馨母爱	蕾丝花	惹人怜爱
康乃馨（红）	热烈的爱、祝母亲健康长寿	牡丹	富贵

续表

品名	花意花语	品名	花意花语
康乃馨（粉）	祝母亲永远美丽、年轻	秋牡丹	思念
康乃馨（白）	吾爱永在，真情、纯洁	剑兰	用心、长寿、福禄、康宁
康乃馨（黄）	对母亲的感激之情、热爱着你	紫罗兰	永续的美
向日葵	爱慕、光辉、忠诚	油菜花	加油
金鱼草	爱出风头	大丽花	华丽、优雅
满天星	真心喜欢、思念	一品红	祝福
星辰花	永不变心	桔梗	永恒的爱和无望的爱
茉莉花	亲切	菊花	清静、高洁，真爱、我爱
山茶花	希望	非洲菊	神秘、兴奋、有毅力
一串红	恋爱的心	翠菊	追想、担心你的爱
一串白	精力充沛	红山茶	天生丽质
一串紫	智慧	海芋	纯洁、幸福、清秀、纯净的爱
圣诞红	祝福	彩色海芋	爱情、富贵、真情

五、中国部分省花及市花

省、市名	省花或市花	省、市名	省花或市花
北京市	月季、菊花	黑龙江省	丁香、玫瑰
天津市	月季	山东省	牡丹
上海市	白玉兰	济南市	荷花
重庆市	山茶花	青岛市	忍冬、月季
河北省	太平花	江苏省	芍药、琼花
张家口市	大丽花	南京市	梅花
承德市	玫瑰	无锡市	杜鹃花、梅花
山西省	榆树梅	安徽省	紫薇、黄山杜鹃
太原市	菊花	合肥市	石榴花、桂花
内蒙古自治区	马兰、金老梅	安庆市	月季
呼和浩特市	丁香花	浙江省	玉兰
包头市	小丽花	杭州市	桂花
辽宁省	天女花	温州市	山茶花
沈阳市	玫瑰	江西省	杜鹃花
大连市	月季	南昌市	月季、金边瑞香

续表

省、市名	省花或市花	省、市名	省花或市花
吉林省	君子兰	九江市	杜鹃花
长春市	君子兰	福建省	水仙
福州市	茉莉	厦门市	叶子花
台湾地区	蝴蝶兰	河南省	腊梅
台北市	杜鹃花	郑州市	月季
洛阳市	牡丹	湖南省	荷花
湖北省	梅花	长沙市	杜鹃花
武汉市	梅花	湘潭市	荷花
黄石市	石榴花	广东省	木棉花
广州市	木棉花	陕西省	百合花
深圳市	叶子花	南宁市	木槿
广西壮族自治区	桂花	西安市	石榴花
桂林市	桂花	咸阳市	紫薇

六、世界各国国花（部分）

1．亚洲

马来西亚—扶桑；阿富汗—郁金香；朝鲜—朝鲜杜鹃；印度尼西亚—毛茉莉；巴基斯坦—素馨；韩国—木槿；菲律宾—毛茉莉；伊朗—大马士革月季；日本—樱花；新加坡—万代兰；伊拉克—红月季；老挝—鸡蛋花；尼泊尔—杜鹃花；也门—咖啡；缅甸—龙船花；不丹—蓝花绿绒篙；叙利亚—月季；印度—荷花、菩提树；孟加拉国—睡莲；黎巴嫩—雪松；泰国—素馨、睡莲；斯里兰卡—睡莲；土耳其—郁金香

2 欧洲

挪威—欧石楠；匈牙利—天竺葵；西班牙—香石竹；瑞典—欧洲白蜡；罗马尼亚—铁色蔷薇；葡萄牙—雁来红、熏衣草；芬兰—铃兰；保加利亚—玫瑰、突厥蔷薇；瑞士—火绒草；丹麦—木春菊；英国—铁色蔷薇；奥地利—火绒草；俄罗斯—向日葵；爱尔兰—白车轴草；意大利—雏菊；波兰—三色堇；法国—鸢尾；圣马利诺—仙客来；捷克—椴树；荷兰—郁金香；马耳他—矢车菊；德国—矢车菊；比利时—虞美人、杜鹃花；希腊—橄榄；卢森堡—月季

3．非洲

埃及—睡莲；塞内加尔—猴面包树；加蓬—火焰树；利比亚—石榴；利比里亚—丁香、月季；赞比亚—叶子花；突尼斯—素馨；加纳—海枣；马达加斯加—凤凰木；阿尔及利亚—夹竹桃、鸢尾；苏丹—扶桑；塞舌尔—凤尾兰；摩洛哥—月季、香石竹；坦桑尼亚—丁香、月季；津巴布韦—嘉兰

4．大洋洲

澳大利亚—金合欢；新西兰—桫椤、四翅槐；斐济—扶桑

5．美洲

阿根廷—象牙红；巴西—卡特兰；智利—智利钟花；哥伦比亚—三向卡特兰；哥斯达黎加—卡特兰；古巴—姜花；厄瓜多尔—丽卡斯特兰；墨西哥—大丽花、仙人掌；洪都拉斯—香石竹；圭亚那—睡莲；尼加拉瓜—姜花；秘鲁—向日葵、坎涂花；美国—月季；危地马拉—丽卡斯特兰

2. 常用的亲属称呼方法

一、对父系亲属的称呼

对象	称呼	自称
父亲的祖父	曾祖父（太爷爷）	曾孙（曾孙女）
父亲的祖母	曾祖母（太奶奶）	曾孙（曾孙女）
父亲的父亲	祖父（爷爷）	孙子（孙女）
父亲的母亲	祖母（奶奶）	孙子（孙女）
父亲的后妻	继母（妈妈）	继子（继女）
父亲的哥哥	伯父（大伯、大爷）	侄子（侄女）
父亲的嫂嫂	伯母（大妈、大娘）	侄子（侄女）
父亲的弟弟	叔父（叔叔）	侄子（侄女）
父亲的弟媳	叔母（婶婶）	侄子（侄女）
父亲的姐姐	姑母（姑姑）	内侄（内侄女）
父亲的姐夫	姑父（姑丈）	内侄（内侄女）
父亲的妹妹	姑母（姑姑）	内侄（内侄女）
父亲的妹夫	姑父（姑丈）	内侄（内侄女）
父亲的侄子	堂兄、堂弟	堂弟、兄、姐、妹
父亲的侄媳	堂嫂、堂弟媳	堂弟、兄、姐、妹
父亲的侄女	堂姐、堂妹	堂弟、兄、姐、妹

续表

对象	称呼	自称
父亲的侄婿	堂姐夫、堂妹夫	堂弟、兄、姐、妹
父亲的姑父	姑爷爷	内侄孙（内侄孙女）
父亲的姑母	姑奶奶	内侄孙（内侄孙女）
父亲的舅父	舅爷爷	舅外孙（舅外孙女）
父亲的舅母	舅奶奶	舅外孙（舅外孙女）
父亲的姨夫	姨爷爷	姨外孙（姨外孙女）
父亲的姨母	姨奶奶	姨外孙（姨外孙女）
祖父的哥哥	伯祖父（伯公、爷爷）	侄孙（侄孙女）
祖父的嫂嫂	伯祖母（伯婆、奶奶）	侄孙（侄孙女）
祖父的弟弟	叔祖父（叔公、爷爷）	侄孙（侄孙女）
祖父的弟媳	叔祖母（叔婆、奶奶）	侄孙（侄孙女）
祖父的姐妹	祖姑母（姑婆、姑奶奶）	内侄孙（内侄孙女）
祖父的姐夫	祖姑父（姑公、姑爷爷）	内侄孙（内侄孙女）
祖父的妹夫	祖姑父（姑公、姑爷爷）	内侄孙（内侄孙女）
祖母的兄弟	舅公（舅爷爷）	外甥孙（外甥孙女）
祖母的嫂嫂	舅婆（舅奶奶）	外甥孙（外甥孙女）
祖母的弟媳	舅婆（舅奶奶）	外甥孙（外甥孙女）
祖母的姐妹	祖姨母（姨婆、姨奶奶）	外甥孙（外甥孙女）
祖母的姐夫	祖姨父（姨公、姨爷爷）	外甥孙（外甥孙女）
祖母的妹夫	祖姨父（姨公、姨爷爷）	外甥孙（外甥孙女）

二、对母系亲属的称呼

对象	称呼	自称
母亲的祖父	外曾祖父（太外公）	外曾孙（外曾孙女）
母亲的祖母	外曾祖母（太外婆）	外曾孙（外曾孙女）
母亲的父亲	外祖父（外公、姥爷）	外孙（外孙女）
母亲的母亲	外祖母（外婆、姥姥）	外孙（外孙女）
母亲的后夫	继父（爸爸）	继子（继女）
母亲的兄弟	舅父（舅舅）	外甥（外甥女）
母亲的嫂嫂	舅母（舅妈）	外甥（外甥女）
母亲的弟媳	舅母（舅妈）	外甥（外甥女）

续表

对象	称呼	自称
母亲的姐姐	姨母（姨妈）	外甥（外甥女）
母亲的姐夫	姨父（姨丈）	外甥（外甥女）
母亲的妹妹	姨母（阿姨）	外甥（外甥女）
母亲的妹夫	姨父（姨丈）	外甥（外甥女）
母亲的侄子	表兄、表弟	表弟、兄、姐、妹
母亲的侄媳	表嫂、表弟媳	表弟、兄、姐、妹
母亲的侄女	表姐、表妹	表弟、兄、姐、妹
母亲的侄婿	表姐夫、表妹夫	表弟、兄、姐、妹
母亲的姑父	姑公（姑姥爷）	侄外孙（侄外孙女）
母亲的姑母	姑婆（姑姥姥）	侄外孙（侄外孙女）
母亲的舅父	舅公（舅姥爷）	舅外孙（舅外孙女）
母亲的舅母	舅婆（舅姥姥）	舅外孙（舅外孙女）
母亲的姨父	姨公（姨姥爷）	姨外孙（姨外孙女）
母亲的姨母	姨婆（姨姥姥）	姨外孙（姨外孙女）

三、对夫家亲属的称呼

对象	称呼	自称
丈夫	夫（爱人）	妻
丈夫的祖父	祖父（爷爷）	孙媳
丈夫的祖母	祖母（奶奶）	孙媳
丈夫的父亲	公公（爸爸）	儿媳
丈夫的母亲	婆婆（妈妈）	儿媳
丈夫的哥哥	大伯	弟媳
丈夫的嫂嫂	嫂嫂	弟媳
丈夫的弟弟	阿叔	嫂嫂
丈夫的弟媳	弟媳	嫂嫂
丈夫的姐姐	阿姑	内弟媳
丈夫的姐夫	姑爷	内弟媳
丈夫的妹妹	姑姑	内兄嫂
丈夫的妹夫	姑爷	内兄嫂
丈夫的姑父	姑父	内侄媳
丈夫的姑母	姑母	内侄媳
丈夫的舅父	舅父	甥媳
丈夫的舅母	舅母	甥媳
丈夫的姨父	姨父	甥媳
丈夫的姨母	姨母	甥媳

四、对妻家亲属的称呼

对象	称呼	自称
妻子	妻（爱人）	夫
妻子的祖父	岳祖父（爷爷）	孙婿
妻子的祖母	岳祖母（奶奶）	孙婿
妻子的父亲	岳父（爸爸）	女婿
妻子的母亲	岳母（妈妈）	女婿
妻子的哥哥	内兄姨	妹夫
妻子的嫂嫂	内嫂	妹夫
妻子的弟弟	内弟（舅子）	姐夫
妻子的弟媳	内弟媳	姐夫
妻子的姐姐	姨姐	姨妹夫
妻子的姐夫	襟兄	襟弟
妻子的妹妹姨妹	（姨子）	姨姐夫
妻子的妹夫	襟弟	襟兄
妻子的姑父	内姑父	内侄婿
妻子的姑母	内姑母	内侄婿
妻子的舅父	内舅父	内甥婿
妻子的舅母	内舅母	内甥婿
妻子的姨父	内姨父	内甥婿
妻子的姨母	内姨母	内甥婿

五、对兄弟姐妹亲属的称呼

对象	称呼	自称
哥哥	哥哥（兄）	弟（妹）
嫂嫂	嫂嫂（嫂）	夫弟（妹）
弟弟	弟弟（弟）	兄（姐）
弟媳	弟媳	夫兄（姐）
姐姐	姐姐（姐）	弟（妹）
姐夫	姐夫	内弟（妹）
妹妹	妹妹（妹）	兄（姐）
妹夫	妹夫	内兄（姐）
嫂嫂、弟媳、姐（妹）夫的父母	姻家父、姻家母	姻家子（女）
嫂嫂、弟媳、姐（妹）夫的兄弟及妻	姻兄（姻嫂）	姻弟（姻妹）
姻弟（姻弟媳）	姻兄（姐姐）	

六、常见的亲属合称

父亲和母亲称“父母”,父亲和儿子称“父子”,父亲和女儿称“父女”,母亲和儿子称“母子”,母亲和女儿称“母女”,祖父和孙子、孙女称“公孙”,叔父、伯父和侄儿、侄女称“叔侄”,公公和婆婆称“公婆”,公公和儿媳称“翁媳”,婆婆和儿媳称“婆媳”,岳父母和女婿称“翁婿”,舅父母和外甥称“舅甥”,兄和弟称“兄弟”,姐和妹称“姐妹”,夫和妻称“夫妻”,兄妻和弟媳妇称“妯娌”,丈夫的姐妹和嫂嫂、弟媳称“姑嫂”,姐妹的丈夫之间称“连襟”,姐、妹的丈夫和内兄、弟称“郎舅”等。